法政大学比較経済研究所 研究シリーズ31

国際競争力を高める
企業の直接投資戦略と貿易

法政大学比較経済研究所／田村晶子【編】

日本評論社

はじめに

　1980年代には「ジャパン・アズ・ナンバーワン」といわれた日本の競争力は、90年代以降、「失われた10年、20年」といわれる中で伸び悩み、後退していると感じられることが多い。そこで、「国際競争力を高めるには」というテーマは、多くの分野の研究者の関心を呼び、研究が積み重ねられてきた。本書の内容の紹介は序章に譲り、ここでは、本書成立の経緯を述べたい。

　本書は、法政大学比較経済研究所の「比較研シリーズ・プロジェクト（2013～2014年度）」および「兼担プロジェクト（2015～2016年度）」の成果をまとめたものである。「比較研シリーズ・プロジェクト」とは、法政大学経済学部の教員が、2年間、経済学部を離れて比較経済研究所に移籍し、自らが選んだメンバーで研究会やコンファレンスを行い、さらに、その後の2年間は「兼担プロジェクト」として、経済学部に戻って研究成果をまとめるものである。法政大学経済学部の教員にとっては、自由に自分のプロジェクトを行う貴重な機会となっている。編者は、法政大学経済学部在学中、また、一橋大学大学院在学中に、当時の平田喜彦所長のもとで、比較経済研究所プロジェクトの手伝いをさせていただいたことがあり、いつか自分のプロジェクトを行うことを、長い間目標としてきた。

　編者は、プロジェクトのテーマとして、「国際競争力を高める企業の直接投資戦略・プロセスに関する実証研究」（科学研究費補助金・基盤研究C、2013～2015）を選び、本プロジェクト全般にわたる助成を受けている。さらに、比較経済研究所からも、中間報告コンファレンスの助成を受けて、本プロジェクトを進めることができた。プロジェクトでは、各メンバーの研究について深く議論する研究会（1人90分程度）を行うとともに、2015年3月と2016年3月に、全員が報告を行う「中間報告コンファレンス」を行い、異なる分野の研究者がお互いの研究報告を聞き、議論を深めてきた。科学研究費補助金・基盤研究C「国際競争力を高める企業の直接投資戦略・プロセスに関する実証研究」（2013～2015）の研究は、編者の研究分野である、国際貿易理論による研究であるが、「比較研シリーズ・プロジェクト」では、実証研

究のみならず、理論研究を行うほか、異なる分野の研究者を集め、「多様性による知識創造」を目指している。そこで、本書のテーマは「国際競争力を高める企業の直接投資戦略と貿易」となった。

編者の研究分野は、一橋大学修士課程在学中までは国際マクロ経済学・国際金融であったが、ボストン大学に留学して Jonathan Eaton 先生、Samuel Kortum 先生の下で貿易理論を専攻分野としたため、国際金融とマクロ経済学の視点には常に関心があった。今回はさらに、ミクロ経済学（契約理論）、ファイナンス（企業統治）、管理会計（原価企画）の分野からもプロジェクトに参加をいただき、お互いに新しい発見のある研究がまとまった。

この比較経済研究所での研究成果が評価され、引き続き、科学研究費補助金・基盤研究C「企業の投資戦略と海外進出パターンの適合性の実証研究」（2016〜2018）が採択され、研究を続けることができている。

本プロジェクトには、法政大学経済学部での同僚、法政大学経済学部外の共同研究者や古くからの友人とともに、法政大学大学院博士後期課程で学ぶ社会人大学院生も多く参加している（猿山氏、中岡氏、松村氏）。筆者は、比較研専任として研究した2年間のあと、2015〜2016年度は、法政大学大学院経済学研究科長として、忙しい日々を過ごすことになった。法政大学大学院経済学研究科には、多くの社会人が博士後期課程に学んでおり、教員も大きな刺激を受けている。今回、本学大学院の優秀な院生たちが研究成果をまとめてくれたことは、経済学研究科長としても、大変嬉しく思っている。

最後に、本書が刊行に至るまでには、多くのみなさまにご支援をいただきました。比較経済研究所の胥鵬・前所長には、プロジェクトにも参加をいただき、大変なご尽力をいただきました。比較経済研究所の近藤章夫・現所長、歴代のスタッフの白坂菜々子さん、関口直樹さん、西村雅史さん、土方道子さん、高本真由子さん、竹内奈津美さん、そして、遅れがちな原稿を辛抱強くお待ちいただき、きめ細かな編集作業をしてくださった日本評論社の高橋耕さんと岩元恵美さんには、本当にお世話になりました。厚くお礼申し上げます。

2017年2月

田村　晶子

目　次

はじめに　　*i*

序　章　　　　　　　　　　　　　　　　　　　法政大学経済学部　田村晶子
本書の課題と構成 ……………………………………………………………… *1*

第Ⅰ部　企業の意思決定と国際競争力

第1章　　　　　　　　　　　　　　　　　　　法政大学経済学部　鈴木豊
イノベーションマネジメント──不完備契約分析 …………………… 9

　はじめに　　9
　1．モデル　　*12*
　2．モデルの解　　*16*
　　2.1　非統合レジーム Non-integration：R-Ownership（RO）　　*16*
　　2.2　統合レジーム integration：P-Ownership（PO）　　*23*
　　2.3　T＝0の所有構造の選択──非統合 Non-integration vs. 統合 integration
　　　　　　　　　　　　　　　　　　　　　　　　　　　　　　　　26
　3．資金制約とイノベーションの境界問題　　*30*

第2章　日本企業の競争力と開発設計段階のコストマネジメント　………　35
早稲田大学商学学術院　清水信匡

はじめに　35
1．原価企画とは：プロセスと特徴　37
2．製品アーキテクチャと原価企画との関係　41
3．製品アーキテクチャの違いとコストマネジメント　46
4．結びにかえて　53

第3章　企業の投資戦略と直接投資の選択　……………………………　57
法政大学経済学部　田村晶子

はじめに　57
1．本社機能の生産シェアと直接投資の選択　60
2．マイルズ・スノー戦略タイプと投資マネジメント　62
3．戦略タイプと直接投資の選択　65
4．おわりに　69

第4章　赤字事業への投資からみた大手電機メーカーの盛衰　…………　73
日本経済研究センター　猿山純夫／法政大学経済学部　胥鵬

はじめに　73
1．ソニー：05〜14年度のほとんどが赤字事業投資　76
2．NEC：半導体の分離で赤字投資から脱却　82
3．三菱電機：低収益部門への投資を継続せず　85
4．企業統治改革へのインプリケーション　90

第Ⅱ部　国際金融市場と企業の投資戦略

第5章
専修大学経済学部　伊藤恵子／中央大学商学部　羽田尚子
為替変動の不確実性と研究開発投資
——日本の企業データによる実証分析 ……………… 99

はじめに　　99
1．不確実性と投資行動についての先行研究　　103
2．分析に用いるデータの概要　　105
3．実証分析　　110
4．分析結果　　112
5．結論　　116

第6章
明治学院大学経済学部　佐々木百合
日本の自動車の海外現地生産化と為替相場のパススルー
……………… 121

はじめに　　121
1．日本の自動車産業について　　123
2．理論的考察　　128
3．データ分析　　132
4．まとめと展望　　136

第7章
法政大学経営学部　平田英明
地域内金融取引の増加が国際的な株価の連動性に与える影響
……………… 139

はじめに　　139
1．金融市場のグローバル化と新興国市場　　143
2．実証分析　　145

3. 推定結果　*150*
4. むすびにかえて　*155*

第Ⅲ部　貿易・直接投資とマクロの国際競争力

第8章　　　　　　　　　　　法政大学経済学部　田村晶子／法政大学経済学部　胥鵬
自由貿易推進と国際競争力の推移 ……………… *163*

はじめに　*163*
1. リカード理論に基づくグラビティモデル　*164*
2. サンプル国とデータ　*167*
3. 比較優位に基づく国際競争力の推定　*169*
4. 競争力の源泉と絶対優位の推定　*172*
5. 結論　*177*

第9章　　　　　　　　　法政大学大学院経済学研究科博士後期課程　中岡真紀
地域貿易協定における原産地規則と直接投資 ……………… *181*

はじめに　*181*
1. 原産地規則の概要　*182*
2. 先行研究　*185*
3. 原産地規則の制限性　*191*
4. 実証分析　*195*
5. おわりに　*199*

第10章　　法政大学大学院経済学研究科博士後期課程　松村隆／法政大学経済学部　宮﨑憲治
FDIを考慮したDSGEモデル ……………… *203*

はじめに　*203*

1．既存研究の整理と本研究の目的　　205
　2．モデルの定式化　　207
　3．IRFによるシミュレーション分析　　214
　4．まとめ　　218

第11章　　　　　　　　　　　　　　　　　法政大学経済学部　桧野智子
海外直接投資および金融市場の発展と経済成長の関係 ···· 221
　はじめに　　221
　1．先行研究　　222
　2．モデル　　226
　3．データ　　226
　4．推定結果　　229
　5．先行研究との比較　　234
　6．結　語　　236

索　引　　239

執筆者紹介　　243

序 章

本書の課題と構成

法政大学経済学部　田村　晶子

　本書は、自らの競争力を高める企業の戦略や行動を検討し、それがどのように、マクロの国際競争力につながっているかを調べることを目的とする。

　編者の専門である国際貿易の分野では、国際競争力といえば、まず、貿易における競争力（＝比較優位）である。第二次大戦以降の自由貿易の流れの中で、日本は「貿易立国」といわれて、輸出における競争力を重視してきた。近年でも、自由な貿易とそれを通じた規制緩和などが、成長戦略に位置づけられている。また、東アジアを中心にした、直接投資による国際的な生産分業が競争力を高めるものとして注目されている。

　近年の貿易理論は、企業の異質性に着目して、大きく発展している。理論分析でも実証分析でも、企業レベルの分析がスタンダードになっている。それに伴い、企業の意思決定を、よりミクロ経済学的な視点で分析することが求められている。また、多く経済学者が、企業の現場でのインタビュー調査などを通じて、企業の投資の意思決定が必ずしも経済理論が想定するプロセスでは行われていないことを知り、より現場に近い会計の視点の重要性を感じている。

　資本の国際的な移動が自由ではなかった1980年代以前には、貿易と国際金融は密接に関係するものとして研究されていたが、国際資本移動が自由化され拡大した1990年代以降では、貿易と国際金融は、まったく別の関心により

分離された研究が行われていた。しかし、2008年のリーマンショックに続く世界金融危機のあと、大きな貿易縮小が起こったことは、貿易（モノの流れ）が国際金融（資金の流れ）に密接に関連していることを、国際経済学者に気づかせるものとなった。国際資本移動が妨げられることは、貿易を滞らせることにつながり、世界の先進国の中で日本は特に大きな貿易の縮小を経験した。

　国際競争力の向上をもたらすものとしては、企業の研究開発に基づく生産技術の向上が、まず考えられる。この研究開発は、企業の研究開発投資の意思決定とともに、直接投資を通じた技術のスピルオーバーによってももたらされることがある。

　本書では、主に企業の「直接投資戦略」と「貿易」に着目して、どのような要因が国際競争力を高め、逆に、どのような要因が国際競争力を失わせるかについて、貿易理論の他に、ミクロの契約理論、マクロの動学モデル、国際金融、管理会計といった、さまざまな異なる分野の視点から分析を行う。編者の初期の研究（Eaton and Tamura, 1994）でも、貿易と直接投資の補完性を発見しており、直接投資は貿易と補完し合って、国際競争力を高めるものと考えられている。

　第Ⅰ部「企業の意思決定と国際競争力」は、国際競争力を高める企業の研究開発投資や直接投資の決定について、企業の意思決定に着目したミクロ的な視点で、契約理論、管理会計、貿易理論、企業統治といったさまざまな視点から分析を行う。

　第1章（鈴木論文）は、不完備契約理論を用いて、企業のイノベーションマネジメントを理論的に分析している。イノベーションは企業の競争力を決定する最も重要な要因であるといえる。そのイノベーションの成功をもたらすマネジメント、特に、統合（直接投資）か非統合かの選択が、イノベーションに与える影響を長期的に分析した。また、研究企業に資金制約がある場合を考慮することで、中小企業である研究企業が投資の効率性が高い場合でも、大企業におけるイノベーションという非効率な状態が存続することを合理的に説明し、そのような場合には、イノベーションが成功しにくいことを指摘した。

第2章(清水論文)は、管理会計(原価計算)の観点から、製品開発設計段階のコストマネジメントである原価企画が、どのように日本の製造業企業のコスト競争力を支えてきたかを分析した。日本が強みを持つ原価企画は、囲い込みと擦り合わせといった特徴を持つ、自動車に代表されるクローズド・インテグラル型の製品に競争力をもたらす。一方、業界標準と組み合わせ型を特徴とするオープン・モジュラー型、さらにコモディティ化が進んだ家電などでは、うまく機能しないことを示した。そして、特定の顧客に向けた、差別化された高品質な製品のコスト最適化が、日本企業の競争力の源であったと指摘した。

　第3章(田村論文)は、企業の本社機能(マネジメント、研究開発等)の生産におけるシェアの違いが、企業の直接投資の選択に与える影響を分析したモデルを応用し、企業の投資戦略タイプの違いが直接投資に与える影響を調べた。特に、企業が環境にどのように適応するかを考えたマイルズ・スノー戦略タイプにおける、投資マネジメントの違いに注目した。理論分析およびアンケート調査から、探索型企業は本社機能シェアが高く、より直接投資に積極的であり、防衛型企業は本社機能シェアが低く、より直接投資に消極的であることが示された。

　第4章(猿山・胥論文)は、日本の低成長の一因になった、電機産業停滞の要因を分析し、赤字事業への投資を断ち切れなかったメーカーほど、業績低迷が深刻であることを、3社(ソニー、NEC、三菱電機)の事例研究から浮き彫りにした。さらに、赤字事業からの撤退は、企業業績の回復に貢献することが示された。赤字部門からの早期撤退は、新たなリスクテイキングにつながるが、企業統治の観点から、早期撤退のリスクテイクは株主、そして、雇用者の利益にもかなうものであることを指摘した。

　第Ⅱ部「国際金融市場と企業の投資戦略」では、国際金融市場、特に為替レートの影響等が、企業の投資の決定に与える影響について、国際金融の観点から分析している。

　第5章(伊藤・羽田論文)は、為替レートの不確実性が企業活動、特に研究開発活動にどのような影響を与えるかを、日本の製造業企業のパネルデータを用いて分析した。実証分析の結果、不確実性が高いと、間違った意思決定によって費用増加を招いてしまう可能性が高くなるので、為替レート変動に

より大きく晒されている企業ほど、研究開発投資により慎重になることが示された。企業の競争力を高める研究開発投資を刺激するためには、為替レートの不確実性を減らすことが重要であると指摘した。

　第6章（佐々木論文）は、海外現地生産が為替相場の輸出価格のパススルーに与える影響について自動車産業を取り上げて分析した。分析の結果、現地生産が増加すると輸出価格のパススルーは増加し、輸入価格のパススルーは低下することを示した。自動車生産では、企業が現地生産を増加することによって為替リスクを部分的に解消したり、コストを低下させたりすることに成功していることを指摘した。

　第7章（平田論文）は、新興諸国の株式市場における超過収益率の連動性の要因を分析した。経済のグローバル化による株式市場への資金流入の増加に伴う株価の動きは、企業の投資決定に大きな影響を与える。分析の結果、先進国からの資金流入の効果（先進国効果）が、新興国の株価の連動に与える影響が大きいことがわかり、新興国同士の地域内投資の影響（地域効果）は、まだ絶対水準としての資本移動量が少なく、効果は限定的であることが指摘された。

　第Ⅲ部「貿易・直接投資とマクロの国際競争力」は、国際競争力につながる、貿易や直接投資について、マクロ的な視点から分析を行う。

　第8章（田村・胥論文）は、生産技術の違いが貿易に与える影響を説明するリカード理論に基づくグラビティモデルを用いて、輸出における競争力（比較優位）と技術の状態（絶対優位）を測定した。中国のWTO加盟を契機にアジア諸国が自由貿易を推進した期間において、中国が比較優位では第1位になったものの、絶対優位では日本とアメリカが優位を保っていることがわかった。特に中国では、研究開発や賃金といった指標では説明できない競争力の源泉があることが示唆され、直接投資による技術のスピルオーバーが有力な要因であると考えられる。

　第9章（中岡論文）では、自由な貿易を推進するために活発に締結されている地域貿易協定における原産地規則に着目し、企業の直接投資行動への影響を調べた。自由貿易協定で保護の対象となりがちな繊維産業における原産地規則の制限性を、日本が締結した地域貿易協定の条文から数値化し、直接投資への影響を調べた。理論分析では、原産地規則の制限性が高いと、原産

地規則を満たすために直接投資を行う可能性と、自由貿易協定を使わずに輸出を選択する可能性があるが、回帰分析の結果、原産地規則の制限性が厳しいほど、直接投資が推進されるという結果が示された。

　第10章（松村・宮﨑論文）は、マクロ経済学で主流となっている DSGE モデルに、直接投資市場を組み入れたモデルを構築し、自国と外国の生産性ショックの影響を分析した。直接投資市場の組み入れには、サーチマッチングモデルを用いている。IRF 分析から、経済規模が相対的に小さい国での生産性上昇ショックは、相手国の直接投資流入を増やして、小規模ながら産出量を増加させることが分かった。

　第11章（桧野論文）は、直接投資の流入と金融市場の発展が被投資国の経済成長に与える影響を分析した。回帰分析の結果、直接投資の流入と金融市場の発展は、被投資国の経済成長にプラスの影響があることが確かめられた。しかし、回帰分析における、金融市場の発展度合いと直接投資の交差項は負となり、金融市場の発展が直接投資の経済成長に与える影響を増やすといった補完効果はみられなかった。

　このように、本書では、国際競争力を高める企業の直接投資戦略と貿易をテーマに、編者の専門である国際貿易における議論のみならず、ミクロ経済学の契約理論、管理会計における原価企画、企業統治の視点を持つ事例研究、さらに、国際金融やマクロ経済学といった、異なる分野からの分析を積み重ねている。国際競争力という、さまざまな分野で関心が高いテーマについて、メンバー各自の研究分野を生かした分析を行うことで、細分化された各分野の研究ではなしえない、「多様性による知識創造」を目指すのが、本書のねらいである。

参考文献

Eaton, Jonathan and Akiko Tamura（1994）"Bilateralism and Regionalism in Japanese and U.S. Trade and Direct Foreign Investment Patterns," *Journal of the Japanese and International Economies*, 8, 478-510.

第Ⅰ部

企業の意思決定と国際競争力

第1章

イノベーションマネジメント──不完備契約分析

法政大学経済学部　鈴木　豊

はじめに

　イノベーションは、既存の商品・サービス等に対して新しい技術やアイデアを導入して新たな価値を生み出し、経済的成果をもたらす革新であり、企業の競争力を大きく左右する要因であるとともに、経済成長のけん引役ともなるものである。そして、イノベーションを実現するためには、組織能力の蓄積、知識資産（形式知と暗黙知の合成物）の創造が重要である（一橋大学イノベーション研究センター、2001ほか）。というのは、イノベーションは予見のできないもので、あくまで結果として現れるものであるため、数多く実験することが重要となり、その際、組織の能力資産が蓄積していくにつれて、イノベーションの実現確率が高まっていくからである。また、イノベーションの成功のためには、マーケタビリティ（市場性）の視点を持つと同時に基礎研究を地道に継続していることも重要であり、その意味で、経営と現場、または生産販売部門と研究部門の協働プレイであるといえる。組織の能力資産が蓄積していくにつれて、両サイドのインセンティブも高まり、それがまた、能力資産の一層の蓄積につながって組織が成長していくからである。

　イノベーションで大きな収益を上げるためには、新たなビジネスモデルを作る構想力が必要となる。イノベーションはインベンション（発明）と異な

り、経済成果をもたらさないと意味がない。日本企業の従業員は基本的に勤勉で技術力があるものの、概念転換や境界消滅によって大きな市場を創造する人間が少ないといわれる。グローバルに通用するマーケタビリティ（市場性）に対するアンテナを生産販売部門が張り巡らすことが重要となるゆえんである。しかし、概念転換や境界消滅によるマーケタビリティの創造も重要である一方、基礎研究はやはり重要である。技術に特化した研究部署の中で、ひたすら研究に没頭する人たちのインセンティブを高める制度作りも必要なのである。

本章は、こうしたマーケタビリティと研究活動の協働成果としてのイノベーションの実現をどのようにマネジメントすればいいのか、特に「企業の境界の選択」（市場か組織か、非統合〈企業間〉か統合〈企業内〉かの選択）が、長期的な視点で、能力蓄積やインセンティブを通じて、イノベーションの実現に与える影響について理論的に分析する。

先行研究では、Aghion and Tirole（1994a, b）が、Grossman=Hart=Moore（1986, 1990）の不完備契約理論・財産権アプローチを、イノベーションマネジメントに応用した[1]。生産企業と研究企業の両者がイノベーションを実現すべく投資を行っており、イノベーションの実現確率は、両者の投資の大きさに依存し、投資するほど確率は大きくなる。契約は不完備で、投資は当事者間では観察可能だが立証不可能であり、実現したイノベーションの価値も立証不可能である。したがって、事前に契約可能なのは、イノベーションが実現したら、その所有権（財産権）は誰にあるのか、すなわちイノベーションに対する所有権の配分を特定化することである。そして、所有構造として、イノベーションが生産企業のものである場合と、研究企業のものである場合を考え、両者の投資への影響を通じて総余剰が最大になるのはいずれの場合であるかを考察した。生産企業（研究企業）の投資のイノベーションの実現確率への影響がより大きい場合には、生産企業（研究企業）が所有権を持つべきであり、社会的余剰の観点では、「投資の限界効率」の高い側に所有権を配分するのが最適であるという結論を得た。

1）不完備契約理論（特に財産権〈所有権〉アプローチ）についてはハート（2010）を参照のこと。鈴木（2016）は、Grossman=Hart=Moore（1986, 1990）、Aghion and Tirole（1994a, b）を数値モデルで解説している。

しかし、本論文が着目するように、「積み上げ型」のイノベーションにおいては、能力資産の蓄積がイノベーションの実現には不可欠だといえる。そこで本研究では、蓄積した能力資産がイノベーションのアウトプットであると同時に、次の期のイノベーションのインプットでもあり、そのベースとして利用されるという累積性・継続性を分析に導入する。そのとき、組織能力の蓄積、能力資産の蓄積を考慮に入れたイノベーションの動学的な不完備契約モデルでは、①今期の投資が次期の資産を蓄積させることに伴う「直接的効果」と、②今期の投資が次期の資産を蓄積させ、それが相手の将来の投資を引き出すことを通じて自分に返ってくる「戦略的効果」の二つの正の効果からなる「動学的効果」が生じる。したがって、「動学的効果（直接的効果＋戦略的効果）も含めた投資の限界効率性」が高い側に財産権を配分することが最適となることが示される。そして、1回限りの枠組みでは「統合」したほうがよいケースでも、動学的な枠組みでは、「非統合」の形態のまま、コンソーシアム、パートナーシップの関係を保って、研究企業の投資インセンティブを長期的に引き出したほうが、長期的な効率性の観点から最適である可能性が出てくることが示される[2]。

　にもかかわらず、Aghion and Tirole (1994a, b) 流の資金制約（Cash Constraint）が、本論文の設定でも、財産権配分の非効率性の存続を説明しうる。例えば、大企業が事前の交渉力を持っている（最初、大企業がイノベーションの所有権を持っている）ケースにおいて、研究企業が、理論的には、長期的視点ではイノベーションの所有権を持ったほうが望ましいのに、現実には必ずしもそうならない場合がある理由は、所有権移転のための資金 Cash が研究企業側にないからだと説明できる。逆に、資金制約がクリアされれば、大企業から研究企業への所有権の移転が成立するだろう。最近、ソニーが村田製作所と譲渡契約を結んで、リチウムイオン電池事業を売却したニュースなど

---

[2] 日本の得意とする、粘り強い試行錯誤と長期間の地道な基礎研究に裏付けられた技術主導型イノベーションはこの形態であろう。例えば、三鷹光器（中小企業）は、天体観測機器技術という既存技術を応用した異分野への挑戦（脳外科手術用顕微鏡）でイノベーションを起こしたが、大企業に負けないモノ作りのため、大企業の先を行くアイデアを取り入れることを重視しており、一見自分には関係ないと思われる分野でも積極的に関心を持って、常に新しいアイデアを取り込むことを基本としている（経済産業省、2007）。

は、大企業（ソニー）から（より効率的な）研究企業（村田製作所）への財産権の譲渡といえよう。一般に、イノベーションでは、新興企業＝ベンチャー企業の役割が注目され、大企業はイノベーションに不向きという印象もあるが、実際には、多くのイノベーションは大企業によって生み出されてきた（例えば、デュポン、IBM、トヨタ自動車など）。「創造的破壊」で有名なシュンペーターも、二つの説を著しており、前期は「企業家の役割」を重視する説（創造的破壊説）、後期は「大企業内部でのイノベーション」を重視する説を唱え、イノベーションに関する大企業 vs.新興企業という論題を提供してきた[3]。本モデルに「資金制約」を導入することで、研究企業（中小企業）のほうが「動学的効果（直接的効果＋戦略的効果）を含めた投資の限界効率性」が高く、所有権を配分することが社会的に最適な場合であっても、研究企業（中小企業）の資金不足のために所有権の移転が起きず、たとえ非効率な場合であっても、大企業によるイノベーションが存続しうることも理論的に示すことができる[4]。

本章は次のように構成される。第1節で不完備契約モデルの設定を説明する。第2節でモデルの解をバックワードに導出し、非統合と統合の二つのレジームの比較を行う。第3節で資金制約を導入し、理論分析からのインサイトを導出するとともに、現実のイノベーションの事例と対応させる。

1. モデル

本章で考察する問題

イノベーションの実現には「能力資産」の蓄積が重要であるという視点から、能力資産、イノベーション資産の動的な蓄積を分析に考慮に入れて、「企業の境界の変化」がイノベーションにどのような影響を及ぼすのか、長

---

[3] 一橋大学イノベーション研究センター（2001）は、イノベーションについて、前者をシュンペーター・マークⅠ、後者をシュンペーター・マークⅡと呼んで概説を行っているが、イノベーションを創出する主体が、確立した大企業なのか新興企業なのかについて、実証的には結論が出ていないことが述べられている。

[4] トヨタ自動車による環境対応自動車をリードするハイブリッド車「プリウス」（21世紀のクルマをコンセプトに大幅な燃費向上等を実現した環境配慮型自動車）の開発は、大企業によるイノベーションであるが、それが長期的にも効率的であるケースだと考えられる。この場合、この所有権配分が最適といえる。

期的視点からイノベーションに関する「企業の境界」はどのように決まるのかについて、不完備契約理論の枠組みで分析を行う。

モデルの設定

　Aghion and Tirole（1994a, b）のイノベーションの不完備契約モデルをもとにして、新たな要素を導入していく。まず、2人のプレイヤー：研究企業 R とイノベーションのユーザー・顧客である生産企業 P が存在する。ともにリスク中立的で、留保効用はゼロである。研究企業 R は、研究能力（アイデアや技術）は持っているが、商業化（事業化）の能力はない。生産企業 P は、単独でイノベーションを実現させることはできず、研究企業を必要とする。生産企業 P の生産能力はイノベーションの成果を商業化（事業化）し、経済利益をあげる上で必要不可欠である。よって、両者は協働して価値 V のイノベーションを生み出す[5]。イノベーションの成功確率 p は、研究企業 R による契約不可能な努力 e^R と生産企業 P による投資 e^P、そして組織の「能力資産」"Competence Asset" x に依存し、$p(x, e^P, e^R) = r(x, e^P) + q(x, e^R)$ のように、e^P と e^R について分離した形に特定化する[6]。この成功確率 $p(x, e^P, e^R)$ は、研究企業 R の努力 e^R と生産企業 P の投資 e^P、そして能力資産 x のそれぞれについて増加関数であり厳密に凹（concave）である。この能力資産 x は本論文で新たに導入する変数である。また、$p(x, e^P, e^R) < 1$ を仮定し、研究企業 R の努力 e^R、生産企業 P の投資 e^P のゼロ水準での限界生産性は無限大であり、内点解が保証されるものとし、努力 e^R と投資 e^P の最小レベルはゼロであるとする[7]。研究企業 R と生産企業 P は、線形コストで努力 e^R と投資 e^P を供給していく。生産企業 P の投資 e^P は、研究企業 R に対して供給される技術情報、イノベーションを最終需要に適合させるための研究企業 R との調整作業などを表し、非金銭

---

[5] これは、研究企業が「革新」を担い、生産企業が「経済成果」を生み出す活動を担うという点で、革新的なアイデアの創出から経済成果がもたらされるまでのプロセス全体をイノベーションの実現過程とみる一橋大学イノベーション研究センター（2001）や武石・青島・軽部（2012）の考え方と整合的である。

[6] Aghion and Tirole（1994a, b）の設定では $p(e^P, e^R) = r(e^P) + q(e^R)$ であり、かつ静学モデルである。

[7] すなわち、知的好奇心やキャリアコンサーンなどによる暗黙のインセンティブはゼロに標準化する。

的で契約不可能であると考える。

　研究企業 R は、資金制約（Cash Constraint）を受けているが、資金制約（資金不足）の問題は当面は考えず、第3節で改めて導入する。生産企業 P のほうには（論文を通して）資金制約はないものとする。

2期にわたる投資ゲーム

　いったん両者間で（財産権配分を規定する）初期契約にサインしたあと、研究企業 R と生産企業 P は、それぞれ e_1^R と e_1^P だけ投資する。そして1期目のイノベーションが確率的に実現され、実現された収入が初期契約に基づいて両者間で分配され、取引が起こる。

　次に、1期目の投資 e_1^R と e_1^P の一定割合が次期に引き継がれて能力資産として蓄積し、第2期首の能力資産 x は、$x = c \cdot e_1^P + d \cdot e_1^R$（ただし $0 \leq c \leq 1, 0 \leq d \leq 1$）の水準となる。これは、1期目の投資 e_1^P, e_1^R の c, d の割合が、次期のイノベーションのための能力資産として蓄積するという累積性・継続性を定式化したものである。

　この第2期首の能力資産 x を所与として、両者は、再び e_2^P と e_2^R に投資する。そして2期目のイノベーションが確率的に実現し、実現した収入が初期契約に応じて分配され、取引が起こる。ただし、イノベーションの実現確率は能力資産と投資水準を通じて内生的に決まるため、1期目の実現確率とは必ずしも一致しない。

契約の不完備性

　まず、両者の投資 e^P, e^R は、当事者間では観察可能だが立証不可能であることは述べた。さらに、イノベーションは事前には詳細に記述できないため、両者は特定のイノベーションの手配について契約しておくことはできない。特に、実現されたイノベーションの価値 V は、両者間で観察可能であるが、第三者（法廷）には立証不可能である。したがって、事前の初期契約で契約可能なことは、将来のイノベーションに対する財産権を配分しておくことである。これは、イノベーションの所有権を特定化すること、イノベーションマネジメントのガバナンス構造を特定化することともいえる。

セカンドベスト解：不完備契約の状況下でのセカンドベスト解は、所有構造に依存する。

　所有構造として、イノベーションが生産企業 P のものである場合（P-Ownership）と、研究企業 R のものである場合（R-Ownership）を考える。

　P-Ownership（PO）：生産企業 P がイノベーションの所有者であり、イノベーションの成果は100％生産企業 P のものであり、100％取引利益を得る（100％残余請求者）。これは、後方統合（Backward vertical integration）であり、生産企業 P が研究企業 R を企業内の従業員として雇用する状況であり、「大企業によるイノベーション」に相当するレジームである。研究者は $w=\overline{w}=0$ の固定給を得るものとする（単純化の仮定）[8]。

　R-Ownership（RO）：研究企業 R がイノベーションを所有し、イノベーションの成果は研究企業 R のものであるというレジームである。これは、非統合（Non-integration）の状況で、生産企業 P と研究企業 R は「独立企業同士」であり、取引利益を事後的に交渉する。交渉は「ナッシュ交渉解」に従うものとする。

　ここまでのモデルの時間の流れと物事の順序を整理すると、次ページの図1-1のようになる。

　さて、生産企業 P と研究企業 R の投資選択と能力資産の蓄積の影響を通じて、総余剰が最大になる（効率性が最大となる）のはいずれのレジームであろうか？　この問いに答えるため、統合レジーム、非統合レジームのそれぞれに対して、図1-1の①→②→③の順にバックワードに解き、均衡で達成できる効率性を比較することになる。

　これ以後、非統合レジーム、統合レジームの順に、モデルをバックワードに解いていく。

---

[8］後藤（2003）は、Aghion and Tirole（1994a, b）の基本モデル（静学モデル）に、企業内の研究者への正のインセンティブを明示的に導入した上で、統合（企業内）vs. 非統合（企業間）レジームの比較を行っている。

第2期首の能力資産xは、$x = c \cdot e_1^P + d \cdot e_1^R$に従って蓄積する。
第1期首の能力資産は0に標準化している。

図1-1　時間の流れと物事の順序

2．モデルの解

2.1 非統合レジーム Non-integration：R-Ownership（RO）

　非統合レジームとは研究企業 R がイノベーションを所有し、イノベーションの成果は研究企業のものであるというレジームである（R-Ownership: RO）。ただし、生産企業 P の生産能力はイノベーションの成果を商業化（事業化）し、経済利益をあげる上で必要不可欠であるので、生産企業 P と研究企業 R は「独立企業同士」であり、非統合（Non-integration）の設定となる。

　いま、T＝2の期首における「能力資産」"Competence Asset" の水準を x とする。これは、この時点での組織にとっての知識資産（形式知＋暗黙知の合成物）であり、イノベーション能力ともいえるものである。この x を所与として、生産企業 P と研究企業 R の投資水準を e_2^P, e_2^R とすると、確率 $p(x, e_2^P, e_2^R) = r(x, e_2^R) + q(x, e_2^P)$ でイノベーションに成功する。

　イノベーションが実現した場合、両者はイノベーションの価値である取引利益 V を「ナッシュ交渉解」に従って交渉し、生産企業 P が研究企業 R にライセンス料 $V/2$ を支払うことに合意する。よって、生産企業 P、研究企業 R とも、$V/2$ ずつを得る。

T = 2 の投資ゲームとその均衡

以上より、T = 2 のステージゲームにおける生産企業 P と研究企業 R の利得関数は、

$$U^P(x, e_2^P, e_2^R) = \underbrace{[r(x, e_2^P) + q(x, e_2^R)]}_{\text{Pr. of Success in Innovation}} \frac{V}{2} - e_2^P$$

$$U^R(x, e_2^P, e_2^R) = \underbrace{[r(x, e_2^P) + q(x, e_2^R)]}_{\text{Pr. of Success in Innovation}} \frac{V}{2} - e_2^R$$

となる。両者は、任意の x に対して、相手の戦略を所与としてお互いに最適に行動する。

最適化の一階条件は、$\dfrac{\partial r(x, e_2^P)}{\partial e_2^P} \dfrac{V}{2} - 1 = 0$ および $\dfrac{\partial q(x, e_2^R)}{\partial e_2^R} \dfrac{V}{2} - 1 = 0$ である。これは、「不完備契約とホールドアップ問題」ではおなじみの式であり、生産企業 P、研究企業 R とも、投資を追加的に 1 単位増やしたときに、投資コストは100％自己負担する一方、実現確率を増加させることを通じた期待総余剰の増加の半分しか自分の利益にならないため、総余剰最大化の視点からすると過少投資となることを示している。具体的に、T = 2 期首の任意の x に対する投資ゲームの均衡は、図1-2の最適反応関数の交点 E で表される。

ここで、生産企業 P の利得関数 $U^P(x, e_2^P, e_2^R) = (r(x, e_2^P) + q(x, e_2^R)) \dfrac{V}{2} - e_2^P$ を e_2^P について微分すると、限界利得関数 $\dfrac{\partial r(x, e_2^P)}{\partial e_2^P} \dfrac{V}{2} - 1$ が得られる。ここで、期首の能力資産 x が増えると、成功確率の増分 $\dfrac{\partial r(x, e_2^P)}{\partial e_2^P}$ も大きくなるため $\dfrac{\partial^2 r(x, e_2^P)}{\partial e_2^P \partial x} > 0$、最適反応の水準も増加する。すなわち、能力資産の水準 x が増加すると最適反応の水準 $e_2^P\left(x, \dfrac{V}{2}\right)$ も増加する。これは、図1-3の生産企業 P の最適反応が、$x'' > x'$ に対して $e_2^P\left(x'', \dfrac{V}{2}\right) > e_2^P\left(x', \dfrac{V}{2}\right)$ となることを意味する。

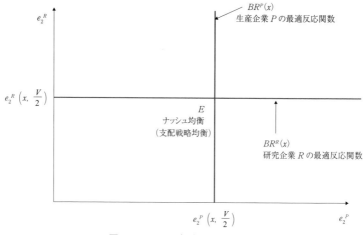

図1-2 T＝2の投資ゲームの均衡

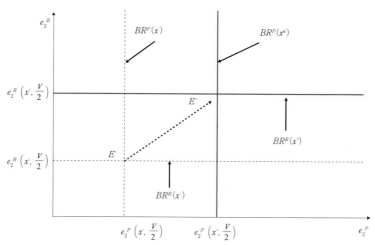

図1-3 能力資産の水準 x が増加するとき $x''>x'$ のT＝2の均衡の変化 $E'\to E''$

　研究企業 R についても、能力資産の水準 x が増加すると、その最適反応の水準 $e_2^R\left(x, \dfrac{V}{2}\right)$ も増加するというまったく同様の主張が成り立つため、二つを合わせて、能力資産の水準 x が増加すると、均衡の投資水準も大きく

なる、すなわち $E' \to E''$ となることがいえる。

T＝1の投資ゲームとその均衡

　イノベーションの財産権の配分を規定した初期契約を両者間で締結したあと、研究企業 R と生産企業 P は、第1期にそれぞれ e_1^R と e_1^P だけ同時に投資する。そして1期目のイノベーションが確率的に実現され、実現された収入が初期契約（ここでは「非統合」の枠組み）に基づいて両者間で分配される。

　その後、1期目の投資 e_1^R と e_1^P の一定割合が次期に引き継がれて次期の能力資産として蓄積し、第2期首の能力資産 x は、$x = c \cdot e_1^P + d \cdot e_1^R$（ただし $0 \leq c \leq 1, 0 \leq d \leq 1$）の水準となる。これは、1期目の投資 e_1^P, e_1^R の c, d の割合が、次期のイノベーションのための資産として蓄積するという継続性・累積性を定式化したものである。パラメータ c, d について、$c \leq d$ であれば、研究企業 R の投資 e_1^R のほうが、より次期の資産 x につながることを意味している。

　さて、第2期首の能力資産 x を所与としたときの2期目の投資ゲームの均衡 $\left(e_2^P\left(x, \frac{V}{2}\right), e_2^R\left(x, \frac{V}{2}\right)\right)$ における研究企業 R と生産企業 P の期待利得は、次のように書ける。

$$U^P\left(x, e_2^P\left(x, \frac{V}{2}\right), e_2^R\left(x, \frac{V}{2}\right)\right) = \left(r\left(x, e_2^P\left(x, \frac{V}{2}\right)\right) + q\left(x, e_2^R\left(x, \frac{V}{2}\right)\right)\right)\frac{V}{2} - e_2^P\left(x, \frac{V}{2}\right)$$

$$U^R\left(x, e_2^P\left(x, \frac{V}{2}\right), e_2^R\left(x, \frac{V}{2}\right)\right) = \left(r\left(x, e_2^P\left(x, \frac{V}{2}\right)\right) + q\left(x, e_2^R\left(x, \frac{V}{2}\right)\right)\right)\frac{V}{2} - e_2^R\left(x, \frac{V}{2}\right)$$

　このとき、第1期における生産企業 P の投資水準の決定問題は、1期目の投資 e_1^P が2期目の自分の均衡利得へ与える効果も考慮に入れた、次の形になる[9]。

$$\max_{e_1^P} U^P(e_1^P, e_1^R) + U^P\left(x, e_2^P\left(x, \frac{V}{2}\right), e_2^R\left(x, \frac{V}{2}\right)\right) \quad \text{s.t.} \quad x = c \cdot e_1^P + d \cdot e_1^R$$

9）論文を通じて、生産企業、研究企業とも、将来利得の割引因子＝1（割引率＝0）であると仮定する。

この最適化の一階条件は、投資 e_1^P が今期の利得に及ぼす効果（次の第1項）と次期首の能力資産 x を c だけ増加させることに伴う長期的効果（第2項）を合わせた次の式となる。

$$\underbrace{r'(e_1^P)\frac{V}{2}-1}_{\text{GH effect (T=1)}}+c\cdot\underbrace{\frac{dU^P\left(x,e_2^P\left(x,\frac{V}{2}\right),e_2^R\left(x,\frac{V}{2}\right)\right)}{dx}}_{\text{New Dynamic Effect (T=2)}}=0$$

　ここで、今期の投資が次期の能力資産 x を増加させ、第2期の均衡利得に及ぼす効果（上式の第2項）は、次のように直接的効果と戦略的効果の二つに分解できる[10)11)]。

$$c\times\frac{dU^P\left(x,e_2^P\left(x,\frac{V}{2}\right),e_2^R\left(x,\frac{V}{2}\right)\right)}{dx}$$

$$=c\times\left[\underbrace{\frac{\partial r\left(x,e_2^P\left(x,\frac{V}{2}\right)\right)}{\partial x}+\frac{\partial q\left(x,e_2^R\left(x,\frac{V}{2}\right)\right)}{\partial x}}_{\text{Positive Direct Effect}}+\underbrace{\frac{\partial q(x,e_2^R)}{\partial e_2^R}\frac{de_2^R\left(x,\frac{V}{2}\right)}{dx}}_{\text{Positive Strategic Effect}}\right]\times\frac{V}{2}$$

　まず、直接的効果（direct effect）は、今期の投資 e_1^P が、次期の能力資産 x を増加させることによって、2期目のイノベーションに成功する確率を直接的に高めることを通じた期待利得増であり、式では $c\times\left(\frac{\partial r(x,e_2^P)}{\partial x}+\frac{\partial q(x,e_2^R)}{\partial x}\right)\times\frac{V}{2}$ と表される。

　戦略的効果（strategic effect）は、今期の投資 e_1^P が、次期の能力資産 x を増加させ、それが相手（研究企業 R）の2期目の投資 $e_2^R\left(x,\frac{V}{2}\right)$ を刺激し、イノベーションに成功する確率を高めることによって迂回的に生じる自分の

---

10) 直接的効果と戦略的効果については、理論的産業組織論のテキストである Tirole (1988) を参照せよ。

11) 次期の能力資産 x の増加が、生産企業 P 自身の最適な投資 $e_2^P\left(x,\frac{V}{2}\right)$ を増やすことを通じて期待利潤を増やす効果は、$\left[\frac{\partial r(x,e_2^P)}{\partial e_2^P}\frac{V}{2}-1\right]\frac{de_2^P\left(x,\frac{V}{2}\right)}{dx}$ より、均衡においては一階条件より [ ] = 0 であり、式全体からは消える。これは包絡線定理（envelope theorem）による結果である。

期待利得増であり、式では $c \times \dfrac{\partial q(x, e_2^R)}{\partial e_2^R} \cdot \dfrac{de_2^R\left(x, \frac{V}{2}\right)}{dx} \times \dfrac{V}{2}$ と表される。

同様に、第1期における研究企業 R の投資水準の決定問題は、1期目の投資 e_1^R が2期目の自分の均衡利得へ与える効果も考慮に入れた、次の形になる。

$$\max_{e_1^R} U^R(e_1^P, e_1^R) + U^R\left(x, e_2^P\left(x, \frac{V}{2}\right), e_2^R\left(x, \frac{V}{2}\right)\right) \quad \text{s.t.} \quad x = c \cdot e_1^P + d \cdot e_1^R$$

この最適化の一階条件は、投資 e_1^R が今期の利得に及ぼす効果（次の第1項）と次期首の能力資産 x を d だけ増加させることに伴う長期的効果（第2項）を合わせた次の式となる。

$$\underbrace{q'(e_1^R)\frac{V}{2} - 1}_{\text{GH effect (T=1)}} + d \cdot \underbrace{\frac{dU^R\left(x, e_2^P\left(x, \frac{V}{2}\right), e_2^R\left(x, \frac{V}{2}\right)\right)}{dx}}_{\text{New Dynamic Effect (T=2)}} = 0$$

ここで、今期の投資が次期の能力資産 x を増加させ、第2期の均衡利得に及ぼす効果（上式の第2項）は、次のように直接的効果と戦略的効果の二つに分解できる[12]。

$$d \times \frac{dU^R\left(x, e_2^P\left(x, \frac{V}{2}\right), e_2^R\left(x, \frac{V}{2}\right)\right)}{dx}$$

$$= d \times \left[\underbrace{\frac{\partial r\left(x, e_2^P\left(x, \frac{V}{2}\right)\right)}{\partial x} + \frac{\partial q\left(x, e_2^R\left(x, \frac{V}{2}\right)\right)}{\partial x}}_{\text{Positive Direct Effect}} + \underbrace{\frac{\partial r(x, e_2^P)}{\partial e_2^P} \frac{de_2^P\left(x, \frac{V}{2}\right)}{dx}}_{\text{Positive Strategic Effect}}\right] \times \frac{V}{2}$$

---

[12] 次期の能力資産 x の増加が、研究企業 R 自身の最適な投資 $e_2^R\left(x, \dfrac{V}{2}\right)$ を増やすことを通じて期待利潤を増やす効果は、$\left[\dfrac{\partial q(x, e_2^R)}{\partial e_2^R}\dfrac{V}{2} - 1\right]\dfrac{de_2^R\left(x, \frac{V}{2}\right)}{dx}$ であるが、均衡においては一階条件より [ ] ＝ 0 であり、式全体からは消える（包絡線定理）。注11も参照。

直接的効果（direct effect）は、今期の投資 e_1^R が、次期の能力資産 x を増加させることによって、2期目のイノベーションに成功する確率を直接的に高めることを通じた期待利得増であり、式では $d \times \left(\dfrac{\partial r(x, e_2^P)}{\partial x} + \dfrac{\partial q(x, e_2^R)}{\partial x} \right) \times \dfrac{V}{2}$ と表される。

　戦略的効果（strategic effect）は、今期の投資 e_1^R が、次期の能力資産 x を増加させ、それが相手（生産企業 P）の2期目の投資 $e_2^P\left(x, \dfrac{V}{2}\right)$ を刺激し、イノベーションに成功する確率を高めることによって迂回的に生じる自分の期待利得増であり、式では $d \times \dfrac{\partial r(x, e_2^P)}{\partial e_2^P} \cdot \dfrac{de_2^P\left(x, \dfrac{V}{2}\right)}{dx} \times \dfrac{V}{2}$ と表される。

　以上のように、「静学的な Grossman-Hart 効果」に加えて、イノベーションの実現確率を増加させる二つの正の効果（直接的効果 + 戦略的効果）の合計からなる「動学的効果」が、「非統合」の枠組みでのT＝1の投資ゲームでは生じる。よって、T＝1での均衡投資インセンティブは、次の2式を満たす解となる。

$$\dfrac{\partial r(e_1^P)}{\partial e_1^P} \dfrac{V}{2} - 1 + c \left(\dfrac{\partial r\left(x, e_2^P\left(x, \frac{V}{2}\right) + q\left(x, e_2^R\left(x, \frac{V}{2}\right)\right)\right)}{\partial x} + \dfrac{\partial q(x, e_2^R)}{\partial e_2^R} \dfrac{de_2^R\left(x, \frac{V}{2}\right)}{dx} \right) \dfrac{V}{2} = 0$$

$$\dfrac{\partial q(e_1^R)}{\partial e_1^R} \dfrac{V}{2} - 1 + d \left(\dfrac{\partial r\left(x, e_2^P\left(x, \frac{V}{2}\right)\right) + q\left(x, e_2^R\left(x, \frac{V}{2}\right)\right)}{\partial x} + \dfrac{\partial r(x, e_2^P)}{\partial e_2^P} \dfrac{de_2^P\left(x, \frac{V}{2}\right)}{dx} \right) \dfrac{V}{2} = 0$$

以上より、次のことがわかる[13]。

　◎　生産企業 P のT＝1での均衡投資インセンティブは、「動学的効果 ＝ 直接的効果 + 戦略的効果」の分だけ高まる。これは、図1-4 $e_1^P(c>0) > e_1^P(c=0)$ に相当する。同様に、研究企業 R のT＝1での均衡投資インセンティブについて、$e_1^R(d>0) > e_1^R(d=0)$ である。

---

[13] Suzuki（2006）は、本論文と類似の不完備契約モデル（部品取引関係の話）で、無限期間の設定で、直接的効果、戦略的効果について分析している。しかし、所有構造の選択（統合 vs. 非統合）は分析していない。

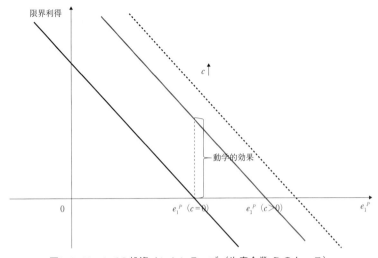

図1-4　T＝1での投資インセンティブ（生産企業 P のケース）

◎ 次期首の能力資産の増加につながる効果が大きいほど、すなわち、パラメータ c や d が大きいほど、1期目の均衡インセンティブは大きくなる。

2.2 統合レジーム integration：P-Ownership（PO）

統合レジームとは生産企業 P がイノベーションの所有者であるケースで、イノベーションの成果は100％生産企業 P のものであり、生産企業 P が100％取引利益 V を得る（100％残余請求者となる）レジームである（P-Ownership: PO）。また、前節2.1の非統合のケースと対照的に、後方統合（Backward）vertical integration に相当し、生産企業 P が研究企業 R を企業内の従業員（employees）として雇用する状況であり、したがって、「大企業によるイノベーション」を意味するレジームである。企業内の研究者は $w=\overline{w}=0$ の報酬を得るとする（単純化の仮定）。このレジームの均衡をバックワードに解いていく。

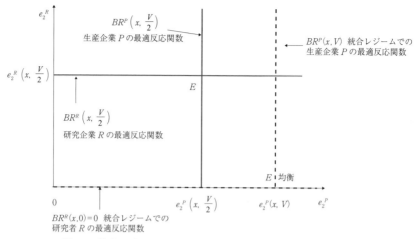

図1-5　統合レジームでのT＝2の投資ゲームの均衡 $E(e_2^P(x,V),0)$

T＝2の投資ゲームとその均衡

以上より、T＝2の投資ゲームにおける生産企業 P と研究者（従業員）R の利得関数は、

$$U^P(x, e_2^P, e_2^R) = (r(x, e_2^P) + q(x, e_2^R)) \times \underbrace{V}_{100\%利益} - e_2^P$$
$$U^R(x, e_2^P, e_2^R) = -e_2^R$$

となる。両者は、任意の x に対して、相手の戦略を所与としてお互いに最適に行動する。

まず、企業内研究者（従業員）R は投資への報酬がゼロであるので、$e_2^R(x,0)=0$ を選ぶ。他方、生産企業 P は、100％残余請求者となって、$U^P(x, e_2^P, 0) = r(x, e_2^P) \times V - e_2^P$ を最大化するため、適切なインセンティブを持つ。つまり、最適化の一階条件は、$\dfrac{\partial r(x, e_2^P)}{\partial e_2^P} V - 1 = 0$ となり、投資を追加的に１単位増やしたときに成功確率を増加させることを通じた期待総余剰の増分を100％獲得できるため、総余剰最大化と合致した投資インセンティブ $e_2^P(x,V)$ を持つ。よって、この統合レジームでの生産企業 P のインセンティブ $e_2^P(x,V)$ は、非統合レジームでの水準 $e_2^P\left(x, \dfrac{V}{2}\right)$ よりも大きいため、

24　第Ⅰ部　企業の意思決定と国際競争力

統合レジームでの T＝2 の投資ゲームの均衡は、図1-5の最適反応関数の交点 $E\ (e_2^P(x,V),0)$ で表される。

第2期首の能力資産 x を所与としたときの2期目の投資ゲームの均衡 $E\ (e_2^P(x,V),0)$ における生産企業 P と研究者（従業員）R の期待利得は、次のようになる。

$$U^P(x,e_2^P(x,V),0) = r(x,e_2^P(x,V))V - e_2^P(x,V)$$
$$U^R(x,e_2^P(x,V),0) = 0$$

T＝1の投資ゲームとその均衡

まず、「統合レジーム」においては、財産権（所有権）の非保有者である研究者（従業員）R は、1期目、2期目とも報酬ゼロであるため、努力インセンティブは明らかにゼロである。$e_1^R(0) = e_2^R(x,0) = 0$

次に、イノベーションの成果を100％得る生産企業 P の第1期の投資水準は、1期目の投資 e_1^P が2期目の自分の均衡利得へ与える効果も考慮に入れた、次の問題で決まる。

$$\max_{e_1^P} U^P(e_1^P,e_1^R=0) + U^P(x,e_2^P(x,V),0)$$
$$\Leftrightarrow \max_{e_1^P} r(e_1^P)V - e_1^P + r(x,e_2^P(x,V))V - e_2^P(x,V)^{14)}$$
$$\text{s.t.}\ \ x = c\cdot e_1^P + d\cdot e_1^R$$

最適化の一階条件は、

$$\underbrace{r'(e_1^P)V - 1}_{\text{Static Effect}} + c\underbrace{\frac{\partial r(x,e_2^P(x,V))}{\partial x}V}_{\text{Positive Direct Effect}} = 0$$

統合（P-Ownership）レジームでは、研究者（従業員）R の努力インセンティブがゼロであるため、非統合（R-Ownership）レジームでは存在していた正の戦略的効果（strategic effect）が存在せず、直接的効果のみ存在することがわかる[15]。

---

14) T＝1の研究者側からの成功確率については努力 $e_1^R = 0$ であるので、$q(0)=0$ である。

2.3　T＝0の所有構造の選択
　　　——非統合 Non-integration vs. 統合 integration

　ここでは、T＝0の所有構造の最適な選択について分析するため、各期で、二つのレジームの均衡を比較していく。まず、T＝2の投資ゲームの均衡を非統合と統合の二つのレジームで比較する（図1-6）。

　T＝2の均衡では、統合レジームでは、統合側の生産企業 P は100％残余請求者となり、ファーストベストのインセンティブが引き出されるが、統合される側は、インセンティブがなくなり、努力水準はゼロとなる。一方、非統合レジームでは、生産企業 P のインセンティブは $e_2^P(x,V)$ から $e_2^P\left(x,\dfrac{V}{2}\right)$ へ下落する代わりに、独立企業となる研究企業 R のインセンティブが、0から $e_2^R\left(x,\dfrac{V}{2}\right)$ まで増大する。以上のトレードオフは、基本的な Grossman=Hart=Moore（1986, 1990）の効果である[16]。

　次にT＝1の均衡について、同様に比較する。まず、統合レジームでのT＝1の均衡では、イノベーション価値を100％得る生産企業 P の第1期の投資水準は、最適化の一階条件 $\underbrace{r'(e_1^P)V-1}_{\text{Static Effect}}+\underbrace{c\dfrac{\partial r(x,e_2^P(x,V))}{\partial x}V}_{\text{Positive Direct Effect}}=0$ によって表され、動学的効果の分、2期目の投資水準 $e_2^P(x,V)$ よりも大きくなる。ただし、統合レジームでは、研究者（従業員）R の努力水準がゼロであるため、非統合レジームで存在している正の戦略的効果は存在せず、直接的効果のみが存在する。

　次に、非統合レジームでのT＝1の均衡については、やや複雑である。まず生産企業 P の均衡インセンティブについて、二つのレジームでの一階条

---

15) 次期の能力資産 x の増加が、生産企業 P 自身の最適投資 $e_2^P(x,V)$ を増やすことを通じて期待利潤を増やす効果は、$\left[\dfrac{\partial r(x,e_2^P)}{\partial e_2^P}V-1\right]\dfrac{de_2^P(x,V)}{dx}=0$ より、式全体からは消える。これは、包絡線定理（envelope theorem）の結果である。
16) 統合される側の投資インセンティブが下落する点は、ウィリアムソン（1975）にはない視点である。

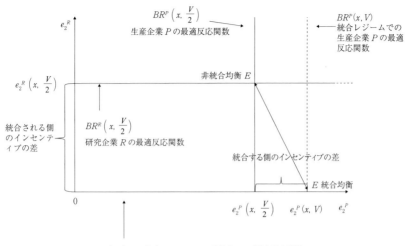

図1-6　T＝2の投資ゲームの均衡：非統合 vs. 統合

件を比較する。

統合レジーム

$$\underbrace{r'(e_1^P)V - 1}_{\text{Static Effect}} + \underbrace{c\frac{\partial r(x, e_2^P(x,V))}{\partial x}V}_{\text{Positive Direct Effect}} = 0$$

非統合レジーム

$$\underbrace{\frac{\partial r(e_1^P)}{\partial e_1^P}\frac{V}{2} - 1}_{\text{Static Effect}} + \underbrace{c\left(\frac{\partial r\left(x, e_2^P\left(x, \frac{V}{2}\right) + q\left(x, e_2^R\left(x, \frac{V}{2}\right)\right)\right)}{\partial x} + \frac{\partial q(x, e_2^R)}{\partial e_2^R}\frac{de_2^R\left(x, \frac{V}{2}\right)}{dx}\right)\frac{V}{2}}_{\text{Dynamic Effect (direct+strategic effects)}} = 0$$

このとき、下記の式が示す通り、統合レジームのほうが、T＝1の均衡インセンティブは大きくなる。

第1章　イノベーションマネジメント――不完備契約分析

$$\underbrace{\frac{\partial r(e_1^P)}{\partial e_1^P}\frac{V}{2}}_{\substack{100\%-50\%\\ \text{シェアの差:}\\ \text{Main Effect}}} + c\underbrace{\left(\frac{\partial r(x, e_2^P(x,V))}{\partial x} - \frac{\partial r\left(x, e_2^P\left(x, \frac{V}{2}\right)\right)}{\partial x}\frac{1}{2}\right)V}_{\text{生産企業へのdirect effectの差}}$$

$$> c\underbrace{\left(\frac{\partial q\left(x, e_2^R\left(x, \frac{V}{2}\right)\right)}{\partial x} + \frac{\partial q(x, e_2^R)}{\partial e_2^R}\frac{de_2^R\left(x, \frac{V}{2}\right)}{dx}\right)\frac{V}{2}}_{\text{研究企業へのdirect effect+戦略的効果(indirect effect)}}$$

　しかしそれでも、非統合レジームでも、１回限りのゲームの均衡に比べれば、すでに分析した通り、「動学的効果」の分だけ、均衡インセンティブは増加する。

　一方、独立企業である研究企業 R のインセンティブは、統合レジーム（従業員）での投資インセンティブ・ゼロから、次の一階条件で特徴づけられる $e_1^R\left(\frac{V}{2}\right)$ まで大きく増加する。

$$\underbrace{\frac{\partial q(e_1^R)}{\partial e_1^R}\frac{V}{2} - 1}_{\text{Static Effect}} + d\underbrace{\left(\frac{\partial r\left(x, e_2^P\left(x, \frac{V}{2}\right)\right) + q\left(x, e_2^R\left(x, \frac{V}{2}\right)\right)}{\partial x} + \frac{\partial r(x, e_2^P)}{\partial e_2^P}\frac{de_2^P\left(x, \frac{V}{2}\right)}{dx}\right)\frac{V}{2}}_{\text{Dynamic Effect (direct+strategic effects)}} = 0$$

　以上より、１期目の二つのレジームの均衡インセンティブを比較すると、以下の図1-7の通りとなる。

　そして、Ｔ＝０での非統合（R-Ownership）vs. 統合（P-Ownership）の最適な選択について、次のように比較分析できる。

　Ｔ＝０で統合レジームを選択すると、統合側の生産企業 P はＴ＝１、Ｔ＝２ともに100％残余請求者となり、ファーストベストのインセンティブが引き出されるが、統合される研究企業 R の側はインセンティブがなくなり、努力水準はゼロとなる。また、統合レジームでは、研究者 R の努力水準がゼロとなるため、非統合レジームで存在している正の戦略的効果は存在せず、直接的効果のみが動学的効果となる。

　一方、Ｔ＝０で非統合レジームを選択すると、既述の分析および図1-7からわかるように、生産企業 P と研究企業 R 両サイドが、①Ｔ＝１の投資が、

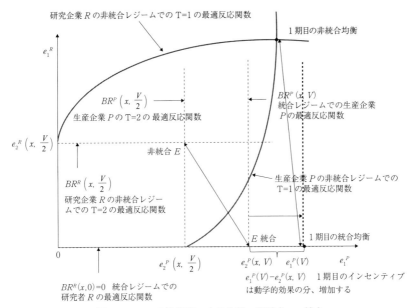

図1-7 T＝1の投資ゲームの均衡：非統合 vs. 統合

次期の能力資産 x を蓄積させることに伴う直接的効果と、②T＝1の投資が次期の能力資産 x を増加させ、それが相手（パートナー）のT＝2の投資を刺激することを通じて自分に返ってくるという戦略的効果の二つの正の効果からなる「動学的効果」をも考慮に入れて投資を行うため、T＝1の投資インセンティブは、T＝2のそれと比べて、生産企業 P と研究企業 R 両サイドとも大きなものとなる。このとき、統合レジームを選ぶと、統合側の生産企業 P のインセンティブは増えても、統合される側の研究企業 R のT＝1のインセンティブはゼロとなり、大きく損なわれてしまう。

Grossman＝Hart＝Moore（1986, 1990）の不完備契約理論は、「投資の限界効率性」が高い人に財産権を配分するのが最適であるという結論であるが、生産企業 P の動学的効果（直接的効果＋戦略的効果）も含めた「投資の限界効率性」が非常に高ければ、統合レジーム（P-Ownership）で生産企業 P のインセンティブを最大限生かすのが最適である。これは、大企業でイノベーションが起こるのが効率的なケースである。

しかし、そこまで生産企業 P の投資の動学的な限界効率性が大きくなければ、1回限りの枠組みでは「統合」したほうがよいケースでも、動学的な枠組みでは、「非統合」で独立企業同士のままパートナーシップの関係を保って、両サイドの投資インセンティブを長期的に引き出したほうが、動学的な効率性の観点から最適である可能性が出てくることがわかる。

全体的に要約すれば、本論文の動学的なモデルでは、「動学的効果（直接的効果＋戦略的効果）も含めた投資の限界効率性」が高い人に財産権を配分するのが最適となる。したがって、研究企業 R の投資の動学的な限界効率が十分大きければ、非統合（R-Ownership）の枠組みが選ばれることになる。そして、生産企業 P と研究企業 R の両方が、お互いに高投資を行って、能力資産を蓄積させながらイノベーションを実現させていく協働の仕組みが選ばれることになるのである。

3．資金制約とイノベーションの境界問題

ここで、これまでの分析を整理し、研究企業 R 側の資金制約を記した表1-1を提示しよう。

Grossman = Hart = Moore（1986, 1990）の不完備契約理論の結論は、「投資の限界効率性」が高い人に財産権を配分するのが最適というものである。それに対し、本論文は、イノベーションの実現には「能力資産」の蓄積が重要であるという観点から、能力資産、イノベーション資産の動的な蓄積をモデルに導入して、財産権の最適な配分問題を考察した。これまでの分析が示している通り、①今期の投資が、次期の資産を蓄積させることに伴う直接的効果と、②今期の投資が次期の資産を蓄積させ、それが相手の将来の投資を引き出すことを通じて自分に返ってくる戦略的効果の二つの正の効果からなる「動学的効果」が生じる。したがって、動学的効果（直接的効果＋戦略的効果）も含めた、投資の限界効率性が高い人に財産権を配分するのが最適となる。この理論的な拡張から、1回限りの枠組みでは「統合」したほうがよいケースでも、動学的な枠組みでは、特に、生産企業 P と研究企業 R 両サイドでの正の戦略的効果の蓄積が重要な場合は、「非統合」で独立企業同士のままパートナーシップの関係を保って、両サイドの投資インセンティブを長

表1-1　分析の整理と資金制約の存在

短期（1期ゲーム）Aghion and Tirole1994	生産企業 P のほうが研究企業 R よりも効率的（投資の限界効率が高い）：記号で $P>R$ とする		研究企業 R のほうが生産企業 P よりも効率的（投資の限界効率が高い）：記号で $R>P$ とする	
長期（2期ゲーム）本論文の枠組み（動学的効果＝直接的効果＋戦略的効果が加わる）	短期と同様に生産企業 P のほうが投資の動学的な限界効率が高い：$P>R$	短期とは逆に研究企業 R のほうが投資の動学的な限界効率が高い：$R>P$	短期と同様に研究企業 R のほうが投資の動学的な限界効率が高い：$R>P$	短期とは逆に生産企業 P のほうが投資の動学的な限界効率が高い：$P>R$
資金制約（研究企業）	有　　無	有　　無	有　　無	有　　無

期的に引き出したほうが、長期効率性の観点から最適である可能性が出てくることがわかった。

　さらに、Aghion and Tirole（1994a, b）が導入した資金制約（Cash Constraint）を、本モデルにも適用すれば、イノベーションに関する財産権配分の非効率性の存続をも説明できる。すなわち、生産企業 P が事前の交渉力を持っている（最初、大企業〈生産企業 P〉が所有権を持っている）ケースで、研究企業 R が、長期的視点からイノベーションの所有権を持ったほうが望ましいのに、実際にそうならないのは、研究企業 R の側に、所有権移転のための資金（Cash）が不足しているからだと理解できる。

　一般に、イノベーションでは、新興企業＝ベンチャー企業の役割が注目され、大企業はイノベーションに不向きという印象もあるが、実際には、多くのイノベーションは大企業によって生み出されてきた（例えば、デュポン、IBM、トヨタ自動車など）。「創造的破壊」で有名なシュンペーターも、二つの説を著しており、前期は「企業家の役割」を重視する説（創造的破壊説）、後期は「大企業内部でのイノベーション」を重視する説を唱え、イノベーションに関する大企業 vs. 新興企業というトピックを提供してきた。しかし、イノベーションの創出主体が、大企業なのか新興企業なのかについて、確かな結論は出ていない[17]。本モデルに「資金制約」を導入することによって、研

---

[17] 小田切・古賀・中村（2003）は、「研究開発」関して、社内研究か外注研究かという「境界問題」の実証分析を行い、特許による専有可能性が高い産業では、企業間の技術取引（本論文の「非統合」レジーム）が選ばれる傾向があることを示している。その意味では、武石・青島・軽部（2012）のいうイノベーションの実現プロセス全体のうちの「研究開発」の部分に関して、内製か外注かを検証したわけである。

究企業(中小企業)のほうが「動学的効果(直接的効果+戦略的効果)を含めた投資の限界効率性」が高く、所有権を配分することが社会的に最適な場合であっても、研究企業(中小企業)の資金不足のために所有権の移転が起きず、大企業によるイノベーションが存続しうることを合理的に説明することができる。

一方、研究企業 R が事前の交渉力を持っている(最初、研究企業 R が所有権を持っている)ケースでは、生産企業(大企業) P が長期的視点からイノベーションの所有権を持ったほうが望ましいならば、キャッシュの支払いと交換に、所有権が生産企業 P (大企業・ユーザー・顧客)に移転され、イノベーションの財産権の効率的配分が実現する[18]。こうして、「資金制約」は組織形態の選択にバイアスをかけることになる。

現実の事例

研究企業 R の資金制約がクリアされれば、大企業から研究企業へのイノベーションの所有権の移転が成立する。最近、ソニーが村田製作所と譲渡契約を結んで、リチウムイオン電池事業を売却したニュースは、大企業(ソニー)から(より効率的な)研究企業(村田製作所)への財産権の譲渡といえよう。現在では、短期的にも長期的にも研究企業 R のほうが生産企業 P よりも効率的(投資の限界効率が高い) $R>P$ となり、研究企業の側に資金制約がないため、リチウムイオン電池事業の所有権が、効率的な研究企業の側に移転したわけである($P>R, R>P,$ 資金制約なし)[19]。

トヨタ自動車による環境対応自動車をリードするハイブリッド車「プリウス」(21世紀のクルマをコンセプトに大幅な燃費向上等を実現した環境配慮型自動車)の開発は、大企業によるイノベーションであるが、それが長期的にも効率的であるケースだと考えられる。生産企業 P のほうが研究企業 R よりも効率的(投資の限界効率が高い) $P>R$ で、この所有権配分が最適であり、トヨタ

---

[18] もちろん、研究企業のほうに、独立であることへの熱意や満足感など、非金銭的な私的便益が存在すれば、非統合から統合へは移行しづらくなる。Hart and Holmstrom (2010) や Suzuki (2005, 2011) などを参照のこと。

[19] ($P>R, R>P,$ 無)は、短期的には生産企業 P のほうが投資の限界効率が高い $P>R$ が、長期的には研究企業 R のほうが投資の限界効率が高く $R>P$、研究企業 R の資金制約がないケースを意味する。以下、同様に読む。

側の資金制約ももちろんない状況である（$P>R, P>R,$ 無）。

　技術主導型のイノベーションは、シリコンバレーのベンチャー企業に代表されるような、独創的で高い技術をもとに革新的な新製品を開発することである。そういう企業の例として、日本ゴアがある（経済産業省、2007）。日本ゴアは、自動車のパワートレインの寿命を左右する二つの大きな要素である、最高の性能と耐久性を兼ね備える燃料電池向け PEM の製品群を開発し、自動車業界で高い評価を得ている。同じく、三鷹光器（研究企業 R）は、大企業に負けないモノ作りのため、大企業の先を行くアイデアを取り入れることを重視している。そのため、一見関係ないと思われる分野でも積極的に関心を持って、常に新しいアイデアをモノ作りに取り込むことを基本としている。それにより、天体観測機器技術というコア技術を応用して異分野へ挑戦し、世界レベルの高精度非接触三次元測定装置や脳外科手術用顕微鏡を開発するイノベーションを実現した（$R>P, R>P,$ 無）。

　市場ニーズ主導型イノベーションは、日本企業が得意としてきたアプローチで、例えば緑茶の缶製品化、ペットボトル製品化が挙げられる。市場ニーズに合わせて開発する手法である。1970年代に自動販売機の誕生・普及によって「飲料の多様化」が急激に進んできたなかで、急須で入れるという手間のかかる緑茶は日本人の生活から次第に遠ざかっていき、1975年頃から緑茶市場そのものが、急激に勢いを失っていった。この頃から伊藤園は、緑茶の飲料化を目指し、研究開発を始めていた。緑茶を気軽に飲みたいという市場のニーズに着目して開発を行ったイノベーションである（$P>R, P>R,$ 無）。

　「資金制約」を導入することによって、研究企業 R のほうが「動学的効果（直接的効果＋戦略的効果）を含めた投資の限界効率性」が高く、所有権を配分することが社会的に最適な場合であっても、資金不足のために所有権の移転が起きず、大企業によるイノベーションという非効率な状態が存続することも理論的には示された。その場合は、イノベーションは成功しづらく、現実の成功事例も挙がりにくいということになる。

参考文献

Aghion, P. and J. Tirole (1994a) "The Management of Innovation," *Quarterly Journal of Economics*, 109(4): 1185-1209.

Aghion, P. and J. Tirole (1994b) "Opening the Black Box of Innovation," *European Economic Review*, 38(3-4), April, 701-710.

Grossman, S. and O. Hart (1986) "The Costs and Benefits of Ownership: A Theory of Vertical and Lateral Integration," *Journal of Political Economy*, 94: 691-719.

Hart, O. and B. Holmstrom (2010) "A Theory of Firm Scope," *Quarterly Journal of Economics*, 125(2): 483-513.

Hart, O. and J. Moore (1990) "Property Rights and the Nature of the Firm," *Journal of Political Economy*, 98: 1119-1158.

Suzuki, Y. (2005) "Integration vs. Non-Integration: Specific Investments and ExPost Resource Distribution," *International Economic Journal*, 19: 11-35.

Suzuki, Y. (2006) "Equilibrium Incentives and Accumulation of Relational Skills in a Dynamic Model of Hold up," *Economics Bulletin*, 12(7): 1-11.

Suzuki, Y. (2011) "A Comparative Theory of Non-Integration, Integration, and the Decentralized Firm," *Journal of International Economic Studies*, 25: 3-28.

Tirole, J. (1988) *Theory of Industrial Organization*, Cambridge, MA, M.I.T Press.

Williamson, O. (1975) *Markets and Hierarchies, Analysis and Antitrust Implications: A Study in the Economics of Internal Organization*, New York, Free Press.

小田切宏之・古賀款久・中村健太 (2003)「研究開発における企業の境界と知的財産制度」後藤晃・長岡貞男編『知的財産制度とイノベーション』東京大学出版会、19-50頁

オリバー・ハート (2010)『企業 契約 金融構造』鳥居昭夫訳、慶應義塾大学出版会

経済産業省 (2007)「イノベーション創出に向けた『鍵』の発見に資する調査」平成19年度産業技術調査

後藤剛史 (2003)「研究開発契約における違約金条項の役割について」南山経営研究、17(3): 235-247.

鈴木豊 (2016)『完全理解 ゲーム理論・契約理論』勁草書房

武石彰・青島矢一・軽部大 (2012)『イノベーションの理由——資源動員の創造的正当化』有斐閣

一橋大学イノベーション研究センター編 (2001)『イノベーション・マネジメント入門』日本経済新聞出版社

第 2 章

日本企業の競争力と
開発設計段階のコストマネジメント

早稲田大学商学学術院　清水　信匡

はじめに

「かつて『ジャパン・アズ・ナンバーワン』と言われ、1960年代から80年代にかけて、我が国ものづくり企業は画期的な新製品を次々に開発し、自動車や家電を始めとする"Made in Japan"製品は、その高い品質・性能に支えられ、世界市場を制するほどの抜群の競争力を有した。そのため、数次にわたる大幅な円高の進行にもかかわらず国内生産は拡大し、輸出を伸張させ、ものづくり産業は我が国躍進の大きな原動力となった」（経済産業省・厚生労働省・文部科学省編、2013：3頁）。

　1960年代から日本企業の自動車や家電製品等が欧米の企業との競争に打ち勝って売れ始めた。それは、上述の『ものづくり白書 2013年版』からの引用にあるように、日本製品が顧客のニーズにあった機能を持ちながら、品質が高く、かつお手頃価格で顧客に提供できたからである。こうしたなかで日本企業の経営管理・生産管理システムが海外で注目を浴びるようになった。そして、海外の企業や研究者たちもその競争力を解明するべく日本企業のマネジメントを研究するようになった。管理会計（原価計算を含む）も例外ではなかった。1980年代以前に管理会計テキストにおいて、日本の実践が紹介されることは皆無であった。しかしながら、日本企業の活躍が顕著になった

1980年代後半から、国内・国外を問わず日本企業の管理会計について研究されることが多くなった。
　そのような研究が始まった初期においては、TQC（トータル・クオリティ・コントロール）、JIT（ジャスト・イン・タイム）生産等の生産段階の工場レベルのコストマネジメントが議論されていたが（Lee, 1987; Monden and Sakurai eds., 1989）、研究が進むにつれて製品の開発設計段階のコストマネジメントにおいても日本企業の競争力の秘密があることが明らかになってきた。それが「原価企画」である。
　1980年代後半から1990年代には、自動車産業や家電産業などの数多くの原価企画の事例が国内外で紹介され研究が進められた。当初は目標原価の設定プロセスを中心とした計算構造の記述や開発設計段階のVE（バリューエンジニアリング＝価値分析）などの実践の紹介が多かった（Hiromoto, 1988; Sakurai, 1989; 加登、1993；田中、1995；田中・小林編著、1995）。しかしながら、徐々に目標原価の作り込みのマネジメント活動の解明へと研究の焦点が移った。さらに、日本企業が、円高への対応や顧客のニーズへの俊敏な対応のために、海外に生産・開発拠点を移すに伴い、原価企画も海外に移転し始めた。また、外国企業も後述するように原価企画を積極的に導入しようとした。こうした原価企画の海外展開とともに、日本企業による原価企画の海外への移転可能性の問題や外国企業による原価企画の実行可能性の問題を扱った研究が登場した（Cooper and Slagmulder, 1997; 岡野、1995；岡野・清水、1997；日本会計研究学会、1996）。
　こうして、製品開発段階のコストマネジメントである原価企画の研究が1990年代に盛りあがった。しかしながら、1990年代後半さらに2000年代になり、日本の製造企業の快進撃が止まり、業績も悪くなった。特に原価企画の成功事例として頻繁に紹介されていた家電業界の調子が悪くなった。そのような状況で、本来ならば原価企画のメカニズムをさらに究明しなければならないにもかかわらず、原価企画研究は下火になっていった。
　管理会計研究として、本書のテーマである『国際競争力を高める企業の直接投資戦略と貿易』を考える上でどうしても避けて通ることができないのが、今話題にした原価企画である。日本企業が海外進出する場合に、開発設計プロセスを移転するかどうかは非常に重要な意思決定課題である。現地の

ニーズに合った製品をそれなりの品質で安く作るためには開発設計段階でのコストマネジメントは必要不可欠である。それをどこで行うのか。この課題を考える場合に大切なことは、日本企業のコスト競争力の中身は何かということの分析である。本章で俎上に載せる製品開発段階のコストマネジメント：原価企画は、日本企業のコスト競争力を支えてきたといわれてきた。しかしながら、上述したように原価企画におけるコストマネジメントのメカニズムは十分明らかにはされていない。そこで、本章では日本企業のコスト競争力を解明する準備として、原価企画と競争力を持った日本製品との関係を分析する。特に、原価企画がどのような状況で効果を発揮するのか、製品アーキテクチャ理論の枠組みで考えることを目的とする。まず原価企画の特徴をそのプロセスとともに概略していこう。

1．原価企画とは：プロセスと特徴

　原価企画とは、原価発生の源流に遡って、VEなどの手法をとりまじえて、設計、開発さらには商品企画の段階で原価を作り込む活動といわれている。本節では1990年代半ばに原価企画の主要な研究者たちがまとめた原価企画のプロセスと特徴に関する一般的な考え方（日本会計研究学会、1996）を説明する。

　伝統的な標準原価管理や原価改善活動が製造段階での原価管理活動であるのに対して、原価企画は、商品企画、開発、設計の段階で、コスト、品質、納期、信頼性といった諸目標の達成を保証する活動である。上述の定義にも含まれているが、原価企画は「源流管理」と「原価（コスト）の作り込み」という考え方に立っている（加登、1993）。

　「源流管理」とは、製品のライフサイクルのより上流に遡った管理のことであり、製造段階から設計段階へ、さらに商品企画段階へと原価管理の重点が移っていくことを示す言葉である。また「原価の作り込み」とは後述する目標原価を達成するように部品や製品全体の設計を行うことを指す。図2-1は、特定の製品に対して最終的に発生する原価を100％とした場合に、製品ライフサイクルのどの時点で、どのくらいの原価が決定され発生するかを示したグラフである。製品特性にも依存するが、原価は製造する前の段階で発

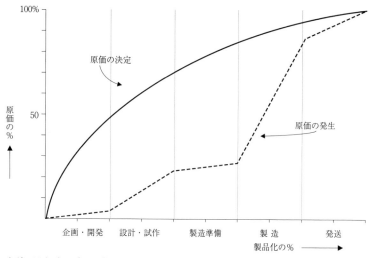

出所:田中(1995)10頁

図2-1　原価の発生と決定の時期

生する費用と製造開始以降に発生する費用とに分かれる。現代の製品の多くの原価は製造する以前に80％以上決定されてしまい、いったん製造が始まると原価を下げる余地はほとんどないといわれている。

原価企画のプロセス

原価企画の手続きを説明する上で、新製品の開発設計プロセスの理解が必要不可欠である。

図2-2は、1990年代の多くの事例に基づいて作られた製品の開発設計と原価企画のプロセスである。製品の開発設計とは、顧客のニーズやエンジニアの知識やアイデアを具体的な製品という形あるものに変換する作業である。加工組立型産業における製品開発工程は、基本的には商品企画、構想設計、基本設計、詳細設計、工程設計に分けられることが多い。

商品企画では大まかな製品コンセプト(概略仕様＝性能、大きさ、重さなど)、制作期限＝納期、制作のための組織などが決定される。次に、構想設計では、商品企画を受けて、製品コンセプトを具体的にするために概略仕様を詰めて、基本仕様を決定する作業が行われる。そして、製品コンセプトから製

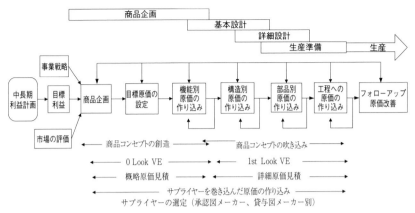

出所:日本会計研究学会(1996) 46頁、一部修正

図2-2 開発設計と原価企画のプロセス

品の概略図(ポンチ絵)が描かれる。同時に、設計期限に合わせた設計計画＝日程表、設計の役割分担も具体的に設定される。

　原価企画に関連してこの段階では、中・長期計画から製品の目標利益を導出するとともに、マーケティング情報から販売・売上予測を行い、そして製品売価を設定する。次に、それらの情報から目標原価を導出する。目標原価とは新製品の開発設計プロセスにおいて決定される原価あるいは発生する原価に対しての目標のことである。ここで、製品コンセプトが目標利益を確保できるように設定されなければならないということが重要である。

　次に、基本設計では、構想設計を受けて、さらに具体的なアイデアを加えて、ポンチ絵をもとに計画図を何度か描きながら、最終計画図を作成する。そして、詳細設計では、最終計画図に基づきながら部品の部品図を描く。この段階では下流の工程設計を視野に入れながら、部品の製作指図書を作ることが中心である。最後に、工程設計では、部品図をもとに、部品を組み立てて、いかに1つの製品にまとめるかを描いた組立図を作る。原価企画に関連しては、目標原価を具体的に作り込むために、原価の作り込みが何度か繰り返される。

　最後にフォローアップである。原価企画で行われる原価企画の作り込みはあくまで見積上のものであり、実際に目標原価が達成されたか否かは量産段

階に入ってからしかわからない。したがって、量産後何カ月か実際原価を追跡調査し、目標原価の達成の正否を検討する。未達成の場合にはその原因を追究し、必要があればさらに達成のための改善活動が行われることもある。

原価企画の特徴

　原価企画は上述の原価の作り込みの繰り返しによって実行されるが、その運用には、①ラグビー方式の製品開発、②クロスファンクショナルな活動、③人材の多機能化、④情報の共有化、⑤デザイン・インというきわめて日本的な特徴が現れている（日本会計研究学会、1996）。

① ラグビー方式（同時並列型）の製品開発とは、前工程の活動が終了する前から次工程の活動が始められることである。この方式は欧米で発展した伝統的なバトンタッチ方式とはかなり異なる。バトンタッチ方式では、前工程が終わってそのアウトプットが順に後工程へと引き継がれていく。したがって、欧米の製品開発は、「壁越の製品開発」（Carter and Baker, 1992: 34）といわれていた。つまり、自分の担当する開発工程が終われば、それを次の工程に渡すだけでそれ以上責任を持たないという構造が欧米の製品開発においてできあがっていたのである。

② クロスファンクショナルな活動とは、開発に関わる各職能（例えば、営業、商品企画、開発設計、生産技術、購買、製造、経理あるいは原価管理などの部門）が自らの担当する開発工程以外の工程にも関わる活動である。

③ 人材の多機能化とは、自ら担当する工程あるいは職能以外の仕事に通じた人材を要請することである。

④ 情報の共有化とは、部門や職能を超えて、お互いの問題点や知識を共有することである。

⑤ デザイン・インとは部品を生産するサプライヤーが開発プロセスの初期段階から参加して、新製品に組み付ける部品（例えば、カーエアコン）をアセンブラー（例えば、自動車メーカー）の新製品に適したように設計開発する活動のことである。欧米においては、部品会社はアセンブラーが設計した図面に基づいて部品を作るか、標準品を作るだけの企業が多い。

　以上原価企画の特徴として5点挙げたが、このような特徴から以下のよう

なメリットが生じるといわれていた（清水、1995）。

　開発設計プロセスにおいて、ある工程における設計が他の工程へいかなる影響を与えるのか、といった問題情報が流されることにより、上流と下流で設計の調整がスムーズにいく。また、開発工程の上流で技術上、原価上の問題が解決されていくことから、設計変更などの原因で開発工程が後戻りする確率は大幅に減少する。エンジニアが原価見積ができるようになれば、原価情報による技術の評価が随時行われることになり、原価的にみて最適な設計代替案が選択される可能性も高くなる。

　さらに、開発工程のはじめから開発工程全体に関わるメンバーの中で、顧客のニーズを満たした商品コンセプトが共有化され、一貫した商品コンセプトを開発工程全体で確保できる。したがって、生産段階に入って、予測した販売量が実現できる可能性が高くなる。その結果、設備は予定通りに、またはそれ以上に稼働でき、量産効果が働き、目標原価の達成が確実になる。開発工程の並列化は当然のことながら開発リードタイムを大幅に短縮し、開発設計費全体を下げるのに貢献できるのである。また、サプライヤーが開発初期から参加することになれば製品コンセプトを共有できるようになり、サプライヤー自らが製品に適した部品の開発をすることが可能となる。

2．製品アーキテクチャと原価企画との関係

　アーキテクチャの特徴から製品はインテグラル型とモジュラー型に分類される。ものづくりの組織能力には、大きく分けて「統合・擦り合わせ能力」と「選択組み合わせ能力」があり、インテグラル型製品には、部品間や企業間で摺り合わせる能力が重要であり、モジュラー型製品には、最適な部品や企業を選択し、効果的にそれらを組み合わせる能力が必要とされる（延岡・伊藤・森田、2006）。日本企業の得意技は摺り合わせて作り込むインテグラル型の製品である（藤本、2003a：95頁）。特に組立製品では、インテグラル度、労働集約度がともに高いほど、輸出比率が高くなる傾向があり、また国際競争力が強いことが実証されている（大鹿・藤本、2006）。戦後における多くの日本企業の得意技は、インテグレーション（統合）の組織能力、すなわち部品設計の微妙な相互調整、開発と設計の連携、一貫した工程管理、濃密なコ

ミュニケーション、顧客インターフェースの質の確保などであった（藤本、2007：24頁）。

　製品アーキテクチャ論に関する研究からもわかるように、前節で説明した原価企画の特徴はインテグラル型製品の開発設計プロセスにきわめて整合的である。本節では製品アーキテクチャ論とはどのような考え方であり、原価企画が製品アーキテクチャとどのような関係にあるのかを説明する。まずは製品アーキテクチャ論の主要な提唱者である藤本（2001；2003a, b；2007）に基づいて製品アーキテクチャの主要な概念を説明する。

　一般に、製品・工程の「アーキテクチャ」とは、「どのようにして製品を構成部品や工程に分割し、そこに製品機能を配分し、それによって必要となる部品・工程間のインターフェース（情報やエネルギーを交換する「継ぎ手」の部分）をいかに設計・調整するか」に関する基本的な設計構想のことである（藤本、2001）。図2-3に示したように代表的な分け方としては、「モジュラー型」と「インテグラル型」の区別、また「オープン（業界標準）型」と「クローズド（囲い込み）型」の区別がある（藤本、2007）。

(1) モジュラー・アーキテクチャの製品とは、機能と部品（モジュール）との関係が一対一に近いものを指す。パソコンや自転車などがその代表である。それぞれの部品レベルで、自己完結的な機能があり、一つひとつの部品に非常に独立性の高い機能が与えられているため、部品相互間の調整がそれほど必要ではない。したがって、各モジュール（部品）の設計者は、インターフェースの設計・ルールについて事前の知識があれば、他の部品の設計をあまり気にせず独自の設計ができる（藤本、2001）。

(2) インテグラル・アーキテクチャの製品とは、機能群と部品群との関係が相互依存的なものを指す。自動車、オートバイなどがその代表である。オートバイは、すばやくスムーズにカーブを曲がるためには、エンジン、タイヤ、サスペンション、ショックアブソーバー、シャーシー、トランスミッションなど、すべての部品が相互に連携して初めて可能になる。したがって、各モジュール部品の設計者は、互いに設計の微調整を行い、相互に緊密な連携をとる必要がある（藤本、2001）。

　以上の分類に、「企業を超えた連結関係」「組織間関係」という軸を加味す

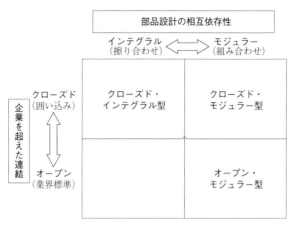

出所:藤本（2007）図1-1-1を一部修正
図2-3　アーキテクチャの基本タイプ

ると、「オープン型」と「クローズド型」という、もうひとつのアーキテクチャ分類となる

(3) オープン・アーキテクチャの製品とは、基本的にはモジュラー型製品であって、なおかつインターフェースが企業を超えて業界レベルで標準化した製品のことを指す。したがって、企業を超えて、適切な部品を集めれば設計が可能になり、擦り合わせなしに、ただちに機能性の高い製品が生み出される（藤本、2001）。

(4) クローズド・アーキテクチャの製品とは、モジュール間のインターフェース設計ルールが基本的に1社内で閉じているものを指す。例えば自動車の場合、各部品の詳細設計は外部のサプライヤーに任せることもあるが、インターフェース設計や機能設計などの「基本設計」部分は1社で完結している。セダン型乗用車やオートバイは、こうしたクローズド型であり、かつインテグラル型の典型である（藤本、2001）。

原価企画とクローズド・インテグラル型製品との関係

　上述した四つの製品アーキテクチャの中で前節で説明した原価企画プロセスに最も整合的なのはクローズド・インテグラル型の製品である。この点に

関して、朴（2012）はクローズド・インテグラル型製品における組織の特徴として、「相互調整の多い製品開発」「製品の複雑性が高い」「クロスファンクショナルな組織」等を挙げているが、これは前節で指摘した原価企画の五つの特徴①ラグビー方式の製品開発、②クロスファンクショナルな活動、③人材の多機能化、④情報の共有化、⑤デザイン・インに非常によくマッチするものである。また、朴（2012）はオープン・モジュラー型製品に対する組織の特徴は、相互調整の少ない製品開発、製品の複雑性が低い、ファンクショナルな組織等を挙げているが、これは前節で指摘したバトンタッチ方式の製品開発に適合し、原価企画の特徴とは異なるものである。

家電製品の原価企画とコモディティ化

　ここまででわかったように、原価企画はクローズド・インテグラル型製品の開発設計プロセスに整合的である。ここから考えて、原価企画はクローズド・インテグラル型製品のコストマネジメントとして効果を発揮すると推測される。

　ところで、前節で説明した原価企画の特徴は、1990年代初頭までの自動車や家電製品等の成功事例からその特徴をまとめたものであった。周知のように、1990年代後半から日本の家電製造企業は競争力を失って、収益力が低下している。主に価格競争で日本製品が破れていったことも知られている。ここで疑問に思うのは、自動車とは違って家電製品において原価企画はコストマネジメント効果を発揮しなかったのであろうかということである。この問題を考える上で、家電製品のモジュラー化さらにはコモディティ化に関する議論が参考になる。

　コモディティ化とは、「参入企業が増加し、商品の差別化が困難になり、価格競争の結果、企業が利益を上げられないほどに価格低下すること」と定義される（延岡・伊藤・森田、2006：25頁）。各企業独自の強い差別化要素に乏しいために、単純な価格訴求あるいは量の訴求に頼らざるをえない商品を意味するが、元来そうしたカテゴリの商品でないものがコモディティへの道をたどることを、俗にコモディティ化というのである（長内・榊原、2011）。過去20年間で多くの家電製品がコモディティ化していった。日本企業であれ中国や韓国企業の製品であれ、基本的な機能を持ちつつ一定の品質も保たれて

表2-1　コモディティ化の三要素とその影響

	要因	コモディティ化への影響
モジュラー化	インターフェースの単純化	統合・組み合わせの容易化による付加価値の低下
	標準化	
中間財の市場化	モジュールの市場化	モジュール（部品）の市場が形成され、調達の容易化
	システム統合の市場化	商品システムの標準設計が購入可能になり、統合・組み合わせの付加価値低下
	擦り合わせ市場化	
顧客価値の頭打ち	顧客への機能のこだわりの低さ	主要機能のみでの競争となり、それ以上の付加価値創出が困難
	顧客の自己表現性の低さ	

出所：延岡・伊藤・森田（2006）26頁

いるようになった。たとえ新たな機能を追加したところで、消費者はその機能の価値を見出さない場合には、価格が競争に打ち勝つ最も重要な要素になってしまう。これが製品のコモディティ化である。

延岡・伊藤・森田（2006）では、コモディティ化に至る要素として、①モジュラー化、②中間財の市場化、③顧客価値の頭打ち、の三つを挙げる。それらの要因のコモディティ化への影響をまとめたのが上の表2-1である。

延岡・伊藤・森田（2006）は、上述の3要素がデジタル家電でいかに進行したかを2000年代半ばで分析をした。その結果、中間財の市場化が進んだ製品では、進んでいない製品と比較するとコモディティ化がより進んでいること、また日本企業の競争力は、モジュラー化・市場化が進めば低下することを発見している。こうしてわかることは、1990年代の初頭に原価企画の事例として紹介されていた家電製品（田中・小林編、1995）はモジュラー型でなく、松下電器のブラウン管テレビ、東芝のノートパソコンなどインテグラル型の製品であったということである。したがって、その当時のインテグラル型の家電製品では原価企画はうまく機能していたと考えられる。ところが、1990年代から現在に至るまで多くの家電がデジタル化され、モジュラー化し、さらにコモディティ化が進んでいくなかで、原価企画が機能しなくなっていた可能性がある[1]。

それでは、なぜコモディティ化したモジュラー型製品で原価企画は機能しなくなるのであろうか。考えてみれば原価企画とは開発設計段階のコストマ

ネジメントであるから、コモディティ化によってもたらされる価格競争であっても原価企画は効果を発揮するように思える。この疑問に答えるために次節でインテグラル型製品とモジュラー型製品とのコストマネジメントの違いを考えてみよう。

3．製品アーキテクチャの違いとコストマネジメント

　前節で日本企業のコスト競争力のひとつの要因と考えられていた原価企画は、クローズド・インテグラル型製品で効果を発揮していたことがわかった。その一方で、オープン・モジュラー型製品のもとでは原価企画は効果を発揮しないようである。本節ではこの二つの製品アーキテクチャを取り上げて、それら二つの開発設計段階のコストマネジメントの違いを検討することによって、日本企業のコスト競争力とは何かを考えてみよう[2]。その際に、参考になるのが、アーキテクチャの位置取り戦略に関する議論である。
　アーキテクチャの位置取り戦略とは、「自社の組織能力と市場環境の構造を前提として、最適のアーキテクチャ的な位置取り（ポジショニング）を工夫するという」戦略である（藤本、2007：28頁）。この位置取り戦略は、藤本（2003b；2006）を中心とした研究グループがそれまでに調査した多くの製品や部品の事例に基づいて作られている。図2-4のアーキテクチャのポジショニング・ポートフォリオは、四つの位置取りに属する典型的な製品（主に部品）に関して、どのような特色があるのかをまとめたものである。

(1) 中インテグラル・外インテグラルとは、その製品自体がインテグラルものとして設計・開発され、かつ、その製品の販売先のシステムもまたインテグラル型であり、当該製品・部品は、そうした川下システム専用の特殊

---

1) もっとも、新たな製品が開発されたばかりのときにほとんどの製品はインテグラル型であり、そのインテグラル型製品が部品のモジュラー化と市場化によって、製品自体がモジュラー化し、コモディティ化するというサイクルになっているというところが正しいようであるが、説明の都合上省略した。詳しくは、新宅（2007）、小川（2007）を参照されたい。
2) 残りのアーキテクチャについても分析したいが、今回は原価企画のコスト競争力を明らかにするためにクローズド・インテグラル型とオープン・モジュラー型に焦点を絞る。

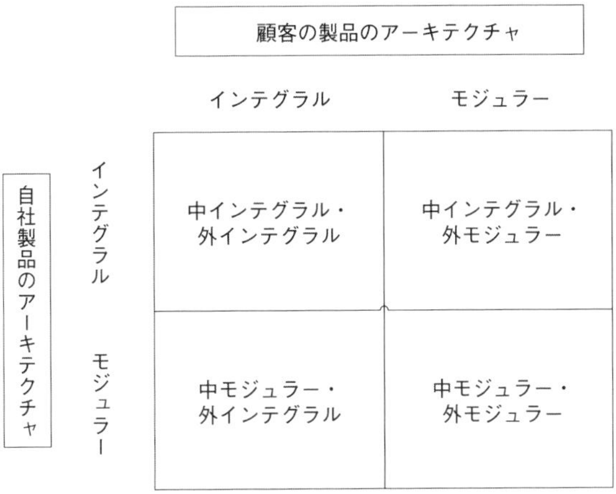

	顧客の製品のアーキテクチャ	
	インテグラル	モジュラー
自社製品のアーキテクチャ　インテグラル	中インテグラル・外インテグラル	中インテグラル・外モジュラー
自社製品のアーキテクチャ　モジュラー	中モジュラー・外インテグラル	中モジュラー・外モジュラー

出所：藤本（2007）29頁図1-1-4を一部修正

図2-4　アーキテクチャのポジショニング・ポートフォリオ戦略

設計部品として販売される（藤本、2007：29頁）。この製品には以下のような特徴がある。
- 自動車部品を筆頭に、日本でよくみられるパターンであり、競争力は強い（藤本、2007：30頁）。
- 収益性が低い。特殊部品であるために、量産効果が上がらず、価格設定権に原価があることが、その要因である（藤本、2007：30頁）。
- 製品はカスタマイズしているために、高付加価値、高価格になるが、擦り合わせのために高コスト体質はやみがたく、高い収益は上げづらい（新宅、2007：48頁）。

(2) 中インテグラル・外モジュラーとは、その製品自体はインテグラルものとして設計・開発されているが、その製品を取り込む販売先の製品やシステムはモジュラー型に偏っている。当該製品・部品は、さまざまな川下企業のシステムや製品に対して、汎用部品・標準部品として販売される（藤本、2007：29頁）。

藤本によれば以下のような特徴がある（藤本、2007：30頁）。
- 高い収益率を上げている企業が目立つ。標準品として売れるため、量産効果が上がり、価格設定権も大きいことが、その要因と考えられる。

(3) 中モジュラー・外インテグラルとは、その製品自体はモジュラーものとして設計開発されながら、その製品を取り込む販売先の製品やシステムはインテグラルものである。例えば、社内共通部品や業界標準部品を活用し、それらをうまく組み合わせてカスタム部品・カスタム製品を作ることで、ライバルに勝つコスト構造を実現し、顧客のニーズに応えているケースがこれに当たる（藤本、2007：31頁）。

(4) 中モジュラー・外モジュラーとは、その製品自体も販売先もともに、モジュラー型の製品である。この製品には以下のような特徴がある。
・コスト競争力がある。この場合、一方で設計合理化によって共通部品・標準部品を活用しながら、他方で完成品を川下のモジュラー・システム向けの標準品として販売し、二重に量産効果を得る（藤本、2007：32頁）。
・ここでは価格競争が激しく、圧倒的な低コスト体質を持たなければ高収益を得られない。研究開発などにかかる高い間接費を抱える企業には、およそこの事業で収益を回収できない（新宅、2007：47頁）。

以上四つの部品の位置取りに関してどのような特徴があるかを説明してきた。この四つの部品の位置取りの中で原価企画が整合的なのは中インテグラル・外インテグラルの部品である。なぜなら、このタイプがクローズド・インテグラル型製品の部品になるからである。また、オープン・モジュラー型の製品が整合的なのは中モジュラー・外モジュラーの製品（部品）の場合である。

まず中モジュラー・外モジュラーの部品さらにオープン・モジュラー型製品のコストマネジメントについて考えよう。オープン・モジュラー型製品は、部品も製品も業界で汎用化・標準化されているので、多くの企業が参入しやすい。そしてコモディティ化しやすい。したがって、上述した説明にあるように価格競争に陥りやすい。そこで競争に打ち勝つためには、市場全体をターゲットとするために最初から大きな設備を準備して相手に負けないような価格設定をしながら、大量に販売し、単位当たり固定費を低減させることが重要になる。すなわち、オープン・モジュラー型製品においては、規模の経済、量産効果がコストマネジメントとして重要になる。

次に、中インテグラル・外インテグラル部品さらにクローズド・インテグ

ラル型製品のコストマネジメントについて考えてみよう。上述したように原価企画はこのタイプの製品のコスト競争力を支えてきたはずであるが、一般に低収益であることが強調されている。さらに新宅（2007）が指摘したように、部品は販売先にカスタマイズされているので、高コストになりやすいという。これはいったいどういうことなのであろうか。インテグラル型製品はコスト競争力を持っているにもかかわらず低収益である。さらに、高コストになりやすいのに、コスト競争力を持っている。これらの疑問に答えるために、自動車産業の開発設計プロセスにおけるサプライヤーの役割を検討してみよう。

自動車産業の原価企画

　まず、自動車産業の原価企画がアセンブラーである自動車メーカーからサプライヤーである部品メーカーへ、開発・設計プロセスにおいていかに進展していくかを浅沼（1985：1997）、清水・岩淵（1995）および門田（1991）に基づいて作成した自動車の開発設計プロセスを使って説明しよう。図2-5では1980年代の自動車メーカーの新モデルの開発設計プロセスの概略と特定の部品についてのサプライヤー2社の部品の開発設計プロセスと受注プロセスが示してある。その当時自動車のフル・モデル・チェンジは4年ごと、マイナー・チェンジは2年ごとであった。ここではフル・モデル・チェンジの場合を想定しよう。

　自動車メーカーは新車計画を立てている。部品メーカーにもこの計画の大枠は伝えられている。通常、自動車の開発・設計は、量産立ち上がり（ラインオフ）に入る前の36カ月前から始まる。図では「開発構想」がそれに当たる。開発構想とは、次期モデルの責任者である担当主査あるいはチーフ・エンジニアが次期モデルの基本構想を会議において提案することである。この中身は、車両のおおまかな仕様、開発費予算、開発日程、目標販売価格・目標販売台数である。それを受けて、自動車メーカーの新モデルの原価企画活動も始まる。そこでは、①目標原価の設定および目標原価の細分割付、②目標原価の作り込み、という二つの局面に分けて考えることができる。目標原価の設定については、多くの事例で紹介されているように、目標販売価格から目標利益を控除することによって設定される。目標原価の細分割付につい

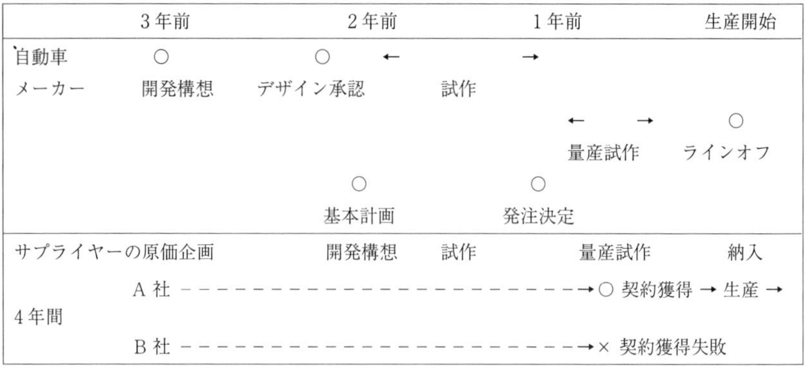

	3年前	2年前	1年前	生産開始
自動車メーカー	○ 開発構想	○ デザイン承認	←　　→ 試作	
			←　→ 量産試作	○ ラインオフ
		○ 基本計画	○ 発注決定	
サプライヤーの原価企画 4年間	開発構想 A社 ------ B社 ------	試作 ------- -------	量産試作 --------→○ 契約獲得 --------→× 契約獲得失敗	納入 → 生産 →

出所：浅沼（1985）51頁の図を一部修正

図2-5　自動車メーカーと部品メーカーの開発設計プロセス

ては、機能的・部品別になされていく。そこで自動車メーカーにとっての部品の目標原価すなわち部品メーカーに対する希望部品価格が決定されていく。目標原価とその細分割付、目標品質、目標販売台数、1台当たりの利益など原価企画活動の目標（基本計画）、部品の内製・外製の区分が決まるのが、デザイン承認より少しあとである。

部品の原価は、アセンブラーからみれば買い入れ部品費である。従来、部品管理といえば部品取引には市場が介在することから、アセンブラーの購買先の選定問題と考えられることが多かった。すなわち、自動車メーカーは、必要とする部品を部品市場から購入すればよいと考えられていた。実際、欧米自動車企業は、そのようなやり方で部品を調達していた。しかし、日本の自動車産業においては買い入れ部品費もまた原価の作り込みの対象とする場合が多い。そこでは、部品メーカーにとっての部品売価は、特定の自動車モデル全体の目標原価の細分されたものとして考えることができる。この部品に対しての原価作り込みを部品メーカーにうまく行わせる仕掛けも原価企画活動である。

ある部品を外注することが決まると、購買部門は、複数の部品メーカーにその部品の仕様と希望購入価格帯および予想納入量を提示する。部品メーカーは、承認図メーカーと貸与図メーカーに分けて考えることができる（浅沼、1997）。貸与図メーカーとは、自動車メーカーが引いた図面に従って部品

を生産するメーカーのことである。承認図メーカーとは、部品メーカー自身が部品の図面を引き、自動車メーカーの承認を得て部品を生産するメーカーのことである。このような承認図メーカーは、通常自動車メーカーにエンジニアを常駐させ、新車のデザインや仕様等の情報を収集させている。以後の議論は、主に承認図メーカーを想定して進めよう。

　部品メーカーにとって原価企画活動は、自動車メーカーから部品納入の打診を受けてから始まる。しかし、ある特定部品の原価企画活動を開始したからといって、その部品を受注できるわけではない。というのは、一つの部品受注の競争に対して複数の部品メーカーが参加するからである（伊丹、1988：148頁）。図2-5ではA社とB社である。したがって、サプライヤーの目標原価の作り込みは競争プロセスの一環として行われることになる。発注を受けた各部品メーカーは、自動車メーカーからの要求を勘案し、部品の開発設計と原価企画活動を行いながら、図面・見積価格・試作品などを作成し、自動車メーカーに提出しチェックを受ける。その際に注意すべきことは、自動車メーカーから提示された新車のコンセプトを受けて部品を設計するようサプライヤーは努力することは言うまでもないが、自動車メーカーに部品を自動車に組み込む上での良い方法、良い仕様があれば改善案を提案することもあることである。これはVE提案とも呼ばれるが、デザイン・インの本質である。また、見積価格は自動車メーカーの内製品と同様な書式の原価報告書の形で提出しなければならない（伊丹、1988：151頁）。

　このような手続きが何度か繰り返され、自動車メーカーが両者を比較して1社に特定の部品を外注することを決定する。図2-5ではA社に決定した。それは、遅くとも6カ月から9カ月前に始まる量産試作以前に決定される。受注できれば、部品メーカーは4年の間その部品を納入できることになる。

　以上、クローズド・インテグラル型製品の典型である自動車の開発設計プロセスにおけるサプライヤーの関わり方、特に中インテグラル・外インテグラル製品を開発設計しているサプライヤーのコストマネジメントについて説明してきた。最も興味深いのは、サプライヤーは自動車メーカーから部品の希望価格と予想販売量を提示され、その制約下で利益を生み出すように自動車専用の部品を開発設計することである。これは大まかな売上予想のもとで

いかにコストを最適化して利益を出していくかという問題となる。それも単なるコスト最適化ではない。作り方の工夫、材料の工夫などのコスト低減のアイデアを織り込みながらのコストの最適化である。このような努力があっても、新宅（2007）や藤本（2003a, b；2007）が指摘しているように一般に自動車部品のサプライヤーは低収益である。それは、本来なら特注品なのでコストが高くつくはずであるが、自動車メーカーからの希望価格で取引を行うからであろう。この点を藤本（2003a, b；2007）は、部品サプライヤーは価格設定権が弱いのであまり収益性が上がらない一方で、そのような原価低減努力のおかげで長期的には技術力が磨かれて、競争力が上がるとも指摘している。

　日本の自動車のほとんどの部品は中インテグラル・外インテグラルの製品としてサプライヤーによって提供されている（藤本、2003a）。こうした部品サプライヤーのコスト低減努力の結果として、自動車メーカーは、顧客のニーズを満たし、品質が高く、それなりに安い価格の自動車を世界中に提供できることになっているといえよう。また、かつての家電産業においてもそのようなことが起きていたのであろう。

　このようにクローズド・インテグラル型製品のコストマネジメント内容は、量産効果を主な内容とするオープン・モジュラー型とはまったく異なることがわかる。クローズド・インテグラル型製品のコストマネジメントでは特定の製品に対する予測販売量のもとでの最適化が重視される。それに対して、オープン・モジュラー型製品の場合には市場全体の需要をできる限り獲得することによる量産効果すなわち単位当たり固定費をできるだけ小さくすることが重視される。

　この違いから、原価企画がオープン・モジュラー型には適合しないことがわかる。つまり、オープン・モジュラー型の製品では固定費をできる限り下げて、できる限り量産効果を上げてコスト低減を図らなければ、競争に打ち勝つことはできない。それに対して、原価企画は製品差別化した部品や製品に対するものであるから、本来的に開発設計費など固定費が高くつかざるをえない。それにもかかわらず、できる限り最適化することでコストを下げる工夫をするのであるから、原価企画がオープン型モジュラー製品に不適合なのは当然のことである。

4．結びにかえて

　ここまでわかったことを整理して結びとしよう。日本企業は、顧客のニーズにあった製品を高い品質でお手頃価格で提供することによって、自動車や家電製品に代表される製品分野で競争力を発揮してきた。これらの製品アーキテクチャは、機能群と部品（モジュール）群との関係が相互依存的で部品（モジュール）間のインターフェース設計ルールが基本的に1社内で閉じているという特徴のクローズド・インテグラル型が多い。このクローズド・インテグラル型製品のコスト競争力を支えてきたのが、開発設計段階のコストマネジメントである原価企画である。原価企画は、原価発生の源流に遡って、VEなどの手法をとりまじえて、設計、開発さらには商品企画の段階で原価を作り込む活動である。原価企画の運用には、①ラグビー方式の製品開発、②クロスファンクショナルな活動、③人材の多機能化、④情報の共有化、⑤デザイン・インというきわめて日本的な特徴が現れている。これはクローズド・インテグラル型の開発設計段階の特徴ともいえる。

　クローズド・インテグラル型製品は特定の顧客層のニーズに合わせて設計されるので高コストになりやすい。また、高価格で売らないと採算がとれない。それにもかかわらず、これらの製品を、顧客のニーズに合わせて高い品質で安く提供できたのは、原価企画によるコスト低減アイデアの創出と、コスト最適化のマネジメントのおかげであったといえよう。特に、自動車に代表されるクローズド・インテグラル型の最終製品がコスト競争力を持てるのは、多くのサプライヤーのコスト低減努力とその努力を統合するアセンブラーのコストマネジメント能力にあると思われる。

　要するに、日本製品のコスト競争力を支えてきた開発設計段階のコストマネジメントである原価企画は、クローズド・インテグラル型製品に対するコストマネジメントであり、オープン・モジュラー型の量産効果によるコスト低減と違って、顧客のニーズに合わせた機能と高い品質の製品を安くできるようにコスト最適化をその内容としていたのである。こういった特定の顧客層を狙ったインテグラル型製品のコスト最適化こそ日本企業のコスト競争力の源であったといえよう。

【謝辞】本研究は科学研究費補助金（課題番号：26285103, 16H03680）早稲田大学特定課題個人研究費（2016K-153）の成果の一部である。

参考文献

Carter, D. E. and B. S. Baker（1992）*Concurrent Engineering: The Product Development Environment for the 1990s*, Addison Wisley.（カーター・ベーカー『コンカレント・エンジニアリング——顧客ニーズ対応の製品開発』末次逸夫・大久保浩監訳、日本能率協会マネジメントセンター、1992年）

Cooper, R. and Slagmulder, R.（1997）*Target Costing and Value Engineering*, Productivity Press.

Hiromoto, T.（1988）"Another Hidden Edge: Japanese Management Accounting," *Harvard Business Review*, 66(1): 22-26.

Lee, J. Y.（1987）*Managerial Accounting Changes For the 1990s*, Addison-Wesley.（門田安弘・井上信一訳『90年代の管理会計』中央経済社、1989年）

Monden, Y. and Sakurai, M.（eds.）（1989）*Japanese Management Accounting: A World Class Approach to Profit Management*, Cambridge, MA, Productivity Press.

Sakurai, M.（1989）"Target Costing and How to use it," *Journal of Cost Management*, pp. 39-50.

浅沼萬里（1985）「設備投資のプロセスと基準——日本の自動車メーカーの場合を中心として」『国民経済雑誌』152(4): 37-59.

浅沼萬里（1997）『日本の企業組織 革新的適応メカニズム』東洋経済新報社

伊丹敬之（1988）「見える手による競争——部品供給体制の効率性」伊丹敬之・加護野忠男・小林孝雄・榊原清則・伊藤元重『競争と革新——自動車産業の企業成長』東洋経済新報社、144-172頁

大鹿隆・藤本隆宏（2006）「製品アーキテクチャ論と国際貿易論の実証分析（2006年改訂版）」RIETI Discuassion Paper Series 06-J-015.

岡野浩（1995）『日本的管理会計の展開——「原価企画」への歴史的視座』中央経済社

岡野浩・清水信匡（1997）「原価企画の海外展開——世界標準としての原価企画の可能性」吉田寛・柴健次編著『グローバル経営会計論』税務経理協会、112-138頁

小川紘一（2007）「第2部第5章 光ディスク産業——日本企業の新たな勝ちパターン構築に向けて」藤本隆宏＋東京大学21世紀COEものづくり経営研究センター『ものづくり経営学 製造業を超える生産思想』光文社新書、217-239頁

長内厚・榊原清則（2011）「ロバストな技術経営とコモディティ化」『映像情報メディア学

会誌』65(8): 1144-1148.
加登豊（1993）『原価企画——戦略的コストマネジメント』日本経済新聞社
経済産業省・厚生労働省・文部科学省編（2013）『ものづくり白書 2013年版』経済産業調査会
清水信匡（1995）「コンカレント・エンジニアリングによる製品開発における原価低減」『企業会計』47(6): 38-44.
清水信匡・岩淵吉秀（1995）「自動車産業の原価企画の現状と問題点」日本証券経済研究所編『日米自動車産業の経営分析』日本証券経済研究所、103-146頁
新宅純二郎（2007）「第1部第2章　アーキテクチャのポジショニング戦略」藤本隆宏＋東京大学21世紀COEものづくり経営研究センター『ものづくり経営学　製造業を超える生産思想』光文社新書、35-50頁
田中隆雄・小林啓孝編著（1995）『原価企画戦略——競争優位に立つ原価管理』中央経済社
田中雅康（1995）『原価企画の理論と実践』中央経済社
日本会計研究学会（1996）『原価企画研究の課題』森山書店
延岡健太郎・伊藤宗彦・森田弘和（2006）「コモディティ化による価値獲得の失敗——デジタル家電の事例」榊原清則・香山晋編著『イノベーションと競争優位』NTT出版、14-48頁
藤本隆宏（2001）「第1章　アーキテクチャの産業論」藤本隆宏・武石彰・青島矢一編『ビジネス・アーキテクチャ』有斐閣、3-26頁
藤本隆宏（2003a）『能力構築競争』中公新書
藤本隆宏（2003b）「組織能力と製品アーキテクチャ」『組織科学』36(4): 11-22.
藤本隆宏（2007）「第1部第1章　統合型ものづくり戦略論」藤本隆宏＋東京大学21世紀COEものづくり経営研究センター『ものづくり経営学　製造業を超える生産思想』光文社新書、21-34頁
門田安弘（1991）『自動車企業のコスト・マネジメント——原価企画・原価改善・原価計算』同文舘出版
朴英元（2012）「製品アーキテクチャと新興国戦略——日韓企業の比較」『早稲田大学高等研究所紀要』4: 17-30.

第3章

企業の投資戦略と直接投資の選択

法政大学経済学部　田村　晶子

はじめに

　企業が海外進出をする際、どのような場合に直接投資の形態を選ぶのかについては、Melitz（2003）により展開された「新・新貿易論」といわれる、企業の異質性を取り入れた分析により、大きく進展してきている。企業の直接投資については、伝統的にダニングの折衷理論が用いられ、所有権優位性、立地優位性、内部化優位性が直接投資には必要とされ、多くの国際経済学のテキストで紹介されてきた（Helpman, 2011など）。また、直接投資の目的として、投資先の国に財を供給することを目的とした水平的直接投資と、生産工程を海外に分割して親会社が海外子会社から最終財を輸入する垂直的直接投資が伝統的なものである。最近では、第三国への輸出拠点を目的とするなどの、より複雑な直接投資をカバーした複合型直接投資も分析されている。

　Melitz（2003）では、生産性の違いによって差別化された企業による、国内販売、輸出、直接投資（子会社販売＝水平的直接投資）の選択についての理論が展開されている。ここで重要となるのは、国内販売、輸出、直接投資に必要な固定費用は、直接投資（F^H）が最も高く、次に輸出（F^X）であり、国内販売（F^D）は最も低いという点である。一方、自国よりも外国の賃金が低く単位コストが低いと仮定し、さらに、輸出の場合は輸送費などの貿易

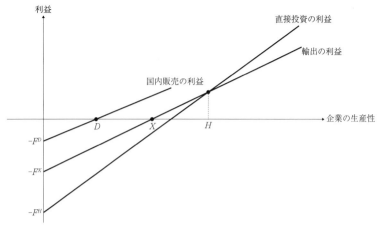

図3-1　企業の国内販売、輸出、直接投資の選択

コストがかかるため、直接投資の場合よりも単位コストが高いとすると、単位コストは、国内販売が最も高く、次に輸出、直接投資は最も低い固定費用となる。図3-1は、Melitz (2003) による、生産性が異なる企業の国内販売、輸出、(水平的) 直接投資の選択を示している。固定費用が切片となり ($F^H > F^X > F^D$)、利潤線の傾きは、輸出ではよりゆるやかになり、国内販売より直接投資のほうがきつくなっている。

図3-1からわかることは、生産性が D より低い企業は撤退し、生産性が D と X の間の企業は国内販売のみを行い、生産性が X と H の間の企業は国内販売と輸出を行い、生産性が H 以上の企業は国内販売と直接投資を行う。この結果は、多くの国の企業データで実証されており、Tomiura (2007) では、日本企業のデータで、国内販売や輸出に比べて、直接投資を行う企業の生産性が高いことを示している。

垂直的直接投資の選択については、製品差別化の貿易モデルと要素比率を組み合わせるモデルの分析がある (Helpman, 1984など)。生産工程を製造サービス、本社機能 (マネジメント、研究開発、デザインなど) に分割し、業務ごとに要素集約度が異なるとする。そして、資本豊富国の企業は、資本集約的な本社機能を自国に、労働集約的な製造サービスを労働豊富国に立地するとする。このような枠組みにより、各国の要素賦存の差と、直接投資への影響が

調べられる

　中間財を輸入し製品を販売する、輸出拠点型の直接投資(複合型)を分析したものとして、Grossman, Helpman and Szeidl (2006) がある。このモデルでは、先進国である自国 (H) と、輸出先となる他の先進国 (R)、そして、生産コストの安い途上国 (S) の3国が存在する。最終財は、中間財と組立工程により生産され、各企業は生産性の違いによる異質性があるとする。最終財は、3国で販売されるが、市場規模は、H＝R＞Sであるとし、中間財を生産するための直接投資には固定費用、最終財の輸出には輸送費用がかかるとする。分析の結果、中間財の直接投資の固定費用が低い場合、生産性が低い企業ではSが中間財を生産しHが組立を行い、生産性が高い企業ではSが中間財の生産と組立を行い、Rへの輸出を行う。中間財の固定費用が高い場合、生産性が低い企業では直接投資なし、中位の企業ではSが組立、生産性が高い企業ではSが中間財の生産と組立を行い、Rへの輸出を行う。最終財のRへの輸出時の輸送費用が高いときには、Sで組立を行うのは生産性が高い企業に限られる。このような結果は、実際にみられる直接投資のパターンをよく説明しているとされる。

　このように、貿易理論とともに、直接投資の選択でも、生産性の違いによる企業の異質性を組み入れたモデルが、多く展開されている。本章では、企業の異質性を生産性の違いではなく、それぞれの事業環境(競争性、複雑性、不確実性など)に適応した企業の投資戦略や投資マネジメントの違いに注目する。マイルズ・スノー (Miles and Snow, 1978) は、環境適応の違いによって、四つの戦略タイプ(防衛型、探索型、分析型、受身型)を考えた。この四つの戦略タイプの投資戦略や投資マネジメントの違いを、清水・田村 (2010)、Shimizu, Oura and Tamura (2015) などの分析結果により明らかにした上で、直接投資への姿勢の違いを分析する。

　企業の投資戦略や投資マネジメントの違いが、直接投資に与える影響を分析する理論的な枠組みとしては、企業の組織的な内部化の意思決定に注目した、Antràs and Helpman (2004) のモデルの枠組みを応用する。Antràs and Helpman (2004) では、差別化された財が、本社機能と製造部品の結合によって生産されるとされ、本社機能の集約度が直接投資の決定に影響を与えている。本社機能には、マネジメント、研究開発、デザイン、広報などが考え

られるため、マイルズ・スノー戦略タイプによる投資戦略や投資マネジメントの違いを、この本社機能の集約度に応用して分析することが可能となる。この理論モデルが現実の企業の直接投資への姿勢とどのように関係しているかについては、清水・安藤（2011）の日本製造業企業へのアンケート調査結果から検証を行う。

　本章の構成は以下の通りである。第1節で、直接投資を企業の内部化の意思決定として捉えた、Antràs and Helpman（2004）の理論モデルを応用し、本社機能のシェアが直接投資に与える影響を分析する。第2節で、本章での企業の異質性の源となる、事業環境への企業の適用の違いを分析した、マイルズ・スノー戦略タイプを紹介し、清水・田村（2010）、Shimizu and Tamura（2013）で分析された、戦略タイプごとの投資戦略や投資マネジメントの違いについてまとめる。第3節では、戦略タイプの違いによる直接投資の選択の違いについて、理論分析をまとめた上で、清水・安藤（2011）のアンケート調査の結果から検証を行う。第4節では、本章の結果をまとめ、今後の研究への展望を示す。

1．本社機能の生産シェアと直接投資の選択

　ここでは、Antràs and Helpman（2004）のモデルを用い、マネジメント、研究開発、デザイン、広報等を含む本社機能の生産におけるシェアの違いが、企業の直接投資の選択にどのような影響を与えるかを考察する。各産業で差別化された財（i）が、財特有の本社機能サービス（$h(i)$）と製造部品（$m(i)$）により生産されている。X を集計された各財の消費インデックスとし、二つの投入物に対してコブ・ダグラス型の生産関数を仮定すると[1]：

$$X = \left[\int x(i)^\alpha di\right]^{\frac{1}{\alpha}}, \quad 0 < \alpha < 1$$

$$x(i) = \theta \left[\frac{h(i)}{\eta}\right]^\eta \left[\frac{m(i)}{1-\eta}\right]^{1-\eta}, \quad 0 < \eta < 1$$

---

[1] Antràs and Helpman（2004）では、各産業（j）の関数になっているが、ここでは、産業のインデックスを省略している。

ここで、パラメータηが大きいほど、本社機能サービス集約的な財であることを示す。θは生産性を示すパラメータである。ここで、財の代替の弾力性は$1/(1-\alpha)$となる。

　自国（N）と外国（S）があり、本社機能サービスは自国だけで供給でき、製造部品は自国でも外国でも１単位の労働で生産できるとする。賃金は自国のほうが外国より高いと仮定する（$w^N > w^S$）。自国の企業は、国内での企業統合かアウトソーシング、外国での企業統合（つまり直接投資）かアウトソーシング（中間財の輸入）かを選択できる。統合にかかる固定費用（f_V^N, f_V^S）はアウトソーシングの固定費用（f_O^N, f_O^S）よりも高く、自国内よりも外国との統合やアウトソーシングのほうが高いと仮定する。これは、統合には組織の改編などが必要で大きなマネジメント・コストがかかること、また、自国と比較して外国では、モニタリングや調査、またコミュニケーションにより大きなコストがかかることを反映している。したがって、$f_V^S > f_O^S > f_V^N > f_O^N$である。

　自国企業は自国の賃金単位で各固定費用を支払い（$w^N f_V^S > w^N f_O^S > w^N f_V^N > w^N f_O^N$）、アウトソーシング（外国の場合は部品輸入）か統合（外国の場合は直接投資）を行う。変動費用は、外国のほうが自国よりも低く、アウトソーシングよりも統合のほうが低い。

　本社機能集約的な産業の均衡は、各組織形態の利潤（$\pi_V^S, \pi_O^S, \pi_V^N, \pi_O^N$）を、生産性パラメータ$\left(\theta \dfrac{\alpha}{1-\alpha}\right)$の関数で表すと、図3-2のようになる。

　切片は、各組織形態（自国、または外国のアウトソーシングか統合）の違いを反映している（$w^N f_V^S > w^N f_O^S > w^N f_V^N > w^N f_O^N$）。傾きは可変費用が、外国での統合、外国でのアウトソーシング、自国での統合、自国でのアウトソーシングの順で小さいことを反映して、π_V^Sの傾き $>$ π_O^Sの傾き $>$ π_V^Nの傾き $> \pi_O^N$の傾き、となっている。

　図3-2は、生産性の低い企業から高い企業で、最も生産性が低い企業は退出し、生産性が高くなるにつれて、国内でアウトソーシング、国内で企業統合、海外でアウトソーシング（中間財輸入）、海外での統合（直接投資）の順で選択されることを示している。

　さらに、Antràs and Helpman（2004）の理論分析では、より本社機能集約

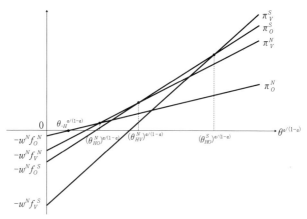

出所：Antràs and Helpman（2004）p.567.
図3-2　本社機能集約的な産業の均衡

度が高いほど（η が大きいほど）、外国での統合（直接投資）が選ばれることが示されている。これは、本社機能サービスのシェアが大きいほど、直接投資による内部化の利益が大きくなることを反映している[2]。他方、本社機能サービスのシェアが小さな産業では、アウトソーシングのみが選択され、直接投資は選択されないことが示されている。なぜなら、製品部品のシェアが大きいとき、アウトソーシングのほうが製品部品を製造するサプライヤーにインセンティブを与えるのである。この場合、生産性の低い企業は国内アウトソーシングを選び、生産性が高い企業は国外アウトソーシングを選択する。

2．マイルズ・スノー戦略タイプと投資マネジメント

　マイルズ・スノー戦略タイプ（Miles and Snow, 1978）は、各企業が置かれた環境に適応して、事業や投資プロセスを決定し、また、投資のマネジメントを行うと考える。マイルズ・スノーの考えた環境適応（＝戦略タイプ）は、防衛型（Defender）、探索型（Prospector）、分析型（Analyzer）、受身型（Reactor）の四つである。

---

[2] 本社機能サービスの契約不可能性（不完備契約）の重要性も、本社機能集約度が高いほど直接投資（内部化）が選ばれるという結論を導いている。

まず、防衛型は、比較的狭い製品市場に事業を限定し、そこで確固たる地位を築くタイプであり、業務の効率性やコスト競争力を高めることを重視する。探索型は、常に市場で利益獲得の機会を探索し、新市場を創造したり、新製品を開発したりするタイプである。分析型は、既存の製品市場で確固たる地位を確立する一方で、既存の技術で対応できる市場の機会を探索し、見込みがあれば、素早くその事業領域に進出するタイプである。最後に、受身型は、戦略が機能していないタイプであり、環境の変化に対し効果的に対応できず、環境の変化に流されて、一貫した組織行動をとりえないため、戦略不全企業といえる。

　清水・田村（2010）では、2009年に行われたアンケート調査に基づき、これら四つの戦略タイプ別に投資プロセスや投資マネジメントの実態を調べた。2009年のアンケート調査は、東京証券取引所一部上場製造企業のうち、建設と電力を除く853社を対象にして行われ、100社からの回答を得た。この100社の業種分布は東証一部上場製造業全体の業種分布と統計的に有意な差がなく、また、この100社と非回答企業と企業規模（総資産、資本金）にも有意な差はなかった。

　回答企業がどの戦略タイプに属するかは、Conant, Mokwa and Varadarajan（1990）に従って分類する[3]。まず、マイルズ・スノーの環境適応を細分化した11の質問を作成し、それぞれの質問に四つの戦略タイプの特徴を表した四つの回答を用意する。そして、企業は、最も多く回答した戦略タイプに分類される。つまり、防衛型を表現した回答が最も多ければ、防衛型に分類する。戦略不全企業である受身型と他のタイプの回答が同数の場合は、受身型に分類する。受身型以外の、防衛型、探索型、分析型で、回答数が同数の場合は、分析型に分類する。なぜなら、分析型は、防衛型と探索型の両方の性質を持つと考えられるからである。この手法により企業を分類した結果が表3-1である。2009年調査の回答企業の中では、分析型が特に多いことがわかる。

　清水・田村（2010）、Shimizu and Tamura（2013）の分析で得られた、2009年のアンケート調査に基づく、企業の戦略タイプによる投資プロセスの違い

---

[3] 具体的な分類手法はDeSarbo, Di Benedetto, Song and Sinha（2005）による。

表3-1 アンケート調査による企業の戦略タイプの分類

(2009年調査)

戦略タイプ	企業数（%）
防衛型	21社　(21.0)
探索型	16社　(16.0)
分析型	44社　(44.0)
受身型	18社　(18.0)
欠損値	1社　(1.0)
合計	100社　(100.0)

出所：清水・田村（2010）

は、次のようにまとめられる[4]。防衛型は、ある特定の領域で確固たる地位を築き、将来もその地位を保つことが関心事となっている。したがって、新規投資の開拓よりも、既存の事業の維持を目的とした業務的な投資を行い、その主な目的は、コストの削減による競争力の強化である。探索型は、常に新しい事業を開拓し、先行者の利益を得ることを目指す。そこで、戦略的な投資を目指して、投資の決定にあたっては、注意深く他のプロジェクトの収益性の違い等を分析する。分析型は、既存の事業（探索型が開拓した事業など）の技術を応用したり組み合わせたりして、市場に参入する機会を狙っている。そこで、市場に参入する最適な投資のタイミングをはかることに最も注意している。分析型は、既存の技術を組み合わせて事業に参入するため、既存の生産設備や組織を使うので、探索型のように大きな投資は行わない。

　Shimizu, Oura and Tamura（2015）は、同じ2009年のアンケート調査を使って、環境要因（事業環境の複雑性、競争性、不確実性）をコントロールした上で、戦略タイプに合った設備投資マネジメントが、企業業績（2005年から2009年までの5年間の平均総資本事業利益率）を向上させるかを調べた。ここでは、企業を戦略タイプに分類する代わりに、各戦略タイプに合った回答の数を反映した指数を作成し、各企業の戦略傾向を示すものとした。例えば、Conant, Mokwa and Varadarajan（1990）による11の質問のうち、六つの答えが防衛型、四つの答えが分析型、一つの答えが探索型だった場合、防衛型傾向＝6、分析型傾向＝4、探索型傾向＝1、というデータとなる。

---

4) 戦略不全企業である受身型の分析は行っていない。

表3-2は、戦略タイプと投資マネジメントの交互効果を調べた回帰分析の結果である。分析の結果、防衛型傾向の強い企業では、中長期計画や投資のタイミングの認識、事前・事後の採算性のチェックを行うほど、業績の向上がみられた。一方、探索型傾向が強い企業では、中長期計画や投資のタイミングの認識、事前・事後の採算性のチェックは、業績を悪化させるという結果となった。探索型は、事前・事後の採算性チェックを注意深く行っている企業が多いが、それは、業績の向上にはかえって悪影響があることになる。Miles and Snow（1978）で記述された、探索型の特徴は市場の開拓であり、「走りながら考える」スタイルが探索型には適しているとされる。事前の採算性のチェックなどは、「走りながら考える」探索型のスタイルには合わないため、業績の悪化をもたらしていると考えられる。

3．戦略タイプと直接投資の選択

　マイルズ・スノー戦略タイプに基づく企業の投資プロセスの違いや、投資マネジメントの違いは、直接投資の選択にどのような影響を与えるであろうか。Antràs and Helpman（2004）の理論分析を応用すると、製造部品（中間財）に対する本社機能サービス集約度が、直接投資の選択に大きな違いをもたらしている。マイルズ・スノーの戦略タイプ、防衛型、探索型、分析型の投資プロセスやマネジメントの違いを、マネジメント・サービス、研究開発活動などの本社機能サービスの観点から考えてみよう。

　防衛型は、ある特定の領域での優位性を維持するため、新たな市場開拓を行うよりも、現在の業務を維持する投資を行い、生産コスト削減による競争力の維持を重視する。したがって、本社機能としての研究開発費や新しい市場の開拓のための調査費等の比重は少ないものと考えられる。探索型は、常に新しい市場を開拓しようとしているため、より多くの研究開発費を使って新製品を開発し、新しい市場獲得のための調査費などを費やすと考えられている。また、より注意深い採算性のチェックを行うなど、投資のマネジメントにも大きな比重を置いている。注意深い事前・事後の採算性のチェック等は、必ずしも業績の改善にはつながらないものの、多くの探索型企業は投資マネジメントにもコストをかけている。分析型は、既存の技術を組み合わせ

表3-2 戦略タイプと投資マネジメントの交互効果の回帰分析結果

被説明変数：2005～2009年の平均総資本事業利益率

中長期計画とのリンク

定数	7.02** (1.924)	5.41 (1.442)
複雑性	2.27*** (3.2)	2.29*** (3.083)
競争	-1.36** (-2.351)	-1.24** (-2.103)
不確実性	-0.62 (-1.182)	-0.57 (-1.077)
業種別平均ROA	-0.13 (-0.423)	0.02 (0.053)
中長期計画とのリンク	-0.33 (-0.756)	-0.41 (-0.9)
防衛型傾向	-0.14 (-0.536)	
中長期計画とのリンク×防衛型傾向	0.66** (2.393)	
探索型傾向		0.09 (0.391)
中長期計画とのリンク×探索型傾向		-0.31 (-1.227)
調整済決定係数	0.138	0.092

投資のタイミング

定数	7.16** (2.031)	5.91 (1.589)
複雑性	2.38*** (3.356)	2.27*** (3.018)
競争	-1.49** (-2.58)	-1.27** (-2.134)
不確実性	-0.73 (-1.382)	-0.67 (-1.233)
業種別平均ROA	-0.09 (-0.297)	0.00 (-0.014)
投資のタイミング	-0.49 (-0.759)	-0.21 (-0.317)
防衛型傾向	0.05 (0.184)	
投資のタイミング×防衛型傾向	1.25*** (3.109)	
探索型傾向		0.10 (0.455)
投資のタイミング×探索型傾向		-0.68* (-1.689)
調整済決定係数	0.168	0.102

探算性の事前評価

定数	7.70** (2.098)	7.64** (2.056)
複雑性	2.17*** (3.029)	1.87** (2.564)
競争	-1.55** (-2.629)	-1.29** (-2.205)
不確実性	-0.67 (-1.26)	-0.65 (-1.228)
業種別平均ROA	-0.08 (-0.256)	-0.07 (-0.245)
探算性の事前評価	0.49 (0.755)	0.42 (0.655)
防衛型傾向	-0.05 (-0.191)	
探算性の事前評価×防衛型傾向	0.83** (1.901)	
探索型傾向		0.15 (0.673)
探算性の事前評価×探索型傾向		-0.84** (-2.116)
調整済決定係数	0.117	0.122

探算性の事後評価

定数	7.34** (2.024)	7.98** (2.228)
複雑性	2.27*** (3.151)	2.40*** (3.36)
競争	-1.45** (-2.512)	-1.59*** (-2.825)
不確実性	-0.73 (-1.372)	-0.82 (-1.594)
業種別平均ROA	-0.09 (-0.279)	-0.15 (-0.505)
探算性の事後評価	-0.55 (-1.241)	-0.59 (-1.381)
防衛型傾向	-0.11 (-0.42)	
探算性の事後評価×防衛型傾向	0.55* (1.959)	
探索型傾向		-0.08 (-0.355)
探算性の事後評価×探索型傾向		-0.78*** (-3.19)
調整済決定係数	0.124	0.175

注：括弧内はt値、＊10％水準、＊＊5％水準、＊＊＊1％水準で有意。
出所：Shimizu, Oura and Tamura (2015) を日本語表記に変更

表3-3 企業の戦略パターンと直接投資への姿勢

質問	防衛型 (11/16社)	探索型 (6/7社)	分析型 (32/34社)	受身型 (7/8社)	合計 (56/65社)
将来	5.36 (1.433)	6.17 (1.169)	5.69 (0.896)	5.71 (1.254)	5.68 (1.081)
現状	4.82 (1.834)	6.17 (1.169)	5.31 (0.998)	4.57 (1.397)	5.21 (1.303)
2006年 投資姿勢	4.91 (1.315)	6.17 (1.169)	5.13 (0.793)	4.57 (0.976)	5.13 (1.010)

注：戦略タイプ別の平均、（　）内は標準偏差
出所：清水・安藤（2011）のアンケート調査

て新事業に参入するため、先行者の探索型企業に比べると、より少ない研究開発費、調査費、マネジメント・コストで事業への投資を行う。

そこで、差別財を製造部品と本社機能サービスで生産する場合、本社機能の比重は、探索型＞分析型＞防衛型、の順番で高いと考えられる。Antràs and Helpman（2004）の理論分析によれば、本社機能の集約度が高いほど、直接投資を行う割合が高いため、直接投資は、探索型＞分析型＞防衛型の順で、より活発に行われると考えられる。

清水・安藤（2011）は、2011年に日本の製造業企業（東京証券取引所一部上場製造企業のうち、建設と電力を除く826社）を対象にアンケート調査を行い、各企業にマイルズ・スノーの戦略タイプを識別する11の質問、投資マネジメントについての質問とともに、海外直接投資についての質問も合わせて行った。2011年調査では、2009年よりも少ない65社の回答であった。Conant, Mokwa and Varadarajan（1990）の手法で、四つの戦略タイプに分類した結果、65社のうち、16社が防衛型、7社が探索型、34社が分析型、8社が受身型であった。各戦略タイプの比率は、2009年の調査と変わらず、分析型が最も多い。この65社のうち、海外移転を行っている企業は56社であり、9社は海外移転を行っていなかった。海外移転を行っている56社について、直接投資についての姿勢を戦略タイプ別に比較したのが、表3-3である。7点リカートスケールを用いており、「積極的に投資する」が7、「投資を差し控える」が1であることから、この数値が高いほど、積極的な海外直接投資を行うことを示している。

表3-4 戦略タイプ別の海外直接投資の目的

質問	防衛型 (11/16社)	探索型 (6/7社)	分析型 (32/34社)	受身型 (7/8社)	合計 (56/65社)
消費地生産のための生産拠点新増設	5.36 (1.362)	5.83 (2.041)	5.59 (1.388)	4.43 (2.225)	5.43 (1.582)
第三国輸出のための生産拠点新増設	3.91 (1.375)	5.17 (1.602)	4.00 (1.685)	3.57 (1.902)	4.05 (1.656)
日本への輸出のため生産拠点新増設	2.55 (1.368)	5.00 (1.095)	2.91 (1.785)	3.29 (1.254)	3.11 (1.702)
研究開発拠点の新増設	2.00 (1.272)	3.83 (2.483)	2.39 (1.745)	2.71 (1.604)	2.51 (1.773)
販売拠点整備	4.27 (1.272)	4.50 (2.074)	4.50 (1.814)	4.14 (1.574)	4.41 (1.682)

注：戦略タイプ別の平均、（ ）内は標準偏差
出所：清水・安藤（2011）のアンケート調査

　戦略不全企業である受身型を除いた、防衛型、探索型、分析型の海外直接投資への姿勢をまとめてみよう。現状の海外直接投資への姿勢は、探索型が最も積極的であり、次に分析型、そして防衛型が最も消極的である。探索型は、将来、現状ともに、海外直接投資への姿勢が最も積極的である。防衛型と分析型は、将来は、現状よりもより積極的に海外への投資を行うと答えている。分析型は、現状、将来ともに、探索型と防衛型との間の値である。探索型＞分析型＞防衛型の順で、積極的に直接投資が行われているという結果は、Antràs and Helpman（2004）の理論分析による結果と整合的である。

　清水・安藤（2011）は、海外直接投資の目的についても、戦略タイプ別に調べている（表3-4）。ここでも、7点リカートスケールを用い、7＝まったくその通り、1＝まったくない、であり、数値の高さが、その目的の比重の高さを示す。

　ここで、直接投資の目的が、「消費地生産のための生産拠点（現地生産）」「販売拠点」は水平的直接投資、「第三国輸出のための生産拠点（輸出拠点）」は複合型直接投資、そして、「日本への輸出のため生産拠点」は垂直的直接投資である。直接投資の目的が「研究開発拠点」であるのは、Antràs and Helpman（2004）では除外されていた、本社機能の一部の海外移転である。

　56社全体でみると、「消費地生産のための生産拠点（現地生産）」、次いで

「販売拠点」を目的とする企業が多く、水平的直接投資が多いといえる。「販売拠点」より少し低い三番目が「第三国輸出のための生産拠点（輸出拠点）」であり、四番目が「日本への輸出のため生産拠点」である。理論モデルでは除外されている「研究開発拠点」はかなり低く、重要な本社機能である研究開発拠点を海外に移転する企業は少ないといえる。

戦略タイプ別にみると、探索型はすべての目的で高い値をとっており、他のタイプでは低い値である「第三国輸出のための生産拠点（輸出拠点）」や「日本への輸出のため生産拠点」でも高い値となっている。防衛型は全体的に低い値であるものの、相対的に「消費地生産のための生産拠点（現地生産）」「販売拠点」が高い。分析型は、どの目的でも、探索型と防衛型の間の値となっている。

4．おわりに

本章では、企業の異質性をマイルズ・スノー戦略タイプの違いに求めて、直接投資の選択の問題を分析した。理論モデルとして、Antràs and Helpman（2004）を用い、差別化された財の生産において、製造部品と比べて本社機能サービスのシェアが高い企業ほど直接投資を選択し、本社機能サービスのシェアが低い企業では、直接投資（企業統合）は選択されず、アウトソーシング（部品輸入）が選択されることを示した。日本の製造業企業への2009年アンケート調査をもとにした、清水・田村（2010）、Shimizu and Tamura（2013）の分析から、マイルズ・スノー戦略タイプのうち、探索型企業は本社機能サービスの生産シェアが高く、逆に防衛型企業は本社機能サービスの生産シェアは低いと考えられる。したがって、理論モデルを応用すると、探索型企業のほうが防衛型企業よりも直接投資を選択しやすいこととなる。清水・安藤（2011）のアンケート調査によると、探索型企業は直接投資に積極的であり、逆に、防衛型企業は直接投資に消極的であるため、理論分析に整合的な結果といえる。

マイルズ・スノー戦略タイプのうち、多くの日本企業が該当する分析型の企業については、防衛型と探索型のようにはっきりとした投資戦略や投資マネジメントの特徴をつかむことがまだできていない。分析型企業は、既存の

技術を組み合わせ、成功したプロジェクトをうまく機会を捉えて応用することで利益を得ており、確かに多くの日本企業の戦略に適合していると考えられる。分析型企業の理論分析をさらに進めることが、今後の課題であろう。また、Shimizu, Oura and Tamura（2015）が明らかにしたように、各企業の投資戦略や投資マネジメントが、必ずしも企業の業績（競争力）につながっていない場合もある。今回確認した直接投資への姿勢が、どのように企業の競争力を高めていくのかを、次のステップとして分析していく。さらに、実証分析を行う上で、マイルズ・スノー戦略タイプの企業分類を、アンケート調査ではなく、財務データなどで行うことにより、より多くの企業のデータを使った分析を行うことが、今後の課題である。

【謝辞】本研究は、科学研究費補助金（課題番号：25380332）の助成を受けている。

参考文献

Antràs, P. and E. Helpman（2004）"Global Sourcing," *Journal of Political Economy*, 112：552-580.

Conant, J. S., M. P. Mokwa and P. R. Varadarajan（1990）"Strategic Types, Distinctive Marketing Competencies and Organizational Performance: A Multiple Measures-Based Study," *Strategic Management Journal*, 11(5): 365-383.

DeSarbo, W. S., C. A. Di Benedetto, M. Song and I. Sinha（2005）"Revisiting The Miles and Snow Strategic Framework: Uncovering Interrelationships between Strategic Types, Capabilities, Environmental Uncertainty, and Firm Performance," *Strategic Management Journal*, 26(1): 47-74.

Grossman, G. M., E. Helpman and A. Szeidl（2006）"Optimal Integration Strategies for the Multinational Firm," *Journal of International Economics*, 70: 216-238.

Helpman, E.（1984）"A Simple Theory of International Trade with Multinational Corporations," *Journal of Political Economy*, 92: 451-471.

Helpman, E.（2011）*Understanding Global Trade*, Belknap Press.

Melitz, M. J.（2003）"The Impact of Trade on Intra-Industry Reallocations and Aggregate Industry Productivity," *Econometrica*, 71: 295-316.

Miles, R. E. and C. C. Snow（1978）*Organizational Strategy, Structure and Process*,

McGrow-Hill.(マイルズ・スノー『戦略型経営——戦略選択の実践シナリオ』土屋守章・内野崇・中野工訳、ダイヤモンド社、1983年)

Shimizu, Nobumasa and Akiko Tamura (2013) "Business Strategy and the Management control Process in Capital Budgeting," Proceedings in 7th Conference on Performance Measurement and Management Control, 7: 1-24.

Shimizu, Nobumasa, Keisuke Oura and Akiko Tamura (2015) "Capital Investment Management, Business Strategy, and Firm Performance," *Proceedings in 8th Conference on Performance Measurement and Management Control*, 8: 1-20.

Tomiura, Eiichi (2007) "Foreign Outsourcing, Exporting, and FDI: A Productivity Comparison at the Firm Level," *Journal of International Economics*, 72: 113-127.

清水信匡・田村晶子(2010)「日本企業における設備投資マネジメント(全4回)」『企業会計』62(8・9・10・11)

清水信匡・安藤浩一(2011)「設備投資マネジメントの実態調査」(アンケート調査)、早稲田大学大学院ファイナンス研究科・日本政策投資銀行

第4章

赤字事業への投資からみた
大手電機メーカーの盛衰

日本経済研究センター　猿山 純夫／法政大学経済学部　胥　鵬

はじめに

　ソニーは2015年度に回復の兆しをみせたものの、08～14年度の最終赤字が累計1兆円を超え、15年度もデバイスと携帯電話では赤字が続く。シャープは2度も銀行の救済を受けた上で鴻海精密工業に買収され、東芝は7000億円超の赤字が発覚してようやく赤字の家電部門を中国家電大手美的集団に売却した。最近、富士通もNECに続いてパソコン事業をレノボと統合させる方向で最終調整している。

　本章で、我々は赤字事業への投資が大手電機メーカーの盛衰を左右していることを事例研究から浮き彫りにする。Jensen（1993）は、米国企業を例に、効率的な退出（efficient exit）が妨げられる理由を挙げている。まず、成長の栄光に浸っている大企業は、衰退セグメントから退出しなければならないと知りつつも問題が先送りできなくなるまで座視し続ける。早期改革を実行しようとすれば、社長の座から追われる覚悟が必要である。また、雇用確保という大義名分も、リッチなキャッシュフローを赤字部門に費やすことで労使間の一時の和平を買って問題を先送りさせる重要な要因である。

　Jensen（1993）の視点から、我々は電機大手のソニー、三菱電機とNECを取り上げ、エレクトロニクス（エレキまたは電機）や電子デバイスの売上高

営業利益率と投資との関連を明らかにする。ソニーと NEC は、電機や電子デバイス事業の売上高営業利益率が大幅に低下したにもかかわらず、同部門への投資を続けた。ソニーでは金融や音楽・映画、NEC では IT（情報技術）サービスやシステム構築といった高収益部門への投資がおろそかにされてきた。さらにソニーでは、全体の 7 割を占める電機部門の雇用を維持するために、他部門が稼ぎ出す黒字や保有現金などのフリー・キャッシュフローを投入している。同社では、円安による収益改善期に赤字部門への投資が拡大する傾向があり、赤字事業投資が長引く要因になっている。逆に三菱電機は 1990年代の利益率は低かったものの、赤字部門を早期に切り離し、赤字事業への投資を抑えたことが奏功し、最近では大手電機で最も高い利益率をあげるようになっている。

　過去20年間に電気機械産業の勢力図が大きく変わった。とりわけ、水平分業が大きく進化している。例えば、電子機器の組み立ては鴻海精密工業のような EMS（受託製造サービス）に委ね、半導体であれば TSMC（台湾積体電路製造）のようなファウンドリー（半導体受託製造会社）に任せる。部品や要素技術を自ら開発・製造するのではなく、専業メーカーから規格化されたものを調達する。専業メーカーは、先端技術を搭載した大型の設備投資を短い周期で行うことで規模の経済性を実現しながら、低価格で製品・部品を供給する。

　研究開発の水平分業版がいわゆるオープン・イノベーションである。アップルのような企業は、自らは技術の「目利き」に徹し、世界中から自社に最も適する技術を持つ企業を探し、あるいは現時点で求めるものがなければ作らせることによって、自社の付加価値を高めている。自社内に研究開発部門を抱えていると、外から自由に技術を導入するのは難しくなる。不振事業を M&A（合併・買収）によって切り離す場合にも、自社内に開発・製造部隊を抱えていなければ、身軽であるため自由度が大きくなる。

　一方、日本の電機メーカーは内部で生み出した技術を自社の製品に応用し、部品もグループ内から調達して他社と競争することを当然と考えてきた。いわゆる垂直統合型のモデルである。垂直統合から水平分業への変容という創造的破壊の結果、ソニーなどの大手電機メーカーのエレクトロニクスや電子デバイスなどの部門が赤字に陥ったが、雇用維持のために赤字部門へ

の投資を止めることができない。かつての全盛期を支えた垂直統合型のモデルへのこだわりは、成功の呪いともいえる。

　銀行セクターの不良債権問題が1990年代の日本経済の回復を遅らせたことが、「失われた10年」の主な原因として挙げられている。とりわけ、経営が破綻しているのに銀行の支援を受けて延命している企業、いわゆる「ゾンビ企業」を存続させたことが多くの論文で指摘されている（Peek and Rosengren, 2005; Caballero, Hoshi and Kashyap, 2008; 星、2000、2006；櫻川、2002）。しかし、2000年代に入って銀行の不良債権問題などが解決し、一部のゾンビ企業は健全化した（中村・福田、2008）にもかかわらず、日本経済全体は低成長から抜け出せていない。2000年代以降に別の長期的・構造的な原因が隠れていると考えられる。かつて日本経済を牽引した電機産業が赤字部門を温存させたことが同産業の衰退につながったとする我々の分析結果は、もうひとつの「失われた10年」解明の糸口になる。

　最初の「失われた10年」の原因は銀行の不良債権に起因するものとすれば、もうひとつの「失われた10年」の原因を何に求めるべきか。Jensen (1993) はそのヒントを与えてくれる。まず、最初の「失われた10年」の原因は不良債権を多く抱えた銀行と赤字企業の退出への抵抗にある。突き詰めていけば、ゾンビ企業の起因は銀行と企業のガバナンスの欠如である。とりわけ、赤字企業と経営不振銀行の退出を促す資本市場のメカニズムは機能しなかった。それは、金融機関と事業法人の株式持ち合いの結果でもある。ゾンビ企業へ融資を続けた最初の失われた10年は、日本のコーポレート・ガバナンスの当然の帰結ともいえる。

　この点は、すでに Kang and Shivdasani (1997) で指摘されている。1986～90年の間に営業利益が半減した日米企業を比べたところ、生産拡大や既存設備拡大で対応した米国企業はわずか2.6％に過ぎなかったが、日本企業ではそれが27.2％にも達した。また、資産売却は米国が36.8％に対し日本はわずか4.3％、人員削減は米国が31.6％に対し日本では17.4％にとどまった。最も好対照なのは、買収などの資本市場の圧力にさらされた比率で、米国の36.8％に対し日本はなんと0％である。言い換えれば、メインバンクが機能していた時代にも、日本企業は営業利益が半減したにもかかわらず生産拡大や生産設備拡張をしていたのである。低採算事業からの早期撤退を促す

点から、健全なメインバンクシステムは十分ではなかった。

現に銀行の不良債権問題が一段落しても、撤退が求められる大手電機メーカーの赤字事業への投資が続いていた。つまり、企業全体が赤字でなければ、銀行は赤字部門への投資に干渉しなかったのである。もっと深刻なことに、赤字事業からの撤退を促すのに、企業内部ガバナンスと機関投資家のいずれからの規律も機能しなかった。ソニーは2003年にいち早く委員会等設置会社に移行、取締役会のメンバーの大半を社外取締役に入れ替えた。形の上では、業務執行と監督権の分離による内部ガバナンスを強化した。また、第1節で示すように、同社が赤字事業投資を増やし始めた時期は、外国人投資家の持ち株比率が高まった時期と重なる。にもかかわらず、日本では資本市場からの圧力が相変わらず欠如している。

あとに続く部分の構成は以下の通りである。第1節では、ソニーを取り上げ、赤字のエレクトロニクス事業への投資と収益の変遷を概観する。続いて第2節では、2010年にようやく赤字の電子デバイス事業から決別し、収益が確保しやすいシステム構築事業に専念するようになったNECの事例を取り上げる。これらと対照的な事例として、第3節では「3年連続で赤字なら撤退」を掲げる三菱電機の資源配分と収益率の足取りを振り返る。第4節は企業統治改革へのインプリケーションを導いて本章を結ぶ。

1．ソニー：05～14年度のほとんどが赤字事業投資

ソニーの業績推移

まず、ソニーの全社的な業績から振り返ろう（図4-1）。電機メーカーの業績は景気循環によってかなりの振れを見せるため、5年ごとの平均（グラフでは5年ごとの後方平均）をみている。

バブル経済の絶頂期を含む1988～92年度には、EBITDA（利払い・税払い・償却前利益）の総資産比率でみたROAは20％近くにも達していた。家庭用ビデオカメラ「ハンディカム」がヒットし、テレビやCDプレーヤーなど映像音響機器が好調だった時代だ。ROAはバブル崩壊で10％程度まで急降下した後、2000年代も低下を続け、足元では5％程度まで落ちてきている。

設備投資はどうか。有形固定資産の前年差と減価償却費の和として算出し

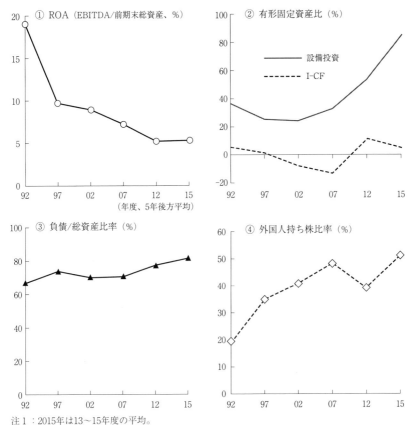

注1：2015年は13〜15年度の平均。
注2：I-CFは設備投資とキャッシュフローの差額。ここでの設備投資は有形固定資産の前年差＋償却。

図4-1　ソニーの収益率・投資・負債・持ち株比率

た投資額は、有形固定資産比で93〜97年度、98〜02年度と抑制した後、03〜07年度以降再び増勢となっている。次項では2000年代半ばから「赤字事業投資」が膨らんだことに注目するが、キャッシュフロー（CF）との差額I-CFからは、同時期の投資が会社として過剰投資だったとはいえない。むしろ投資を内部資金の範囲内に抑えていた時期にあたる。CFを上回る投資をしているのは、リーマンショックで業績が顕著に悪化した08年度以降である。その裏返しとして、負債比率は2000年代には一度低下した。収益率が低

下傾向をたどるなかにあっても、外国人持ち株比率は2010年前後を除けばほぼ一貫して上昇基調であり、足元では同比率がほぼ5割と、比較的投資家からの規律が働きやすい状況にあったと考えられる。

ソニーの部門別収益と投資

　次に部門別の利益と投資を点検する（図4-2）。2015年度の開示資料をみると同社には九つのセグメントがあり、うち五つ（携帯電話、ゲーム、カメラ、テレビ音響、デバイス）はエレクトロニクスで、その他を除けば、残りが音楽、映画、金融である。事業区分は時期によって組み替えがあるため、ここでは売上高や営業利益についてはエレクトロニクス、音楽・映画、金融の3区分に筆者らが集計したものを使っている。設備投資や従業員数についての開示は、上記セグメント別ではなく、エレクトロニクス、音楽、映画、金融、その他という5区分が最近では採用されている。電機各セグメントが複数事業に関与する場合があるためと同社は説明している。

　図4-2は、ソニーで2000年代半ば以降、赤字事業への投資が拡大したことを如実に表している。以下の諸点が読み取れる。①利益率では、93～97年度には3部門が黒字を稼ぎ出し、電機も5％以上だったのが、03年度以降は金融が高収益、音楽・映画も収益率を高めるなかで、電機がゼロからマイナスに転落し格差が広がった。②設備投資は一貫して電機部門が大部分を占めており、音楽・映画と金融による投資がわずかであること。特に03～07年度に二極化傾向が一段と強まった。13～15年度に、再び電機の設備投資が大きく増えているのは、同社が有形固定資産の圧縮に努めてきたため分母が縮小しているなかで、15年度に画像センサーに大型投資を行ったことが反映している。③従業員数も電機が大部分を占めており、足元でもなお7割が電機である。

　同社の赤字部門を象徴するのがテレビ事業である。テレビは04年度から13年度まで10年間赤字を続け、その累積額は約8000億円にのぼった[1]。これは、同社の有形固定資産に近い規模である[2]。これと鴻海の傘下に入ったシ

1）東洋経済オンライン、2014年12月24日。
2）同社の有形固定資産は03～07年度は平均1.4兆円、08～12年度は同約1兆円、13年度は7500億円である。

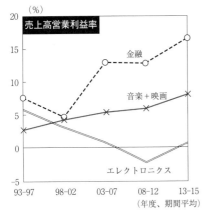
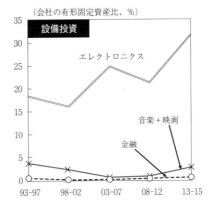
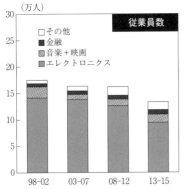

注：利益率、設備投資の「その他」は省略。
音楽・映画の93〜97年度はコロンビア映画ののれん代償却を除く。

図4-2 ソニーの部門別利益率と設備投資

ャープを比べてみよう。シャープは11年度以降、急速に業績が悪化、11〜15年度の営業利益合計は約2900億円の赤字となった。これは、同期間の有形固定資産（平均5400億円）の半分程度であり[3]、ソニーのテレビ事業のほうがより深刻である。シャープは一部の家電製品や太陽光パネルなどを除くと、液晶パネルとそれを用いたテレビを主に売る会社で、それほど多角化していない。ソニーのテレビ事業がシャープのように非電機部門の支えがない形で存

---

[3] シャープは業績悪化に伴い資産売却を進めたため、有形固定資産は07年度の1.1兆円が15年度には3500億円まで減少。回収を見込めなくなった設備の減損処理などに伴い、最終利益の損失は11〜15年度の合計で1.4兆円にのぼった。

在していたら、期間収益という点からは、シャープ同様、事業の継続が困難になったことが想像できる。

　低収益事業を分離する場合でも、決断に至るのは相当傷が深くなってからであることは、ソニー、東芝、日立3社の中小型液晶事業を統合して2012年4月にジャパン・ディスプレイを設立した際の事例からうかがえる。ソニーは09年度に中小型液晶関連の固定資産に関してすでに78億円の減損を計上、10年度も同事業で約50億円の赤字を出した。同事業の純資産はプラス（10年度末で316億円）を保っていたが、東芝、日立の同事業は10年度末の純資産がそれぞれ－1032億円、－221億円と債務超過に陥っていた[4]。3社合わせれば900億円超の債務超過であり、事業が立ちゆかなくなってから産業革新機構が2000億円を出資して存続・統合を図ったのがジャパン・ディスプレイである[5]。

　図4-2をみると、電機部門の投資は、他の金融や音楽・映画の黒字拡大と歩調を合わせて伸びていることが興味深い。03〜07年度は日本経済が戦後最長となった景気拡大を続けた時期であり、同時に為替相場が円安に振れた時期でもあった。08〜12年度は、リーマンショックや日本においてはその後の1ドル80円に及ぶような円高に苦しんだ時期である。その期間にはソニーは前5年間に比べ電機の投資を抑制した。ただし、13年度以降はアベノミクスを背景に為替が円安に戻り、景気が上向きになると、再び電機投資が活発化している。同社の赤字事業投資は、円安期や景気上昇期に拡大する傾向があるといえる[6]。

4）日経ヴェリタス、2011年9月4日。
5）同社の2012〜15年度の最終利益は累計で66億円の赤字である。
6）Rajan, Servaes and Zingales（2000）は、多角化企業の非効率投資を検証し、部門間の収益率格差があるほど、高収益部門から低収益部門への利益配分が起きやすいことを示した。また、Scharfstein and Stein（2000）は多角化企業の内部補助を、CEOが低収益部門の部門長を前向きに働かせるため、部門の規模から感じる私的利益を享受させるというレント・シーキングの理論モデルをもとに説明した。本章が対象とするのは赤字部門への大規模な投資継続であり、RajanやScharfsteinらが念頭におく内部補助という次元をはるかに超えている。もちろん、広義的には、Jensen（1989）で論じられるように、レバレッジド・バイアウト・ファンドのサブユニットがファイナンスを含めてあらゆる面から独立に運営されるように内部補填ができない組織を構築する点から、多角化企業の非効率投資もエージェンシー・コストである。日本企業の多角化経営に対して有効なガバナンスが存在しないことを実証的に明らかにした研究として花崎・松下（2014）が挙げられる。

ソニーの事業拡大時の株価の反応

　ソニーの赤字事業投資は市場からどのような評価を受けただろうか。イベント・スタディの手法を用い、同社が事業の拡大を表明した際の株価の反応を探った。

　イベント情報としては、日本経済新聞社が提供する「日経企業活動情報」を用いる。同情報は、上場企業を含む大手企業を対象に、新規事業への進出や撤退、外部企業との提携や出資・買収などの企業行動を、報道や企業の開示資料をもとに収録したものである。今回はそのうち、1998年から2013年までの「新規事業への進出」と「既存事業の強化」など事業の拡大とみなせるイベントを利用した。同条件に該当するソニーのイベントは193件あった。

　株価の反応は、イベント公表日前後の超過収益率として計測する。超過収益率 AR_{it} は実際の収益率 R_{it} からマーケット・モデルによって予測される収益率を引いたものとして推定する。i はイベント、t は公表日（$t=0$）を起点とした営業日を指す。

$$AR_{it} = R_{it} - \hat{\alpha} - \hat{\beta} RM_t$$

RM_t は市場（TOPIX）の日次収益率、$\hat{\alpha}$ はマーケット・モデルの切片、$\hat{\beta}$ は傾きである。マーケット・モデルの推定期間は、270日前から21日前までの250日である。収益率のデータは金融データソリューションズの NPM 日本株式日次リターンを用いた。

　情報は事前に流布する場合もあるため、AR_{it} をイベント公表日の前後数日について累積した値（CAR: cumulative abnormal return）をみるのが普通である。ここでは公表日の2日前から2日後までの累積値を利用する。結果が表4-1である。θ は、CAR に正規分布を仮定し、標準偏差を用いて平均値を基準化したものである。MacKinlay（1997）の手法にならっている。

　各イベントを事業セグメントに対応づけた上、それが同セグメントの黒字期か赤字期のどちらだったかを識別する。製品単位で黒字・赤字を識別することは難しいため、ここでいう黒字・赤字は、エレクトロニクス全体の収支である。赤字セグメント別、黒字・赤字別に CAR を集計すると、以下の点がわかる。①株価は黒字セグメントの拡大に対して全般に好意的に反応、赤字セグメントの拡大には厳しく反応する、②ほぼ一貫して黒字である金融や

表4-1　ソニー「拡大」イベントの株価の反応（黒字・赤字部門による差）

(累積超過収益率CAR[-2,2]、1998～2013年度)

		電機全体	うち 電子部品	金融	音楽・映画
黒字期	CAR	0.1	-0.1	2.0	0.3
	θ	(0.3)	(-0.2)	(1.4)	(0.2)
	n数	76	47	8	10
赤字期	CAR	-0.5	-1.8	-	-
	θ	(-0.8)	(-2.1)	-	-
	n数	36	16		

注1：「日経企業活動情報」で「新規事業への進出」か「既存事業の強化」に分類されているイベントをもとに計測。
注2：黒字期と赤字期はセグメントの営業利益をもとに区分。電子部品の収支は、電機（エレクトロニクス）全体と同じと想定。
注3：イベント数（n数）が5を超えるカテゴリーを掲載。金融や音楽・映画は赤字期のイベントが少ない。
注4：θは超過収益率の誤差項に正規分布を仮定した場合の、CARを標準誤差で割った値（累積日数を考慮）。

音楽・映画の拡大には市場は正の反応を示し、なかでも収益率の高い金融はプラスが大きい、③電機のうち電子部品は黒字期でも株価が下落しているほか、赤字期にはより厳しい評価を受けている。黒字期の金融はイベント数が少ないため、統計的には有意でないが、赤字期の電子部品は負で有意である。電子部品のイベント内容をみると、63件中、画像センサー関連が24件と最も多く、次いで記録メディア関連が14件、ゲーム用の半導体関連が8件などとなっている。

2．NEC：半導体の分離で赤字投資から脱却

NECの業績推移

次にNEC（日本電気）を取り上げる。NECは輝かしい歴史を持つ会社だ。1980年代には、「PC-9800」シリーズで日本のパソコン市場を席巻し、1986年から91年まで半導体売上高で世界一、01年には国内の携帯電話出荷台数で27.7％を占めトップとなった[7]。

7）湯之上（2013）による。

しかし、2000年頃から変調をきたし始める。特に、電子デバイス事業で退潮を示すようになる。まず、99年にDRAM事業を新会社に分離した。日立と合弁で設立し、後に三菱電機も加わったエルピーダメモリである。02年にはシステムLSI事業をNECエレクトロニクスとして分社化した。後年、エルピーダは12年に会社更生法を申請して破綻、米マイクロンの傘下に入った。NECエレクトロニクスは10年に日立と三菱電機の合弁会社であるルネサステクノロジと統合して、ルネサスエレクトロニクスとなった。同社は統合後も赤字を計上し、12年12月に産業革新機構の傘下に入った。パソコンや携帯電話も苦戦している。パソコンは11年に中国レノボと国内事業を統合し、スマートフォンからは13年に撤退した。

　同社の業績を数字で振り返ろう（図4-3）。ROAは97年頃までは10％程度を確保していたものの、その後、2000年前後に5％まで低下、その後は浮き沈みを繰り返している。

　設備投資は98〜02年度に有形固定資産比で抑制した後、03〜07年度には拡大、その後はジグザグの動きを示している[8]。02年度以降はキャッシュフローの範囲内に抑えている。その結果、負債は徐々に減少している。外国人持ち株比率は12年頃にかけて一時低下したものの、上昇基調を続けている。

NECの部門別収益と投資

　次に部門別収益と設備投資をみよう（図4-4）。NECの事業別セグメントは05年度まで大きくコンピューターと通信、デバイスという3部門に分かれていたが、06年度からコンピューター（IT）とネットワークが統合されたため、ここでは両部門を統合し「IT&ネットワーク」として扱う。この区分では、13年度以降の公共、企業、通信キャリアなど顧客層別に区分しているセグメントは、事実上「IT&ネットワーク」として括られることになる。

　図4-4からは以下の点が読み取れる。①05年度以降、電子デバイスが赤字に転落、特にリーマンショックのあった08年度と次の09年度は10％前後の赤字率に達した。②電子デバイス部門は徐々に設備投資を減少させたものの、

8）エルピーダメモリは03年度までNECが50％の株を保有していたが、持ち分適用会社にとどまり、利益には影響するもののNECの資産や設備投資には影響を及ぼさなかったとみられる。NECエレクトロニクスは09年度までNECの連結対象会社だった。

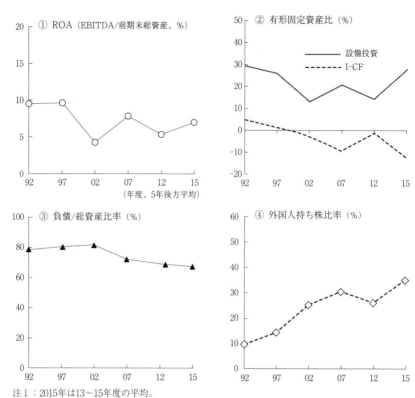

注1:2015年は13〜15年度の平均。
注2:I-CFは設備投資とキャッシュフローの差額。ここでの設備投資は有形固定資産の前年差＋償却。

図4-3　NECの資産利益率・投資・負債・持ち株比率

09年度に同セグメントがなくなるまで[9]、IT＆ネットワークを大きく上回る投資を続けた。結果として、05年度から09年度まで、赤字部門に多額の投資をすることになった。

　電子デバイスの投資が「赤字投資」に転じた05〜07年度は、全社的には設備投資を控え目にしていた時期で、CFとの対比では投資を抑制していたことと、他部門（ここではIT＆ネットワーク）の利益率が高まった時期であること

9）前述の通り、NECエレクトロニクスがルネサスエレクトロニクスに統合された段階で、連結対象から外れた（11、12年度は持分法適用会社として持分に応じて利益には算入）。

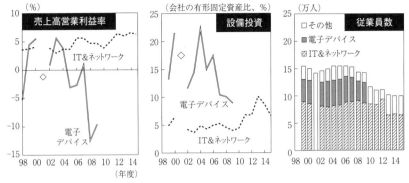

注：01年度は全社1セグメント。利益と設備投資のその他は除く。

図4-4　NECの部門別利益率と設備投資

は、ソニーとも共通しており、興味深い。

　ソニーと比べると、赤字投資の期間は短く、赤字事業投資への偏りも小さい。これは、DRAMとシステムLSIという半導体事業を早めに分社化したためである。ただし、前述の通りエルピーダは結局破綻、ルネサスも産業革新機構の傘下に入った（NECの持ち分は希薄化）ため、半導体事業からは営業損益以上の損失を被っている。

　10年度以降のNECは、通信やコンピューター関連のハードウェアやシステム開発サービスを主に企業や政府向けに提供する会社になった。これによって安定的に黒字を稼ぐようになっている。かつての、パソコン、携帯電話、半導体で歴史を作った会社の面影はなくなったが、ひとまず企業として存続する目途をつけたといえる。

3．三菱電機：低収益部門への投資を継続せず

三菱電機の業績推移

　総合電機メーカーの中にも業績を上向かせている企業がある。好例が三菱電機だ（図4-5）。ROAはバブル期に伸びなかった半面、その後の落ち込みが小さい。00年前後も7％程度を保った。営業赤字は01年度、最終赤字は02年度が最後である。08年度以降の8年間で最終赤字が6回だったソニー、3

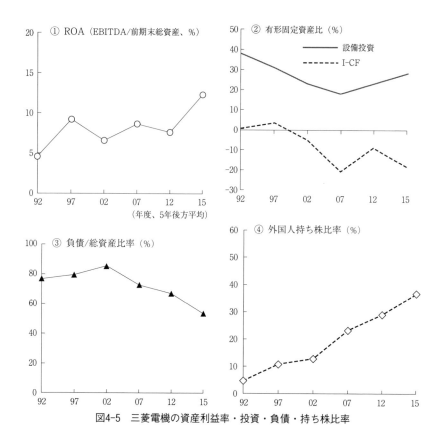

図4-5 三菱電機の資産利益率・投資・負債・持ち株比率

回だったNECとは好対照をなす。13年度から3年間のROAは平均で12%を超えている。

　設備投資は2000年頃から、ほぼキャッシュフローの範囲内に抑えている。03〜07年度以降はCFの10〜20%をフリー・キャッシュフローとして残している。この結果、負債比率は足元では50%程度に下がっており、総合電機8社中最も低い[10]。外国人持ち株比率は一貫して上昇を続けており、投資対象として選ばれるようになったことがうかがえる。

---

10) ここでの8社は日立、東芝、三菱電機、NEC、富士通、パナソニック、ソニー、シャープ。

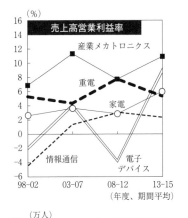
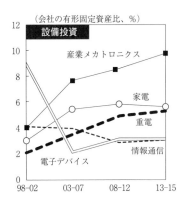
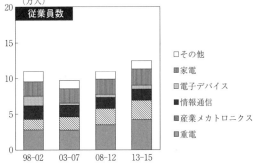

図4-6 三菱電機の部門別利益率と設備投資

三菱電機の部門別収益と投資

　部門別収益と設備投資を点検する（図4-6）。三菱電機で特徴的なのは、重電、産業機器（メカトロニクス）、家電、情報通信、電子デバイスという顧客層や要素技術が異なる五つの分野が並立しており、その事業構成がずっと変わらないことである。従業員数の分布をみても、特定の部門が突出していることはない。

　さらに、利益率の低い部門は、概して投資のウェイトを低めに抑えていることもみてとれる。例えば、98〜02年度の5年間は電子デバイスに最も投資したが、同部門が赤字であったため、次の03〜07年度には同部門の投資を最も抑制している。03年にはDRAM事業をエルピーダメモリに譲渡するとともに、システムLSI事業をルネサステクノロジとして分離した[11]。

半導体事業から早めに撤退できたのは、同部門が大手電機の中で相対的に劣位であったという「幸運」があったのかもしれない。湯之上（2013）によると、1980年代に日本の大手5社（NEC、東芝、日立、富士通、三菱電機）が半導体のビッグ5と呼ばれたが、三菱電機は常に最下位で、技術や資金にも恵まれておらず、低コストでDRAMを量産することに活路を求めていたという。

　同社は、情報通信分野でも携帯電話事業を02年には欧州から、06年には中国から撤退、さらに08年には国内事業からも撤退し、資源投入を控えた。携帯電話からの撤退は大手電機の中で最も早かった。同社には「3年連続で赤字なら撤退」という原則があるともいい[12]、赤字事業への投資を長引かせない風土がある。

　近年は稼ぎ頭になっている産業機器に重点投資しており、ほぼ利益を生む部門に厚く投資するという姿になっている。

　電子デバイスへの投資は一律に抑制しているわけではない。パワー半導体と呼ぶ省エネにつながるインバーターの中枢部品があり、三菱電機はこれに強みを持つ。日経企業活動情報で同社の電子デバイスに該当する「拡大」イベントを抽出すると、04年度以降で10件あり、そのうち8件がパワー半導体の投資になっている。しかも8件中7件で、イベント公表時の株価がプラスの反応（CAR22の平均値＝＋2.4）を示している。13～15年度には、電子デバイスが産業機器に次ぐ2番目の利益率に返り咲いている。

　取り上げた3社の投資を黒字事業・赤字事業別に色分けすると、図4-7になる。ソニーは05年度から14年度までの10年間の投資のうち、77％が赤字事業投資だった。NECは、05年度から09年度にかけて赤字事業投資が膨らんだが、半導体事業の分社化によって、赤字投資を断ち切った。三菱電機は98年度から2000年代初めにかけて赤字投資があったが、デバイス事業の切り離しや低収益部門への投資を抑制することによって、赤字事業投資を最小限にとどめた。

　赤字事業投資と企業パフォーマンスとの関係を図4-8により改めて振り返

---

11) エルピーダには譲渡という形をとり、株式の持分はなかったため、その後の傷は浅くできた。ルネサステクノロジには45％を出資したため損失負担は免れなかった。
12) 日本経済新聞2007年7月4日付。

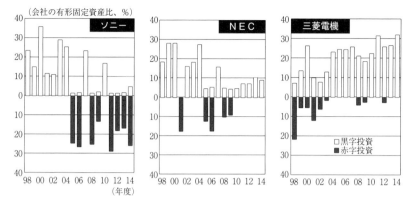

図4-7　3社の黒字投資と赤字投資

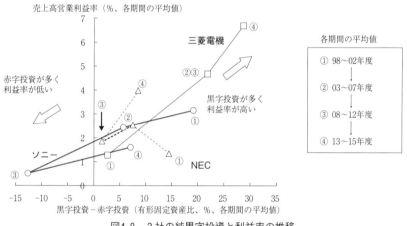

図4-8　3社の純黒字投資と利益率の推移

ろう。横軸は、黒字投資から赤字投資を差し引いた純黒字投資の規模を有形固定資産比で示している。縦軸は売上高営業利益率である。98年度から2015年度までの18年間を四つに区分し、各期間の平均値を示している。図の右上にいくほど黒字事業投資が多く利益率も高い状況を示し、逆に左下にいくほど赤字事業投資が多く利益率が低い状態を表す。

　これをみると、例えばソニーは①の98〜02年度時点では、黒字投資が多く利益率も3％台を確保していたのが、次の②の03〜07年度に赤字投資を増やしたため、③の08〜12年度には利益率が0％に接近した。④の13〜15年度は

第4章　赤字事業への投資からみた大手電機メーカーの盛衰　89

景気が上向いて利益率が上昇したが、まだ黒字投資を十分高めているとはいえない状況である。NECは①の時点で利益率がすでに低かった。②の03〜07年度は景気が良く利益率は上昇したものの、赤字投資が増えたため左寄りにシフト、次の08〜12年度には電子デバイスが赤字に陥り左下方向に転じた。10年度以降は電子デバイス事業を切り離し、赤字投資を打ち切ったため、④の13〜15年度には右上方向にパフォーマンスが改善している。ソニー、NECとも、景気回復という追い風がなければ、赤字事業投資を増やした後に低利益率に苦しんだことがわかる。三菱電機は、①の時点では3社のうちで最も原点に近く、利益率が低く黒字投資も低水準だった。しかし、その後は黒字投資を増やしながら、利益率を改善させている。④の13〜15年度の3年間は、有形固定資産の30％近くをすべて黒字部門に投入し、利益率も7％近くに達している。

4．企業統治改革へのインプリケーション

　赤字部門への投資を防ぐメカニズムはないだろうか。ゾンビ企業に融資して不良債権を隠す理由はそもそも銀行の退出の難しさにある。皮肉なことに、ソニーはハワード・ストリンガー会長兼社長の時代（2009年4月〜12年3月）には15人の取締役のうち13人が社外取締役だった。しかし、赤字の垂れ流しや赤字事業への投資に対して、ストリンガー氏は経営責任を問われることはなかった。他方、「3年連続で赤字なら撤退」を掲げる三菱電機は、決して企業統治改革の模範生とはいえない。また、大手電機メーカーの外国機関投資家の持ち株比率はいずれも高いが、外国機関投資家からの圧力は一切聞かない。株式を売却して反対の意思を表明するウォールストリート・ルールに従うにしても、長年の赤字事業への投資にもかかわらず、ソニーの外国人持ち株比率はそれほど減っていない。さらに、負債比率が70％のソニーも赤字のエレクトロニクス部門への投資はやまない。

　唯一の例外は、投資先のソニーに映画・娯楽部門の分離などの経営改革案を突きつけたアクティビスト・ファンドのサード・ポイントの事例である。2014年7月、サード・ポイントの圧力をかわすために、13年度の売上高4182億円に対して営業損益917億円赤字（事業収束費を含む）のパソコン事業を投

資ファンドの日本産業パートナーズに譲渡した。ちなみに、サード・ポイントはアップルにも株主への利益還元の要求を突きつけた物言う株主である。

80年代の米国企業と同様に、日本企業も不採算事業に資金を投入し続けてきている。これこそもうひとつの「失われた10年」の真相かもしれない。この事実は、Jensenが指摘する退出の難しさを示唆するものである。企業経営に規律を与える要素のうち、法制度や政府政策、製品市場、取締役会をはじめとする内部コントロールシステムは、いずれも早期退出に有効といえない。退出を促すには、資本市場と経営コントロール権市場のほうが有効である。米国の1980年代の資本市場は敵対的買収と特徴づけられ、主要上場会社が半数以上公開買付を経験していた。とりわけ、対象会社の資産を担保にジャンクボンドで資金を調達するレバレッジド・バイアウト（LBO）という手法が考案され、業績改善や株主価値の向上に貢献した。

日本経済が長年低迷していたことから、スティールのようなアクティビスト投資家が日本に進出して、敵対的買収を仕掛けていたが、株式持ち合いの下での買収防衛策の発動に終わってしまった（胥・田中、2009）。サード・ポイントの事例からわかるように、赤字部門から早期退出を促すには外国人機関投資家よりも外国アクティビストの存在が不可欠である。より重要なことは、「3年連続で赤字」より早い段階で物言う株主のチェック機能である。現に、高収益のアップルの成長率が低下すると株価が下落した時点で、サード・ポイントは自社株買いなどの株主還元の要求を突きつけた。前述の通り、大手電機メーカーの赤字部門への投資に対して、株式市場は素直に反応して株価を下げている。もうひとつの失われた10年から脱出するために、今こそ「濫用的買収者」の役割を再評価すべきである。株主アクティビズムが広がれば、米国や英国でみられた機関投資家とアクティビスト投資家の協働も期待される。

長年の赤字事業への投資は従業員の利益にもならない。IBMは2005年にパソコン部門を17億ドルでレノボに売却し、1万人の従業員はレノボに移った。05年に赤字転落した電子デバイス事業への投資にもかかわらず、NECは09年と11年にそれぞれ2万人、1万人規模の人員削減案を発表した。結局、11年にようやくパソコン部門をレノボに統合し、16年7月に200億円で合弁会社の株式をレノボに譲渡した。かつて世界トップ5にランクされた

NECは、早い段階で事業を譲渡し、その資金を早期退職の割増退職金の増額やIT＆ネットワーク事業へ投じていれば、IBMのように早い段階でITサービス会社に変身できたかもしれない。従業員や株主が被る不利益をより小さくできた可能性がある。

　日本のパソコン事業の変調は、専用のハードウェアを必要とせずにソフトウェアだけで日本語を表示できるDOS/Vの普及に伴って、IBMのほかコンパック、デル、ゲートウェイなどの外資系各社が日本市場に本格参入したところから始まった。以前は、日本各社が独自の日本語表示用のハードウェアを搭載したパソコンを生産していた。そのため、日本国内の機種間でもほとんど互換性はなかった。各社の独自の日本語表示用のハードウェアが海外のハードウェアやソフトウェアのメーカーにとっては日本市場への参入障壁であり、日本のメーカーにとっては日本国内と海外への重複投資であった。ネットワーク外部性とコストから、ユーザーが互換性のあるDOS/V搭載の格安パソコンにシフトした。

　しかしながら、競争激化にもかかわらず、NECはPC-9800シリーズの開発・販売をしばらく続けた。市場競争環境の激変を座視し続けていた結果、図4-8の98〜02年度の営業利益率から読み取れるように、NECは低収益に喘いでいた。もちろん、対応はDOS/V対応機種を発売することだけではなく、日本勢同士の統合・合併、IBM、デルやレノボへの統合・譲渡も視野に入れた戦略が必要であった。ただし、他社との統合・合併などの早期改革を実行しようとすれば、多くの従業員の新しい会社への移籍に対する抵抗で社長の座から追われる覚悟が必要である。すなわち、早期改革が裏目に出た場合に、キャリアに傷がつき会社を去らなければならない。さらに、労働組合による経営介入が強ければ強いほど早期改革が難しくなる。結局、自分のキャリアに傷がつくことを恐れて、経営者はジリ貧になる事業を放置しがちである。

　パソコンなどの赤字や低採算事業への投資を早めに打ち切り、代わりにIT＆ネットワークサービス事業に資源を振り向けていれば、情報通信技術（Information and Communication Technology: ICT）産業の発展を促した可能性も考えられる。その結果、日本企業のICT投資の不足による生産性の停滞が避けられたかもしれない。Fukao, Ikeuchi, Kim and Kwon（2015）は、ビジ

ネス・プロセス・アウトソーシング（BPO）市場の未発達とICT専門家の不足という日本経済の二つの特徴により、小規模企業が直面するICT投入価格が割高になっている可能性を指摘している。NECの赤字のデバイス部門への投資は、IT＆ネットワーク部門の成長を妨げたことが図4-4からみてとれる。赤字部門への投資が黒字高成長部門の成長を妨げる点は、ゾンビ企業の存在が健全企業の投資と雇用成長を妨げるというCaballero, Hoshi and Kashyap（2008）の実証分析結果とも整合的である。

　赤字部門からの早期撤退は、裏返せばリスクテイキングになる。むしろ、赤字になってからでは遅すぎるので、低採算・低成長なら黒字でも撤退の戦略が必要である。とりわけ、円安頼みで黒字転換したエレクトロニクス部門への投資は、円高期の赤字幅を大きくするだけである。低採算・低成長の部門から従業員・資源を高採算・高成長へすばやくシフトさせることが新たな雇用・投資創出につながる。また、高採算・高成長事業を買収することも重要である。32.5%（9.8%）の米国（日本）企業が買収で営業利益半減の打開を図ったというKang and Shivdasani（1997）の実証結果から、自分の低採算事業を縮小・売却すると同時に高採算・高成長事業を買収することも重要である。図4-8から読み取れるように、過去に輝いていた赤字事業から抜け出せないまま低収益の狭いボックス圏にとどまるソニーと、赤字事業を切り捨てて営業利益率が大きく上昇した三菱電機は対照的である。これはJohn, Litov and Yeung（2008）のクロスカントリー分析の結果と整合する。

　資本市場の圧力で大胆なリスクテイキングが日本に広まれば、日本企業は収益性が改善し成長率が高まると考えられる。企業統治の視点から、低採算や赤字部門からの早期撤退などの大胆なリスクテイクは株主の利益に適っているだけでなく、雇用創出で労働者の利益にも適う。コーポレート・ガバナンス、とりわけ、資本市場のチェック機能が働けば、リッチなキャッシュフローを赤字部門に費やすことで労使間の一時の和平を買って問題を先送りするような過少リスクテイキングは緩和されることになる。適切かつ積極的なリスクテイキングの第一歩は赤字部門からの早期撤退である。赤字部門からの早期撤退を促すためには、資本市場の圧力は不可欠である。

【謝辞】本章は科学研究費補助金（課題番号：16H02027）と法政大学助成金の研究成果の一部であり、記して感謝する。なお、文責はすべて筆者に帰する。

参考文献

Caballero, R. J., T. Hoshi and A. K. Kashyap（2008）"Zombie Lending and Depressed Restructuring in Japan," *American Economic Review*, 98(5): 1943-1977.

Fukao, K., K. Ikeuchi, Y. G. Kim and H. U. Kwon（2015）"Why Was Japan Left Behind in the ICT Revolution?" RIETI discussion paper, 15-E-043.

Jensen, M. C.（1989）"Eclipse of the public corporation," *Harvard Business Review*, 67: 61-75.

Jensen, M. C.（1993）"The modern industrial revolution, exit, and the failure of internal control systems," *Journal of Finance*, 48: 831-880.

John, K., L. Litov and B. Yeung（2008）"Corporate governance and risk-taking," *Journal of Finance*, 63: 1679-1728.

Kang, J. K. and A. Shivdasani（1997）"Corporate restructuring during performance declines in Japan," *Journal of Financial Economics*, 46: 29-65.

MacKinlay, A. C.（1997）"Event Studies in Economics and Finance," *Journal of Economic Literature*, 35(1): 13-39.

Peek, J. and E. S. Rosengren（2005）"Unnatural Selection: Perverse Incentives and the Misallocation of Credit in Japan," *The American Economic Review*, 95(4): 1144-1166 (23).

Rajan, R., H. Servaes and L. Zingales（2000）"The cost of diversity: The diversification discount and inefficient investment," *Journal of Finance*, 55: 35-80.

Scharfstein, D. C. and J. C. Stein（2000）"The dark side of internal capital markets: Divisional rent-seeking and inefficient investment," *Journal of Finance*, 55: 2537-2564.

櫻川昌哉（2002）『金融危機の経済分析』東京大学出版会

胥鵬・田中亘（2009）「買収防衛策イン・ザ・シャドー・オブ株式持合い――事例研究」旬刊商事法務、1885号：4-18.

中村純一・福田慎一（2008）「いわゆる『ゾンビ企業』はいかにして健全化したのか」『経済経営研究』28(1)、日本政策投資銀行設備投資研究所

花崎正晴・松下佳菜子（2014）「コーポレート・ガバナンスと多角化行動――日本の企業データを用いた実証分析」『経済経営研究』34(5)、日本政策投資銀行設備投資研究所

星岳雄（2000）「なぜ日本は流動性の罠から逃れられないのか」深尾光洋・吉川洋編『ゼ

ロ金利と日本経済』日本経済新聞社、233-266頁

星岳雄（2006）「ゾンビの経済学」岩本康志・太田誠・二神孝一・松井彰彦編『現代経済学の潮流2006』東洋経済新報社、41-68頁

湯之上隆（2013）『日本型モノづくりの敗北』文春新書

第Ⅱ部

国際金融市場と企業の投資戦略

第5章

為替変動の不確実性と研究開発投資
日本の企業データによる実証分析

専修大学経済学部　伊藤　恵子／中央大学商学部　羽田　尚子

はじめに

　1980年代後半以降の約30年間で、東西冷戦終結や貿易自由化の推進といった国際関係上の変化や情報通信技術の進歩による輸送コストの劇的な低下などが起き、経済活動の国際化が大きく進展した。一方、日本では、長引く経済の停滞や少子高齢社会の到来により、国内市場の成長率は大きく鈍化した。こうした状況下で、多くの日本企業は国際貿易や海外直接投資などを通じて海外市場への依存度を高めてきたが、それは同時に海外市場のさまざまな不確実性に晒される度合いも高まったことを意味する。

　将来の不確実性として、国内需要のみならず、海外需要の不確実性、国内外の政策の不確実性などさまざまあり、不確実性が企業活動に及ぼす影響については理論・実証両面で多くの先行研究が存在する。先行研究では、売上や収益の不確実性と設備投資との関係を分析したものが多いが、国際貿易や海外事業を行う企業にとって、為替変動は企業収益を大きく変動させる要因のひとつであり、国際的に事業展開する企業の経営判断を困難にすると考えられる。実際、図5-1に示すように、日本の通貨「円」の実質実効為替レート指標（Real Effective Exchange Rate: REER）は1年に10％を超えて変動することもしばしばある[1]。また、世界主要通貨のREERの各年標準偏差をみる

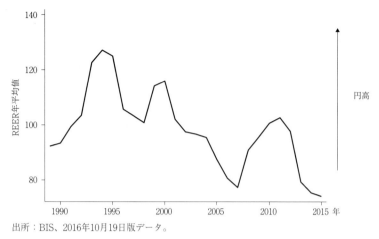

出所：BIS、2016年10月19日版データ。

図5-1　日本円の実質実効為替レート

と、日本円の標準偏差は明らかに最も大きく、他の主要通貨よりも変動の大きい通貨であることを示している（図5-2）。

また、2013年に独立行政法人経済産業研究所が実施した『日本経済の展望と経済政策に関するアンケート調査』を分析した森川（2013）によれば、回答した製造業企業の55％が為替レートについて非常に先行き不透明感があると答えている。また、65％が為替レートの不透明感が経営に非常に大きな影響があると答えている。これらの結果は、日本の多くの製造業企業が経営の意思決定に際して為替レート変動の不確実性に直面していることを示唆する。経済活動のグローバル化は、経済危機が世界中に伝播するスピードを速め、各国為替レートの大幅な変動をもたらしており、特に貿易や直接投資など国際的に事業を展開する企業にとってその影響は重大であると推察される[2]。例えば、Vannoorenberghe（2014）などは、貿易開放度と売上の変動との間に正の相関があることを示しており、いかに海外市場の不確実性に対応していくかが、企業にとって非常に重要な課題となってきている。

一方、研究開発投資は、投資のリターンそのものが非常に不確実性の高い投資であるとされている。例えばTeece（1996）は技術開発・イノベーショ

---

1) 図5-1は、国際決済銀行（Bank of International Settlements: BIS）が公表しているREER指標であり、指標の基準年は2010年である。

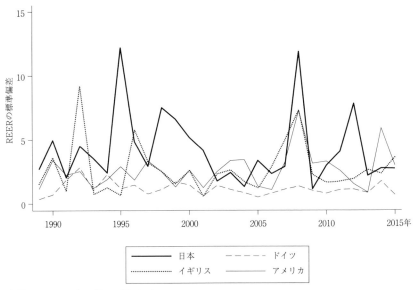

出所:BIS、2016年10月19日版データ。
図5-2 主要国における実質実効為替レート変動の推移

ン活動の特徴として不確実性を第一に挙げている。研究開発投資を行っても、新技術や新製品を発明・開発できるのかどうかは事前には不確実な場合が多く、長期に及んで研究を行わないと技術開発に至らないことも多い。また、技術開発に成功したとしても、それを商品化し、市場で受け入れられる商品となるかどうかも不確実性が高い。研究開発自体の不確実性が高いことから、企業規模や資金制約など研究開発投資の決定要因や技術開発の成功要因に関する研究も多く、資金力の弱い中小企業などは研究開発投資が難しい

---

2) 為替レート変動や不確実性に着目している研究ではないが、例えば、Carvalho (2014) は企業レベルのショックが生産ネットワークを通じて他の企業に伝播し、大きなマクロショックとなるメカニズムを議論している。つまり、生産ネットワークの国内・海外での拡大・進展により、以前よりもショックが速いスピードで増幅され、広範囲に伝播するようになったと指摘される。特に国際的生産ネットワークに参加する企業は、ショックの伝播を受けやすく、より不確実性の高い状況に置かれていると考えられる。一方、Ekholm et al. (2012) や Fung (2008) などは為替レート変動と企業パフォーマンスなどとの関係に注目しており、自国通貨価値の上昇は、企業間の競争を促進し、企業淘汰や雇用削減などのリストラクチャリングが進む可能性を示唆している。

ことが先行研究で示されている[3]。

　しかし、研究開発投資は新商品・技術の開発を促し、企業成長の源泉となるものである。経済活動のグローバル化が進展した現在、先進国の企業は途上国からの輸入品との競争にも晒されている。途上国からの輸入品との競争を回避するためにも、先進国企業は、新商品・新技術開発を積極化する必要がある (Bloom et al., 2016)。また、多くの産業で急速な技術進歩・変化が起きており、各産業のリーディング・カンパニーともいえる、先進国の巨大な多国籍企業の間でも、熾烈な製品開発競争が繰り広げられている。このように企業間競争が激化するなか、市場での競争力確保のために、研究開発投資の重要性が増している。

　そこで、本章では国際的に事業展開する企業に着目し、為替レートの不確実性が企業活動、特に研究開発活動にどのような影響を与えるかを、日本の製造業企業のデータを用いて分析する。分析の結果、実質実効為替レートの変動が大きいと、為替レート変動により大きく晒されている企業（輸出から輸入を引いた純輸出が大きい企業）は、研究開発投資により慎重になることが示された。研究開発投資は経路依存性が高い投資であるといわれており (Teece, 1996 など)、企業は、需要が増えてもすぐには研究開発投資を増やさず、また需要が減ってもすぐには研究開発を減らさない傾向がある。本章の分析からも、為替レート変動に晒されている企業ほど、より慎重で経路依存性が高い投資行動をとるという結果が確認された。このように不確実性が企業の投資行動をより慎重にさせることを、Bloom et al. (2007) などは「慎重効果 (caution effect)」と呼んでいる。こうした慎重な投資行動は、売上の不確実性と研究開発投資との関係を分析した Czarnitzki and Toole (2007, 2011) や Di Cintio and Grassi (2017) などの結果と整合的である。本章は、国際化した企業において、不確実性がもたらす「慎重効果」がより大きいことを示した点で、新しい実証結果を提供するものである。

　本章の構成は以下の通りである。第1節で、関連する先行研究を紹介した

---

[3] 資金制約と研究開発投資に関しては膨大な先行研究があるが、Hall et al. (2016) などに近年の研究も含めて整理されている。また、例えば、Caggese (2012) は、イタリア企業データを分析し、売上や利益の不確実性は、特に自己資金の割合が高い個人企業において、その研究開発活動を阻害する可能性を示している。

後、第2節で分析に用いたデータと基本的な統計量を説明する。第3節で実証分析モデルを提示し、第4節で分析結果を説明する。最後の第5節で結論を述べる。

1. 不確実性と投資行動についての先行研究

不確実性と投資行動についての理論研究の多くは、投資の不可逆性のため「リアル・オプション」がうまれることに注目する（McDonald and Siegel, 1986；Pindyck, 1991；Dixit, 1992；Dixit and Pindyck, 1994；Carruth et al., 2000など）。つまり、企業は「投資をする」というオプションを持っており、投資を行うという決定は、一つのオプションを行使することと考える。ある投資プロジェクトの将来収益について不確実性が増すと、企業は、投資を回収できなくなるという失敗を回避するため、その投資オプションをすぐには行使せず、「待って、様子をみる（wait and see）」ほうを好むかもしれない。言い換えれば、不確実性が高いときは「投資を遅らせる」というオプションの価値が高くなることを意味する。

さらに、投資の不可逆性が高いほど、企業にとって「投資を待ってさらなる情報を集める」というオプションをあきらめる機会費用が高くなる。したがって、不確実性が高まると、企業が投資を決定する際により注意深く、慎重になり、リスクに中立（ニュートラル）な企業の投資を減らすと考えられる。研究開発投資は不可逆性が高く、他への転用が難しい投資と考えられるため、不確実性は研究開発投資に負の影響を及ぼすと予想される。

Bloom（2007）は、「遅延効果（delay effect）」と「慎重効果（caution effect）」という用語を用いて、研究開発投資に対するリアル・オプション理論を説明している。不確実性が高いとき、企業は投資の意思決定を遅らせるため、マクロレベルでみた投資も減速する。これを「遅延効果」と呼んだ。「遅延効果」は、研究開発の水準が最適水準より低い場合であっても、企業は研究開発を最適水準まで増やすことを遅らせ、より時間をかけることを意味する。逆に、研究開発の水準が最適水準より高い場合であっても、研究開発を減らすことを遅らせ、時間をかける。さらに、不確実性が高いと、企業が間違った判断により損失なり費用を被ってしまう確率が高まるため、「慎重効果」

が発生し、何らかのショックに対する企業の反応が鈍くなる。つまり、不確実性が高いとき、需要の変化に対する企業の研究開発投資の変化は鈍くなり、需要が増えても（減っても）研究開発をあまり増やさない（減らさない）と考えられる。そのため、「慎重効果」は研究開発投資の経路依存性をより高めると予想される。

一方、もし、不確実性が新製品から得られる利益を増やすのであれば、不確実性は研究開発を活発にする可能性があることも指摘されている（Bloom, 2014）。企業の市場価値は、現時点での資産から得られるキャッシュフローと将来の成長から得られる価値（「成長〈growth〉オプション」の価値）との和として評価される。成長オプションの価値とは、将来の成長機会の価値であり、成長機会は企業の投資の大きさに依存して決まると考えられる。不確実性が高い場合、投資プロジェクトが成功した場合のリターンが大きいため、不確実性が投資を促進する可能性もある。研究開発投資を行う企業は、そうでない企業よりも成長機会が多いと考えられるため、不確実な市場において成功すればそのリターンも大きいと予想される。

このように不確実性と投資行動についてはさまざまな先行研究があるものの、研究開発投資に焦点を当てた実証研究はきわめて少ない。一つの例外は、Goel and Ram（2001）で、各国のインフレ率を不確実性の指標とし、マクロレベルで不確実性が研究開発支出に与える影響を分析している。ミクロレベルでは、Minton and Schrand（1999）が、Compustatの企業データを用いて分析し、不確実性と研究開発支出との間に負の関係があることを示している。Czarnitzki and Toole（2007, 2011）やDi Cintio and Grassi（2017）も、それぞれ、ドイツとイタリアの企業データを使って、同様な結果を見出している。つまり、不確実性が高いと企業は研究開発投資により慎重になるという実証結果となっている。一方、不確実性が研究開発投資を促進するという実証結果は、筆者らの知る限りでほとんどないが、唯一、Kraft *et al.*（2013）は、不確実性は、研究開発集約的な企業の株価を押し上げることを示しており、潜在的には不確実性が研究開発投資に正の効果を持つ可能性を示唆している。

これらの企業レベルの実証研究の多くは、企業売上高の標準偏差などの指標を用いて収益の変動を企業にとっての不確実性と考えており、為替レート

の不確実性を明示的に取り上げてはいない。為替レートの変動と企業の輸出、生産、雇用、生産性などとの関係を分析した研究はいくつかあるものの（Ekholm *et al*., 2012など）、為替レート変動と研究開発投資を企業レベルで分析した実証研究は、筆者らの知る限りにおいてはほとんど存在しない。特に、海外市場の不確実性に直面する企業において、不確実性が研究開発投資にどのような影響を与えるのかという問いに答えるような実証的証拠はほとんどなく、不確実性が与える影響やそのメカニズムについてはさらなる研究が求められている。

次節以降では、日本の企業レベルのパネルデータを利用し、為替レートの不確実性が「遅延効果」や「慎重効果」によって、研究投資に負の影響をもたらすのか、または、成長オプションにより正の効果をもたらすのかを検証する。

2．分析に用いるデータの概要

本章の分析には、経済産業省の『企業活動基本調査』の企業個票データを用いる[4]。『企業活動基本調査』は、製造業、鉱業、卸売・小売業、飲食店、電気・ガス業、一部のサービス業の事業所を持つ企業のうち従業者50人以上かつ資本金または出資金3000万円以上の会社を調査対象としており、常時従業員数、売上高および費用等、資産・負債および資本、研究開発支出、直接輸入・輸出額（地域別あるいは商品類別の直接輸入額・輸出額を含む）、国内外の子会社・関連会社の数といった企業活動の実態に関する情報を含んでいる。分析対象期間は、1994年から2011年の18年間とした。

本分析では、研究開発活動に対する為替レート変動の影響を検証するにあたり、BIS（国際決裁銀行）の実質実効為替レートを用いている。BISが計算している実質実効為替レートは、1964年以降、月次マクロレベルで提供されているが、産業レベルのレートは計測されていない[5]。本分析では、月次実

---

[4] 個票データを用いた分析は、統計法に基づく所定の手続きを経た上で、文部科学省科学技術・学術政策研究所（NISTEP）第一研究グループが許可した範囲内で行った。
[5] BISの実質実効為替レートは、消費者物価指数で調整した2国間の為替比率の幾何平均で算出している。ウェイトの更新は3年ごとに行われている。

質実効為替レートの各年における標準偏差を、為替レート変動の代理変数として利用する。

『企業活動基本調査』は非製造業企業も調査対象としているが、本章の分析は国際貿易を行う企業の研究開発活動に焦点を当てていることから、製造業企業のみを対象とした。このため、分析に用いる企業数は各年で約1万1000社となった。分析対象の製造業企業の約半分は研究開発投資を行っているが、そのうちの約4割の企業は、輸出も行っている。一方、分析対象企業の約3割は輸出をしており、輸出企業の約75%の企業は研究開発投資も行っている。つまり、研究開発を行っているが輸出はしていない企業も相当数存在するものの、輸出企業の大半は研究開発も行う傾向にある。

表5-1は、産業別企業数（2005年）とその割合を企業の活動別にみたものである。研究開発投資を行っている企業の割合をみると、産業により差異はあるものの、分析対象とする企業の約50%が研究開発投資を行っていることがわかる。輸出企業、輸入企業、輸出入を行っていない企業の割合についても、産業による差異はあるものの、約60%の企業は輸出も輸入も行っていない。海外直接投資を行っている企業（海外に製造業現地法人を少なくとも1社所有する企業と定義）の割合をみると、約20%の企業は海外で生産活動を行っていることがわかる。

本章では、各企業が為替リスクに晒されている程度（通貨エクスポージャー）を、輸出入の度合いを用いて計測し、分析に利用する。表5-2に通貨エクスポージャーの産業別平均値を示す。Ekholm $et\ al.$ (2012) に従い、各企業のネットの通貨エクスポージャーを、実質実効為替レートの変動が企業にどれだけの不確実性をもたらすかの程度と定義する。まず、Ekholm $et\ al.$ (2012) で説明されているように、産出量を一定としたとき、実質実効為替レートの変化に対する売上高の弾力性は、企業の輸出シェア（売上高に対する直接輸出額の比率）と等しくなる。企業 i の輸出シェアを λ_i で表すと、実質実効為替レートの1%の上昇は、売上高の λ_i %の低下をもたらす。同様に、中間財投入量を一定としたとき、実質実効為替レートに対する費用の弾力性は、企業の輸入シェア（費用に対する直接輸入額の比率）と等しくなる。企業 i の輸入シェアを $\tilde{\lambda}_i$ で表すと、中間財投入量と中間財価格を所与としたとき、実質実効為替レートの1%の上昇は、費用の $\tilde{\lambda}_i$ %の低下をもたらす。生産

表5-1 産業別企業数と企業属性（2005年）

	産業	企業数	産業別分布（%）	研究開発活動を行っている企業の割合（%）	輸出を行っている企業の割合（%）	輸入を行っている企業の割合（%）	輸出入を行っていない企業の割合（%）	海外直接投資を行っている企業の割合（%）
1	食品製造業	1,326	12.1	47.7	9.9	13.2	82.4	9.1
2	繊維製造業	450	4.1	36.7	18.7	28.0	68.0	19.3
3	木材・木製品製造業	237	2.2	43.0	11.8	38.8	58.6	13.9
4	パルプ・紙製造業	328	3.0	29.9	14.3	15.5	77.4	12.2
5	出版・印刷製造業	510	4.6	13.1	7.6	6.3	89.8	5.5
6	総合化学・化学繊維製造業	239	2.2	77.4	49.8	38.1	45.6	32.6
7	油脂・塗料製造業	121	1.1	82.6	52.1	43.0	43.0	34.7
8	医薬品製造業	198	1.8	87.4	48.5	48.5	36.4	15.2
9	その他の化学製造業	233	2.1	86.7	63.1	45.5	32.6	29.2
10	石油製品・石炭製品製造業	46	0.4	73.9	60.9	58.7	28.3	15.2
11	プラスチック製品製造業	606	5.5	43.9	30.7	27.7	63.2	27.1
12	ゴム製品製造業	137	1.2	54.7	43.8	42.3	48.9	31.4
13	窯業	406	3.7	46.8	20.9	19.5	72.2	13.1
14	鉄鋼製造業	358	3.3	35.2	22.6	14.0	72.1	17.9
15	非鉄金属製造業	272	2.5	51.1	42.6	30.5	51.8	25.7
16	金属製品製造業	833	7.6	45.3	28.1	21.6	66.3	18.8
17	金属加工機械製造業	215	2.0	58.6	59.1	39.5	37.2	24.2
18	特殊産業用機械製造業	368	3.3	58.7	50.5	38.0	43.8	21.5
19	事務用機器製造業	118	1.1	65.3	36.4	38.1	50.0	22.9
20	その他の機械・同部分品製造業	664	6.0	52.1	50.8	39.5	42.6	28.8
21	産業用電気機械器具製造業	358	3.3	51.7	36.6	36.3	55.0	22.3
22	民生用電気機械器具製造業	113	1.0	54.9	36.3	38.9	53.1	25.7
23	通信機械器具・同関連機械器具製造業	206	1.9	63.6	43.2	42.2	49.0	26.2
24	電子計算機・電子応用装置製造業	181	1.6	64.1	46.4	47.5	42.5	22.1
25	電子部品・デバイス製造業	593	5.4	49.2	44.5	39.3	50.1	29.5
26	その他の電気機械器具製造業	216	2.0	65.7	48.6	36.1	44.9	22.7
27	自動車・同付属品製造業	814	7.4	45.1	36.9	28.1	59.2	34.2
28	その他の輸送用機械器具製造業	208	1.9	46.2	40.4	35.6	51.9	20.7
29	精密機械製造業	329	3.0	66.0	63.2	51.1	30.7	24.6
30	家具製造業・その他の製造業	310	2.8	56.8	42.3	43.3	45.5	23.2
	製造業計	10,993	100.0	49.8	33.4	29.7	59.2	21.2

注：研究開発活動を行っている企業とは、正の研究開発支出を報告している企業を指す。海外直接投資を行っている企業とは、海外に製造業現地法人を少なくとも1社所有する企業を指す。

物の価格で評価した実質実効為替レートが中間財の価格で評価したそれと等しいとするなら、実質実効為替レートに関する利益（＝売上高−費用）の弾力性は、輸出シェアと輸入シェアとの差 $\lambda_i - \tilde{\lambda}_i$ の関数で表すことができる。これより Ekholm *et al.*（2012）は、各企業のネットの通貨エクスポージャーを、輸出シェアと輸入シェアの差として計測している。

表5-2 産業別の通貨エクスポージャー平均値（2005年）

産業		通貨エクスポージャー（グロス）		通貨エクスポージャー（ネット）
		輸出企業の輸出比率（%）	輸入企業の輸入比率（%）	輸出比率−輸入比率（%）
1	食品製造業	4.0	16.2	-9.9
2	繊維製造業	6.2	19.8	-13.7
3	木材・木製品製造業	3.5	25.0	-22.5
4	パルプ・紙製造業	5.9	12.4	-4.8
5	出版・印刷製造業	3.2	3.6	0.2
6	総合化学・化学繊維製造業	13.0	15.0	1.4
7	油脂・塗料製造業	11.5	9.1	3.7
8	医薬品製造業	5.8	26.3	-15.7
9	その他の化学製造業	10.5	11.8	1.9
10	石油製品・石炭製品製造業	5.8	44.9	-31.8
11	プラスチック製品製造業	8.9	14.6	-3.5
12	ゴム製品製造業	11.6	17.3	-4.4
13	窯業	10.5	22.4	-7.8
14	鉄鋼製造業	7.5	15.1	-1.5
15	非鉄金属製造業	9.1	15.5	-1.8
16	金属製品製造業	8.7	15.0	-2.4
17	金属加工機械製造業	19.0	12.0	10.3
18	特殊産業用機械製造業	24.4	9.4	15.6
19	事務用機器製造業	13.1	13.9	-1.0
20	その他の機械・同部分品製造業	12.1	13.3	1.6
21	産業用電気機械器具製造業	12.3	11.3	0.9
22	民生用電気機械器具製造業	12.0	23.5	-10.3
23	通信機械器具・同関連機械器具製造業	16.2	20.9	-3.5
24	電子計算機・電子応用装置製造業	20.9	18.5	1.6
25	電子部品・デバイス製造業	22.6	23.5	1.6
26	その他の電気機械器具製造業	18.7	13.2	7.8
27	自動車・同付属品製造業	11.1	8.6	4.1
28	その他の輸送用機械器具製造業	29.3	12.7	15.2
29	精密機械製造業	19.0	20.4	2.3
30	家具製造業・その他の製造業	12.6	21.0	-6.9
	製造業計	13.4	16.3	-0.9

注：輸出比率は、売上高に対する輸出の比率を指し、輸入比率は仕入高に対する輸入の比率を指す。

　表5-2では、グロスの通貨エクスポージャーとして、輸出企業の売上高に対する直接輸出額のシェアと輸入企業の仕入高に対する直接輸入額のシェアの産業別平均値をまとめている。また、ネットの通貨エクスポージャーとして、各企業の輸出シェアと輸入シェアの差を計測し、その産業別平均値を掲載している。

　図5-3は、研究開発集約度（売上高に対する研究開発支出額の比率）と売上高

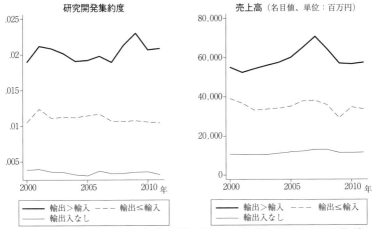

図5-3 企業タイプ別研究開発集約度平均値と売上高平均値の推移（2000～2011年）

の2000年から2011年の推移を示している。ここでは、上記の通貨エクスポージャー（ネット）の値により、企業を三つのタイプに分類している。輸出比率が輸入比率を上回る企業は、ネットの通貨エクスポージャーが正の値をとり、自国通貨高リスクに晒されている企業といえる。また、輸出比率が輸入比率と等しい、もしくは下回る企業はネットの通貨エクスポージャーがゼロまたは負の値をとり、自国通貨高リスクに晒されていない企業（円高による輸出への負の影響よりも、輸入への正の影響のほうが大きい企業）といえる。また輸出も輸入もしていない企業はネットの通貨エクスポージャーがゼロとなり、為替リスクに晒されていない企業と分類される。

まず、左の研究開発集約度平均値の推移をみると、自国通貨高リスクに晒されている「輸出＞輸入」企業では、2000年代初めから半ばにかけては多少下落傾向にあるが、2000年代終盤から上昇傾向がみられる。しかし、自国通貨高リスクに晒されていない「輸出≦輸入」企業や輸出入を行っていない企業では、研究開発集約度が一定あるいは若干低下傾向にある。

右の売上高平均値の推移をみると、自国通貨高リスクに晒されている「輸出＞輸入」企業では、2000年代初めから半ばにかけては上昇傾向にあるが、2000年代終盤に大幅に減少している。これは、図5-1の通り、2000年代半ば

頃までは円安傾向が続き、輸出企業に有利な状況であったことも反映しているであろう。しかし、図5-3の左右のグラフを比較してみると、売上高の上昇傾向が続いたこの時期に、研究開発集約度はむしろ減少傾向にある。売上が落ち込んだ2007年から2009年にかけては、研究開発集約度は増加の傾向がみられる。上にも述べたように、研究開発投資は、経路依存性が高く、長期的視野に基づく傾向があるので、売上の増減に伴ってすぐに研究開発投資を増減させるような性格のものではない。図5-3の左右のグラフの差はこのような研究開発投資の性格を反映したものかもしれない。一方、自国通貨高リスクに晒されていない「輸出≦輸入」企業や輸出入を行っていない企業では、売上高の変動も比較的小さい。

3．実証分析

本節では、実質実効為替レートの変動が、企業の研究開発活動にどのような影響を及ぼしているのかを分析するための定式化と推定方法を説明する。Bloom *et al.*（2007）は、市場の需要、企業の資本ストック、不確実性により投資のリターンが決定されると考え、企業の投資の意思決定プロセスを表すモデルを構築している[6]。Bloom（2007）では同様な式を適用して、研究開発投資と不確実性との関係を検証している。我々も Bloom（2007）に倣い、以下の式を推定する。

$$RDINT_{it} = \alpha_0 + \beta_1 RDINT_{i,t-1} + \beta_2 \Delta \ln Y_{it} + \beta_3 EXREERSD_{it}$$
$$+ \beta_4 RDINT_{i,t-1} * EXREERSD_{it} + \beta_5 \Delta \ln Y_{it} * EXREERSD_{it} + X_{it} + \varepsilon_{it}$$

$RDINT_{it}$ は、企業 i の t 年の売上高に対する研究開発支出の割合（研究開発集約度）、$\Delta \ln Y_{it}$ は、$t-1$ 年から t 年にかけての企業 i の売上高の成長率を表している。$EXREERSD_{it}$ は企業 i の t 年の実質実効為替レートの変動に

---

[6] Bloom *et al.*（2007）は、収入、調整費用、将来の収益に関する期待によって企業の投資利益が定まるとし、企業利益を最大にするように投資の意思決定を行うと仮定している。今期の収入と調整費用は需要、資本（ストック）、投資（フロー）の関数で表現できるものとし、将来の投資利益は将来の需要、今期の資本（ストック）、投資（フロー）、減耗率および割引率、将来に関する不確実性の関数で表現できるものと想定している。

晒されている度合いを表す変数であり、我々が最も注目する変数である。ネットの通貨エクスポージャーが大きい企業ほど、実質実効為替レートの変動に対してより大きな不確実性に直面していると推測される。このため、具体的には、BISの実質実効為替レート（REER）の月次データの標準偏差に、企業 i の t 年におけるネットの通貨エクスポージャーを掛けたものを $EXREERSD_{it}$ として定義している。X_{it} はコントロール変数であり、企業ダミーと年次ダミー[7]、企業 i の全要素生産性（TFP）の対数値（$\ln TFP_{it}$）[8]、輸出または輸入を行っているかどうかのダミー変数（EXP_{it} または IMP_{it}）、海外製造業現地法人を所有しているかどうかのダミー変数（FDI_mfg_{it}）[9]である。FDI_mfg_{it} は、海外に製造業の現地法人を少なくとも1社所有する企業を1、そうでない企業を0とする2値変数である。さらに、企業の投資決定には資金制約が影響するため（Aghion et al., 2010；Aghion et al., 2012）、t 年の企業 i の資産に対する負債比率（$DARATIO_{it}$）も資金制約を表すコントロール変数として分析に含めている[10]。ε_{it} は攪乱項である。

第1節で述べたように、不確実性に対する「慎重効果」が働くことから、企業の研究開発活動は不確実性が高い時期には、あまり景況に反応しないと推測される。このため、不確実性が高いと、売上が伸びていても、研究開発支出の伸びは売上ほどには伸びないと考えられる（すなわち推定式の係数 $\beta_5 <$ 0となる）。また、不確実性に対する「遅延効果」が働くと、前期に研究開発集約度が最適値よりも低かったとしても（または高かったとしても）、今期に研究開発集約度を高める（低くする）という行動が抑制される。つまり、「遅

---

7) 年次ダミーではなく、産業ダミーと年次ダミーの交差項を含めた推定も行った。しかし、企業固定効果パネル推定では双方ほぼ同じ結果になるため、年次ダミーのみを用いている。
8) 各企業のTFPは、Good et al.（1997）の多面的TFP指数で計算している。産業 j に属する企業 i の t 年のTFPを $TFP_{i,j,t}$ と記すと、これは同じ産業 j の仮想的な代表的企業の基準年 t_0（本章の分析では2000年度とする）のTFPとの相対値により定義している。各産業の代表的企業とは、産出、投入、各生産要素のコストシェアが産業平均値と等しい仮想的な企業を指す。そして、各産業内の各企業のTFPは、この平均的な企業のTFPからの乖離として計測される。
9) 『企業活動基本調査』には海外子会社・関連会社数とその業種に関する情報があるが、子会社・関連会社の売上や従業員数に関する情報は含まれていない。子会社・関連会社の売上や従業員数の情報を得るためには他のデータベースを用いなくてはならない。
10) 資本制約の他の代理変数として、キャッシュフローを用いた推計も行っている。結果は資産に対する負債比率を用いたものとほとんど変わらなかった。

延効果」が存在する場合、前期の研究開発集約度と今期の研究開発集約度との相関が正となると推測される(推定式の係数 $\beta_4 > 0$ となる)。

本章の分析では、上記式を固定効果パネル推定とシステム GMM とで推定する。外れ値による影響を取り除くため、各変数の分布の裾にある観測値は分析対象から除外した[11]。上記式では、企業 i の研究開発集約度の 1 期ラグ ($RDINT_{it-1}$) および実質実効為替レートの不確実性との交差項 ($RDINT_{it-1}*EXREERSD_{it}$) を説明変数に含めている。これらの変数は内生変数であり、内生性バイアスを取り除くために 2 期から 4 期のラグを有効な操作変数として推定に用いている[12]。また、各年の実質実効為替レート指数も外生的な操作変数として用いている。

さらに、企業属性と「成長オプション効果」の有無との関係をみるため、海外に製造業現地法人を持つ企業に海外の子会社・関連会社の保有タイプと実質実効為替レートの不確実性との交差項も説明変数として推定式に加えている。海外に活動や市場を広げている企業ではそうでない企業と比べ、成長の機会が高くなると推測できる。このためこれらの交差項の係数は正の値をとると予想している。

4. 分析結果

表5-3は、上記の固定効果モデルの推定結果を、表5-4はシステム GMM で推定した結果を示している。第 2 節でも触れたように、多くの企業は輸出も輸入もしておらず、通貨エクスポージャーはゼロである。さらに、研究開発支出を計上しておらず、研究開発集約度がゼロとなっている企業も多い。そのため、いくつかのパターンにサンプルを分けて、基本モデルを推定している。表5-3、表5-4の列(2)と(3)はそれぞれ、輸出または輸入を行っている企業のみのサンプルで推定した結果、研究開発支出を計上している企業のみ

---

[11] 資産-負債比率および TFP の値が上下 1 %の企業、研究開発集約度が上位 1 %の企業を外れ値として分析から外している。分析対象サンプルの基本統計量は付表5-1に記した。

[12] 売上の成長や TFP などの他の変数の内生性についても同様にチェックしている。しかし、これらの変数も内生扱いにした場合、過剰識別性に関する Hansen テストによって当該モデルは棄却される。

表5-3 為替レート変動と研究開発投資 (固定効果モデル推定)

被説明変数:RDINT (研究開発支出/売上高)

説明変数	(1) 全企業	(2) 輸出または輸入を行っている企業	(3) 研究開発活動を行っている企業	(4) 海外直接投資を行っている企業
L.RDINT	0.4460***	0.3990***	0.4150***	0.4360***
	(0.0086)	(0.0115)	(0.0089)	(0.0152)
D.lnY	−0.0033***	−0.0056***	−0.0073***	−0.0063***
	(0.0002)	(0.0004)	(0.0003)	(0.0005)
EXREERSD	0.0001**	0.0001	0.0001	0.00004
	(0.0001)	(0.0001)	(0.0001)	(0.0001)
L.RDINT*EXREERSD	0.0054	0.0047	0.0035	0.0092*
	(0.0043)	(0.0048)	(0.0044)	(0.0053)
D.lnY*EXREERSD	−0.0014***	−0.0012***	−0.0018***	−0.0018***
	(0.0003)	(0.0003)	(0.0003)	(0.0004)
DARATIO	−0.0015***	−0.0025***	−0.0028***	−0.0031***
	(0.0003)	(0.0008)	(0.0007)	(0.0010)
lnTFP	−0.0010***	−0.0017***	−0.0020***	−0.0006
	(0.0003)	(0.0006)	(0.0005)	(0.0008)
FDI_mfg	0.0001	0.0003	−0.00002	
	(0.0002)	(0.0003)	(0.0002)	
IMP	0.0003**	−0.0001	0.000001	0.0004
	(0.0001)	(0.0002)	(0.0002)	(0.0003)
EXP	0.0006***	0.0004*	0.0005***	0.0006**
	(0.0001)	(0.0002)	(0.0002)	(0.0002)
企業固定効果	Yes	Yes	Yes	Yes
年次ダミー	Yes	Yes	Yes	Yes
観測数	154,719	52,549	77,409	30,469
決定係数	0.210	0.175	0.215	0.208
企業数	18,244	8,152	10,913	4,167

注:カッコ内は企業レベルでクラスタ修正された標準誤差。***、**、*はそれぞれ、有意水準1%、5%および10%レベルを示す。

のサンプルで推定した結果である。そして、表5-3の列(4)は、海外に製造業現地法人を1社以上保有する企業のみのサンプルで推定した結果である。

表5-3の結果から見てみよう。まず、1期前の研究開発集約度 (L. RDINT) は、すべての列で正で有意な係数が推定され、研究開発活動は持続性が高いことが確認できる。為替レートの不確実性 (EXREERSD) の係数は正の値が推定されたが、統計的に有意なのは列(1)のみである。つまり、

表5-4　為替レート変動と研究開発投資（システム GMM 推定）

被説明変数：RDINT（研究開発支出／売上高）

説明変数	(1) 全企業	(2) 輸出または輸入を行っている企業	(3) 研究開発活動を行っている企業	(4) 海外直接投資を行っている企業
L. RDINT	0.2360***	0.2100***	0.2390***	0.1900***
	(0.0332)	(0.0440)	(0.0352)	(0.0573)
D. lnY	0.0034	−0.0040	0.0005	0.0080
	(0.0081)	(0.0086)	(0.0089)	(0.0135)
EXREERSD	−0.0006	−0.0012	−0.003	0.0010
	(0.0025)	(0.0024)	(0.0023)	(0.0027)
L. RDINT*EXREERSD	0.0152	0.0258	0.0675	−0.0323
	(0.0505)	(0.0472)	(0.0456)	(0.0537)
D. lnY*EXREERSD	−0.0055**	−0.0045*	−0.0059**	−0.0086***
	(0.0024)	(0.0024)	(0.0027)	(0.0032)
DARATIO	−0.0298	−0.0280	−0.0254	−0.0127
	(0.0323)	(0.0331)	(0.0320)	(0.0373)
lnTFP	−0.0468**	−0.0444**	−0.0528**	−0.0548**
	(0.0213)	(0.0220)	(0.0233)	(0.0277)
IMP	0.0111	0.0076	0.0105	0.0131
	(0.0075)	(0.0088)	(0.0074)	(0.0097)
EXP	0.0105	−0.0025	0.0084	0.0110
	(0.0010)	(0.0109)	(0.0106)	(0.0139)
FDI_mfg	0.0109	0.0147	0.0154	
	(0.0129)	(0.0139)	(0.0129)	
AR(1)(p 値)	0.000	0.000	0.000	0.000
AR(2)(p 値)	0.319	0.205	0.434	0.874
Hansen テスト（p 値）	0.162	0.092	0.366	0.832
観測数	128,459	47,141	65,233	26,337
企業数	16,073	7,435	9,694	3,809

注：one-step 推定による係数と標準誤差（カッコ内）を示す。自己相関と分散不均に対して頑健な標準誤差を報告している。推定には年次ダミーも含まれている。
　　***、**、*はそれぞれ、有意水準1％、5％および10％レベルを示す。

不確実性が研究開発投資を促進するという「成長オプション」仮説は強く支持されない結果である。

　売上の成長率（$D.\ln Y$）の係数は、負で有意であり、売上が増えると研究開発集約度は低くなるという関係を示唆している。これは、研究開発活動は長期的視野で行われることが多く、売上の変動に対応して即座に増やしたり

表5-5　為替レート変動と研究開発投資（「成長オプション」効果の検証）

被説明変数：RDINT（研究開発支出／売上高）

説明変数	(1) 全企業	(2) 輸出または輸入を 行っている企業	(3) 研究開発活動を 行っている企業
L. RDINT	0.4460***	0.3990***	0.4150***
	(0.0086)	(0.0115)	(0.0089)
D. lnY	−0.0033***	−0.0056***	−0.0073***
	(0.0002)	(0.0004)	(0.0003)
EXREERSD	0.0001	0.0001	0.0001
	(0.0001)	(0.0001)	(0.0001)
EXREERSD*FDI_mfg	0.0001	−0.00003	0.0001
	(0.0001)	(0.0001)	(0.0002)
L. RDINT*EXREERSD	0.0053	0.0048	0.0034
	(0.0044)	(0.0049)	(0.0044)
D. lnY*EXREERSD	−0.0014***	−0.0012***	−0.0018***
	(0.0003)	(0.0003)	(0.0004)
DARATIO	−0.0015***	−0.0025***	−0.0028***
	(0.0003)	(0.0008)	(0.0007)
lnTFP	−0.0010***	−0.0017***	−0.0020***
	(0.0003)	(0.0006)	(0.0005)
IMP	0.0003**	−0.0001	−0.000002
	(0.0001)	(0.0002)	(0.0002)
EXP	0.0006***	0.0004*	0.0005***
	(0.0001)	(0.0002)	(0.0002)
FDI_mfg	0.0001	0.0003	−0.00002
	(0.0002)	(0.0003)	(0.0002)
企業固定効果	Yes	Yes	Yes
年次ダミー	Yes	Yes	Yes
観測数	154,719	52,549	77,409
決定係数	0.210	0.175	0.215
企業数	18,244	8,152	10,913

注：カッコ内は企業レベルでクラスタ修正された標準誤差。***、**、*はそれぞれ、有意水準1％、5％および10％レベルを示す。

減らしたりしない性格のものであることを反映しているかもしれない。売上の成長率と為替レートの不確実性との交差項（D.lnY*EXREERSD）は負で有意な係数が推定された。これは、為替レートの不確実性が高いとき、企業は売上が伸びていてもあまり研究開発を増やさないことを示唆しており、「慎

重効果」(不確実性が大きいとき、企業が研究開発投資により慎重になる)の存在を示すものといえる。

しかし、1期前の研究開発集約度と為替レートの不確実性の交差項の係数はほとんどの場合で統計的に有意でない。つまり、不確実性が高いときに研究開発投資を遅らせるという「遅延効果」を示す統計的証拠はみられない。

表5-4をみると、売上の成長率の係数が統計的に有意でなくなった一方、売上の成長率と為替レートの不確実性との交差項（$D.\ln Y^{*}EXREERSD$）は依然として負で有意である。これらの推定結果から、不確実性が高いとき、「慎重効果」により、研究開発投資は需要の変化に対してさらに感応度が低くなることが示唆される。

最後に、表5-5は為替レートの不確実性と海外直接投資企業ダミーの交差項を含めた式の推定結果である。この交差項の係数も、また為替レートの不確実性の単独項の係数も統計的に有意ではない。つまり、海外でも生産活動を行い、より大きな市場で活動している海外直接投資企業についても、「成長オプション効果」は確認できない。

5．結論

本章では、為替レートの不確実性が研究開発投資に与える影響を分析・考察した。分析の結果から、為替レートの不確実性により大きく晒されている企業ほど、需要変化に対する研究開発投資の感応度が低いことが示された。研究開発投資に関するこのようなパターンは、「リアル・オプション理論」で説明できる。不確実性が高いとき、「待って、様子をみる」オプションの価値が高くなる。特に、投資の不可逆性が高い場合はそうである。不確実性が高いとき、間違った意思決定によって費用増加を招いてしまう可能性が高くなるので、企業は投資の意思決定により慎重になる。こうした「慎重効果」により、不確実性のもとでは、企業は需要ショックやまたは他の何らかの経済ショックに対して、反応が鈍くなると考えられるのである。

「慎重効果」はまた、研究開発の持続性を高める。つまり、企業は需要の増加という好ましい環境下にあっても研究開発投資をあまり増やさず、最適な研究開発投資の増加率よりも低い増加にとどまることが示唆される（逆

に、需要減の場合は、研究開発投資をあまり減らさない)。このことから、為替レートの不確実性を減らすことが研究開発投資を刺激するために重要であるといえる。特に、為替レートの不確実性に晒されている度合いの高い、海外市場に展開する企業にとって、不確実性の除去がより重要になる。

　為替レート変動の不確実性を減らすためには、為替の安定に向けた政府や金融当局のさらなる努力が重要であることはいうまでもない。しかし、その他の方法もいくつか挙げられるだろう。例えば、為替レート変動のリスクをヘッジする方法やリスク管理について、公的・民間金融機関が積極的に支援やアドバイスを行うことも有効かもしれない。特に、中小規模の製造業企業には、為替管理のエキスパートといえる人材がきわめて少ない。研究開発志向の中小企業の輸出促進を図るには、リスク管理サポートが必要であろう。また、企業の研究開発投資と事業の国際化を同時に促進していくためには、輸出促進政策と並行して、特許や研究開発補助金に関する制度の強化を図ることも求められる。特許や研究開発補助金などは、直接的に為替レートの安定をもたらすものではないが、不確実性による影響を緩和する効果を持つのではないかと期待される。例えば、Czarnitzki and Toole (2011) は、事業環境の不確実性が企業の投資の意思決定に負の影響を与えることを示しているが、特許によって技術を保護することにより、その負の影響を減らせる可能性があることを見出しており、Czarnitzki and Toole (2007) は研究開発補助金も不確実性による負の影響を緩和する可能性があることを示唆している。

　日本政府は近年特に中小企業の国際化促進に力を入れている。しかし、為替レートの不確実性を含む、海外市場のさまざまな不確実要素の影響にどう対応するかという点も考慮しなければ、いくら国際化の旗振りをしても海外市場に参入する中小企業は増えていかないであろう。本章の分析結果が示唆するように、為替レートの不確実性が高いなかで、海外展開を強く推し進めると、研究開発投資などの活動を抑制してしまうかもしれない。研究開発投資を促進するインセンティブシステムも同時に整備し、不確実性による負の影響を緩和するような制度の構築が重要であろう。

　最後に、本章の分析では、不確実性が研究開発投資を促すという「成長オプション効果」を示す結果は得られなかった。不確実性のもとでは、研究開発に成功した場合のリターンも大きい可能性があるため、リスクをとって研

究開発を積極化する場合もあるかもしれない、という仮説であるが、それを支持する結果は得られなかった。「成長オプション効果」の存在を示唆する Kraft et al. (2013) とは分析の方法や指標も異なるため直接的に比較することは難しく、また「成長オプション効果」についての先行研究はまだきわめて少ないため、この効果の有無を結論づけるのは尚早である。しかし、本章の冒頭で述べたように、経済活動のグローバル化が進展するなかで、企業がさまざまなタイプのリスクや不確実性に直面する場面は増加しており、「成長オプション効果」についてもより深くかつ幅広く研究していく必要があろう。リスクや不確実性に対応する企業行動についての、さらなる研究・分析が求められる。

【謝辞】本章は、法政大学比較経済研究所における研究成果に加えて、東アジア・アセアン経済研究センター（ERIA）、文部科学省科学技術・学術政策研究所（NISTEP）における筆者らの研究成果の一部を組み入れて執筆したものである。また、本章は、科学研究費補助金（課題番号：23683003）の助成を受けている。本章で述べられている見解は筆者個人のものであり、法政大学比較経済研究所、東アジア・アセアン経済研究センター、文部科学省科学技術・学術政策研究所としての見解を示すものではない。

付表5-1　基本統計量

変数	観測数	平均値	標準偏差	最小値	最大値
RDINT	201,636	0.0088	0.0176	0	0.1151
L. RDINT	169,993	0.0091	0.0179	0	0.1151
D. lnY	171,708	0.0003	0.2096	-4.7395	5.9971
EXREERSD	203,672	-0.0044	0.6822	-11.7415	11.7407
L. RDINT*EXREERSD	169,992	0.0011	0.0211	-0.9042	0.8271
D. lnY*EXREERSD	171,707	0.0004	0.1866	-17.0589	9.0777
DARATIO	197,821	0.6664	0.2356	0.1018	1.4051
lnTFP	190,547	0.0589	0.1685	-0.3662	0.7292
FDI_mfg	203,673	0.1844	0.3878	0	1
IMP	203,673	0.2259	0.4182	0	1
EXP	203,673	0.2617	0.4395	0	1

参考文献

Aghion, P., G.-M. Angeletos, A. Banerjee and K. Manova (2010) "Volatility and Growth: Credit Constraints and the Composition of Investment," *Journal of Monetary Economics*, 57(3): 246-265.

Aghion, P., P. Askenazy, N. Berman, G. Cette and L. Eymard (2012) "Credit Constraints and the Cyclicality of R&D Investment: Evidence from France," *Journal of the European Economic Association*, 10(5): 1001-1024.

Bloom, N. (2007) "Uncertainty and the Dynamics of R&D," *American Economic Review*, 97(2): 250-255.

Bloom, N. (2014) "Fluctuations in Uncertainty," *Journal of Economic Perspectives*, 28(2): 153-176.

Bloom, N., S. Bond and J. Van Reenen (2007) "Uncertainty and Investment Dynamics," *Review of Economic Studies*, 74(2): 391-415.

Bloom, N., M. Draca and J. Van Reenen (2016) "Trade Induced Technical Change? The Impact of Chinese Imports on Innovation, IT and Productivity," *Review of Economic Studies*, 83: 87-117.

Caggese, A. (2012) "Entrepreneurial Risk, Investment, and Innovation," *Journal of Financial Economics*, 106: 287-307.

Carruth, A., A. Dickerson and A. Henley (2000) "What Do We Know about Investment under Uncertainty?" *Journal of Economic Surveys*, 14(2): 119-153.

Carvalho, V. M. (2014) "Micro to Macro via Production Networks," *Journal of Economic Perspectives*, 28(4): 23-47.

Czarnitzki, D. and A. A. Toole (2007) "Business R&D and the Interplay of R&D Subsidies and Product Market Uncertainty," *Review of Industrial Organization*, 31(3): 169-181.

Czarnitzki, D. and A. A. Toole (2011) "Patent Protection, Market Uncertainty, and R&D Investment," *The Review of Economics and Statistics*, 93(1): 147-159.

Di Cintio, M. and E. Grassi (2017) "Uncertainty, Flexible Labour Relations and R & D," *Metroecoromica*, 68(1): 91-120.

Dixit, A. K. (1992) "Investment and Hysteresis," *Journal of Economic Perspectives*, 6(1): 107-132.

Dixit, A. K. and R. S. Pindyck (1994) *Investment under Uncertainty*, Princeton, NJ, Princeton University Press.

Ekholm, K., A. Moxnes and K. H. Ulltveit-Moe (2012) "Manufacturing Restructuring and the Role of Real Exchange Rate Shocks," *Journal of International Economics*, 86(1): 101-107.

Fung, L.（2008）"Large Real Exchange Rate Movements, Firm Dynamics, and Productivity Growth," *Canadian Journal of Economics*, 41(2): 392-424.

Goel, R. and R. Ram（2001）"Irreversibility of R&D Investment and the Adverse Effect of Uncertainty: Evidence from the OECD Countries," *Economic Letters*, 71(2): 287-291.

Good, D., M. Nadiri and R. Sickles（1997）"Index Number and Factor Demand Approaches to the Estimation of Productivity," in H. Pesaran and P. Schmidt, (eds.) *Handbook of Applied Econometrics: Microeconomics*, Oxford, Blackwell, pp.14-80.

Hall, B. H., P. Moncada-Paternò-Castello, S. Montresor and A. Vezzani（2016）"Financing Constraints, R&D Investments and Innovative Performances: New Empirical Evidence at the Firm Level for Europe," *Economics of Innovation and New Technology*, 25(3): 183-196.

Kraft, H., E. S. Schwartz and F. Weiss（2013）"Growth Options and Firm Valuation," *NBER Working Paper*, 18836, National Bureau of Economic Research.

McDonald, R. and D. Siegel（1986）"The Value of Waiting to Invest," *Quarterly Journal of Economics*, 101(4): 707-727.

Minton, B. and C. Schrand（1999）"The Impact of Cash Flow Volatility on Discretionary Investment and the Costs of Debt and Equity Financing," *Journal of Financial Economics*, 54(3): 423-460.

Pindyck, R. S.（1991）"Irreversibility, Uncertainty, and Investment," *Journal of Economic Literature*, 29(3): 1110-1148.

Teece, David J.（1996）"Firm Organization, Industrial Structure, and Technological Innovation," *Journal of Economic Behavior and Organization*, 31: 193-224.

Vannoorenberghe, G.（2014）"International Trade, Risk Taking and Welfare," *Journal of International Economics*, 92(2): 363-374.

森川正之（2013）「政策の不確実性と企業経営」RIETIディスカッションペーパー、13-J-043、独立行政法人経済産業研究所

第6章

日本の自動車の海外現地生産化と
為替相場のパススルー

明治学院大学経済学部　佐々木 百合

はじめに

　日本の貿易収支は長きにわたり黒字が続いてきたが、図6-1のように、2011年には約30年ぶりに赤字となった。その後、2012年にはアベノミクスの影響で為替相場は大幅な円安になり（図6-2）、貿易収支が再び黒字になるのではないかと、その動向が注目されてきた。しかし実際には、アベノミクスによる円安は貿易収支をなかなか改善できないことが指摘されており、その原因として、企業の海外現地生産化が進んできたことが挙げられている[1]。本章では、企業の海外現地生産化が、円安が貿易収支改善に与える影響を弱めたのかどうかをいくつかの点から分析する。

　具体的にはまず、現地生産の増加が与えるパススルーへの影響について理論的に考察する。次に為替相場が輸出価格にどれくらい浸透するか、というパススルー率に与える影響を実証的に調べる。現地生産が増加すれば、生産コストも現地通貨建てになり、為替相場の現地通貨建て価格へのパススルー

---

[1] 例えば現代ビジネス（2014）には、以下のように書かれている。「輸出で特に期待外れなのは、円高が是正されたにもかかわらず、一向に輸出の数量が増えていないことだ。（中略）明らかに、これは『アベノミクスの誤算』と呼ぶべき現象だろう。原因は、過去数年間に製造業が進めた生産拠点の海外移転（空洞化）と、新興国をはじめとした海外諸国の成長の減速にあるとみられる」

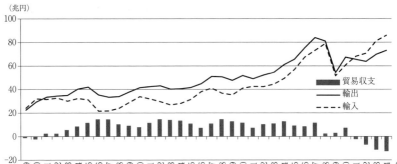

出所：日本銀行ホームページのデータより筆者作成

図6-1　日本の輸出入と貿易収支の推移

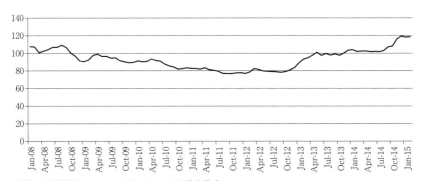

出所：日本銀行ホームページのデータより筆者作成

図6-2　円ドル相場の推移（東京市場　ドル・円　スポット　17時時点／月中平均）

率は低下することが考えられる。このようなパススルー率の低下が起こると、為替相場が変化しても価格の変化が起こらないために、輸出入の調節、つまり貿易収支の調節は起こりにくくなると考えられる。

　本章では、上記分析をするために、日本の自動車産業を取り上げる。輸送機器は日本の輸出の1割以上を占める代表的な産業であり、部品を除けばその製品の種類は相当限られていることから分析対象に適しており、これまでも同種の研究でたびたび取り上げられてきている。第1節ではまず、日本の自動車産業について、また、その海外生産の増加について説明する。第2節では、理論的に現地生産の増加がパススルーに与える影響を考察する。第3

節では、データ分析を通して、第2節で考えた仮説を検証する。第4節では結論を述べる。

1．日本の自動車産業について

日本の自動車産業の特徴

　日本の最初の自動車は1901年に輸入された蒸気自動車で、初めての国産自動車は1904年につくられたやはり蒸気自動車であった。フランスで蒸気自動車が発明されたのはこれより100年以上前のことで、イギリスやアメリカでも蒸気自動車は発展し、量産化も進み始めた頃である。また、1886年にはダイムラー社が世界で最初のガソリン四輪車を発明していた。そのように大変な遅れをとってスタートした日本の自動車産業であったが、第二次大戦後に生産が一時中止されていたものの、めざましい発展を続けた。高度成長期には高速道路も整備され、大衆車も普及した。1980年代には貿易摩擦の中心になるほどに輸出も増加し、主力産業となった。

　図6-3には日本の製造業の産業別シェアが示されているが、全体の2割強が輸送用機器で、その多くを自動車が占めている。自動車といっても、ここには部品も含まれている。自動車の生産には多種多様な部品が必要で、さまざまなタイプの企業が関わっているのも特徴である。図6-4には日本の輸出の産業別シェアが示されている。輸送用機器が20％近くを占め、自動車がそのうちのほとんどである。

　このような日本の自動車産業の中で、どのような企業が具体的に生産しているのかを示したのが表6-1である。表6-1をみると、1位がトヨタ、2位が日産、3位がホンダとなっている。このトップ3といわれる3社だけで、全体の7割近くのシェアを誇る。

日本車の海外現地生産化について

　日本の製造業の海外現地生産化は継続的に進展してきている。大きな流れとしては、1980年代の欧米への進出と、1990年代以降のアジアを中心とした新興国への進出がある。まず、1980年代の欧米での生産増加については、その背景に、1985年のプラザ合意、輸出自主規制・輸入制限等の貿易制限措置

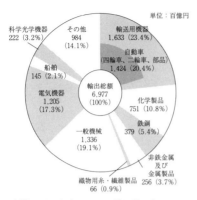

出所:JAMA ホームページのデータ

図6-3　2012年の主要製造業の製造品出荷額等

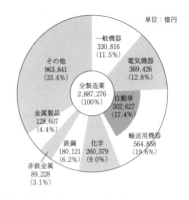

出所:JAMA ホームページのデータ

自動車製造業製造品出荷額等の内訳
- 自動車製造業（二輪車を含む）･･････････････････196,099
- 自動車車体・付随車製造業････････････････････････5,214
- 自動車部分品・付属品製造業･･････････････････301,314

図6-4　2013年の主要商品別輸出額

(F.O.B.ベース)

表6-1　グローバル生産台数（2013年度〈2013年4月〜2014年3月〉）

1位	トヨタ自動車グループ	1,023万6,055台
2位	日産自動車	507万8,081台
3位	本田技研工業	440万3,072台
4位	スズキ	285万6,849台
5位	マツダ	126万9,296台
6位	三菱自動車	126万8,973台
7位	富士重工業（スバル）	81万3,422台

出所:JAMA ホームページのデータ

の増加、ヨーロッパの経済統合への動き、がある。1985年のプラザ合意により、為替相場が大きく円高ドル安になり、日本の輸出産業は価格競争力が著しく低下した。生産を効率化して費用を下げるなどして、輸出価格の高騰を避ける努力がなされるとともに、北米を中心とした海外現地生産化が進んだ。当時はアメリカとの貿易摩擦も大きく、輸出自主規制や海外での輸入制限が行われていた。そのため、輸出を減らして現地生産をする動きがますます加速した。さらに、1992年に欧州が市場統合するというニュースが注目され、欧州でも統合を見据えた動きが活発化していた。その対策として欧州での現地生産も進んだ。

表6-2　自動車の海外生産の国別実績値とシェア（単位：台・％）

1998年度

	台数	シェア(％)
アジア	1,580,087	27
中近東	19,253	0
欧　州	871,017	15
北　米	2,900,147	49
（アメリカ）	2,301,016	39
中南米	247,643	4
アフリカ	143,077	2
大洋州	125,575	2
合　計	5,886,799	100

2015年度

	台数	シェア(％)
アジア	9,599,901	52
中近東	324	0
欧　州	1,651,717	9
北　米	4,925,545	27
（アメリカ）	3,923,666	21
中南米	1,835,467	10
アフリカ	197,068	1
大洋州	95,198	1
合　計	18,305,220	100

出所：JAMAウェブサイトのデータより筆者作成

　自動車産業は輸出主力産業として、これらの影響を大きく受け、欧米、特にアメリカを中心に現地生産台数を増加させた。表6-2は1998年度の日本車の海外現地生産を地域別にみているが、1980年代からの動きを受けて、北米のシェアが49％、欧州のシェアが15％となっている。

　その後、1990年代には再び円高となり、生産コストを低下させるために、賃金の低いアジア地域に生産拠点を移す動きが加速し始めた。さらに、当時東アジアの奇跡といわれたように、東アジアを中心に経済発展がめざましくなり、アジアの現地市場の獲得を目的とした直接投資も増加した。表6-2には2015年度の自動車の地域別海外生産台数・シェアも示されているが、アジアのシェアが増加し、52％となり、アメリカ、欧州は相対的に低下して21％、9％にそれぞれなっている。海外生産台数自体が1998年度から2015年度にかけて3倍以上になっているが、アジアについては6倍程度伸びている。

　図6-5は自動車の海外生産の国別シェアの推移を示したものである。地域別でなく、国別でみると依然としてアメリカのシェアが大きいことが確認できる。また、中国のシェアが目立って大きくなってきていることも確認できる。点線は海外生産比率を示しているが、右肩上がりで推移していることがわかる。

　次に、日本の各自動車メーカーの海外生産比率を見てみよう。表6-3には

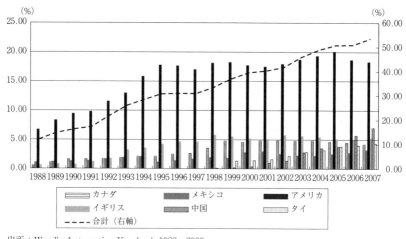

出所:Ward's Automotive Yearbook 1988～2009

図6-5　自動車の国別海外生産比率の推移

表6-3　国内自動車メーカーの海外生産比率 (2014年上期〈1～6月〉)

	海外生産(台)	国内生産(台)	海外生産比率(%)
トヨタ自動車	2,813,574	1,687,201	63
日産自動車	2,165,648	457,571	83
本田技研工業	1,763,365	524,003	77
スズキ	1,004,839	543,855	65
三菱自動車	308,166	333,598	48
ダイハツ	267,719	423,420	39
マツダ	154,385	487,862	24
富士重工業(スバル)	85,665	336,651	20

出所:各社発表データ

　国内主要メーカーの海外生産台数、国内生産台数、海外生産比率が示されている。これをみると、トヨタは63%、日産が83%、ホンダが77%と、どこも海外生産のほうが大きいことがわかる。表6-4には、トヨタの海外進出の略歴が示されている。これをみると、1957年には早くも米国に販売会社を設立しているが、生産活動が本格的に始まったのは1980年代である。1980年代には欧州にテクニカルセンターを設立、1990年代には欧州でも生産を開始して

表6-4 トヨタの海外進出 (戦後~2003年)

1957	米国トヨタ自動車販売(株)設立
1958	トヨタドブラジル S.A. 社（ブラジルトヨタ）操業開始
1962	トヨタモータータイランド社設立
1977	トヨタテクニカルセンター U.S.A 設立
1984	米国でのトヨタ GM 合弁会社 New United Motor Manufacturing, Inc.（NUMMI）生産開始
1987	欧州テクニカルセンター設立
1988	TMM ＜現 Toyota Motor Manufacturing, Kentucky, Inc.（TMMK）＞生産開始
1989	米国レクサス店設立
1990	Toyota Motor Marketing and Engineering（TMME）設立
1992	Toyota Motor Manufacturing（UK）, Ltd.（TMUK）生産開始
1998	フランス新工場建設を発表 Toyota Motor Manufacturing Indiana, Inc.（TMMI）／Toyota Motor Manufacturing, West Virginia, Inc.（TMMWV）操業開始 天津トヨタ自動車エンジン有限会社操業開始
1999	トヨタ・キルロスカ・モーター社操業開始
2000	金融統括会社「トヨタファイナンシャルサービス（株）」設立 四川トヨタ自動車有限会社生産開始
2001	Toyota Motor Manufacturing France S.A.S.（TMMF）生産開始 Toyota Motor Manufacturing, Alabama, Inc.（TMMAL）設立
2002	F1 参戦 Toyota Peugeot Citroën Automobile Czech, s.r.o.（TPCA）設立 Toyota Motor Manufacturing Poland SP.zo.o.（TMMP）生産開始 Toyota Motor Manufacturing de Baja California S.de R.L.de C.V.（TMMBC）設立 Toyota Kirloskar Auto Parts Private Ltd.（TKAP）設立、生産開始 天津トヨタ自動車有限会社生産開始 Toyota Motor Industries Poland SP.zo.o.（TMIP）設立
2003	Toyota Motor Manufacturing, Texas, Inc.（TMMTX）設立 一汽トヨタ自動車販売有限会社を設立 Toyota Motor Manufacturing, Alabama, Inc.（TMMAL）生産開始
他多数	

出所：トヨタ自動車株式会社ウェブサイトより抜粋

いる。その後、2000年前後から中国やその他多数の国への展開が始まっている。

2．理論的考察

理論モデル

　本節では、日本企業の海外生産による外国為替相場パススルーの影響を理論的に整理する。まず、日本の i 産業の独占的企業が財をアメリカに輸出し、同時にアメリカで現地生産をしているとしよう。そのとき、この企業の利潤は、次のように表せる。

$$\pi_{it} = \pi_{it}^{Export} + S_t \cdot \pi_{it}^{ForeignP} \tag{1}$$

ただし、π_{it} は i 産業の t 期の利潤を表している。添え字の $Export$ は輸出、$ForeignP$ は外国生産の利潤を示している。これらは、価格と数量（アメリカの需要）から生産費用を引いたものとして次のように表される。

$$\begin{aligned}\pi_{it} &= \pi_{it}^{Export} + S_t \cdot \pi_{it}^{ForeignP} \\ &= P_{it}^{Yen} \cdot d_{it}^{US}\left(\frac{\frac{1}{S_t}P_{it}^{Yen}}{P_{it}^{US}}, GDP_t^{US}\right) - S_t \cdot C_{it}(d_{it}^{US}(\cdot), P_{Mt}, P_{Wt})\end{aligned} \tag{2}$$

ここで、P^{Yen} は当該生産品の円建てで表した価格を示している。d^{US} は数量、すなわちアメリカにおける当該生産品への需要を表していて、それはアメリカにおいて当該生産品と競合する財の価格 P^{US} に対する当該財のドル建ての相対価格と、アメリカの所得（GDP^{US}）に左右されると仮定する。円建て価格（P^{Yen}）をドル建てにするために、為替相場 S で割っている。また、生産費用は、数量と、中間投入財の価格 P_M と賃金 P_W によって決まると仮定する。中間投入財の価格 P_M と賃金 P_W は以下のようであるとする。

$$P_{Mt} = \alpha \cdot S_t \cdot P_{Mt}^{\$} + (1-\alpha)P_{Mt}^{Yen} \tag{3}$$

$$P_{Wt} = \alpha \cdot S_t \cdot P_{Wt}^{\$} + (1-\alpha)P_{Wt}^{Yen} \tag{4}$$

ここで、α は生産全体を 1 として、海外現地生産比率を示している。$P_M^{\$}$ は現地でのドル建ての中間財価格、P_M^{Yen} は日本での円建て中間財価格を示している。$P_W^{\$}$ は現地でのドル建ての賃金、P_W^{Yen} は日本での円建て賃金を示し

ている。

また、一物一価の条件が成立しているとする。

$$P_{it}^{\$} = \frac{1}{S_t} P_{it}^{Yen} \quad (5)$$

ここでこの企業の利潤最大化の一階の条件は以下のようになる。

$$P_{it}^{Yen} = \{1 + Mup_{it}(\theta, GDP_t^{US})\} MC_{it}(P_{Mt}, P_{Wt}) \quad (6)$$

Mup はマークアップ率を示しており、MC は限界費用を表している。

この価格に為替相場がいかに影響を与えているかをみるために、(6)式の価格を為替相場で微分して為替相場のパススルーを表すと以下のようになる。

$$\frac{\partial P_{it}^{Yen}}{\partial S_t} = MC_{it}'(\alpha \cdot P_{Mt}^{\$} + \alpha \cdot P_{Wt}^{\$}) \quad (7)$$

(7)式の値は、海外生産比率 α に左右される。

$$\frac{\partial \left(\frac{\partial P_{it}^{Yen}}{\partial S_t} \right)}{\partial \alpha} > 0 \quad (8)$$

(8)式より、海外生産比率 α が上昇すると、円建て価格に対するパススルーが高くなり、アメリカでの輸入価格へのパススルーは低下することがわかる。

$$\alpha \uparrow \Rightarrow \partial P_{it}^{Yen}/\partial S_t \uparrow \Rightarrow \partial P_{it}^{\$}/\partial S_t \downarrow$$

したがって、図6-6のように、現地生産化が進めば、中間財や生産コストの現地通貨建てコストが増加することから、為替相場が円建て価格にパススルーして、現地では価格は為替相場変動の影響を受けにくくなると考えられる。

自動車産業の海外進出とパススルー

本項では、図6-6に示したような仮説について、さまざまなケーススタディや文献から考察する。

まず、現地生産が進むことで、原材料の現地調達、現地雇用が増加して、生産費用が外貨建てになってくることが予想される。表6-5にはアジアオセアニア地域における日本の製造業全体の原材料・部品の現地調達比率が示さ

```
現地生産化がすすむ。
      ↓
現地での費用、現地での調達が増加。
      ↓
生産費用が外貨建てになる。
      ↓
外貨建ての価格は為替相場が変わっても動かさなくてよくなる。
＝円建て輸出価格は為替に合わせて動かすようになる。
      ↓
いわゆるPTM行動がとりやすくなる。
現地通貨建て価格が変わらないので、売れる数量は変化しなくなる。
貿易収支は変化しにくくなる。
```

図6-6　現地生産化とパススルーの関係

れている。これをみると、中国、タイなどの日本からの進出企業が多い国において、現地調達比率は半分を超えている。さらに、アジアの周辺国では、中国やタイで作られた部品を調達しているところも多く、それらも間接的な現地調達ということができる。また、欧州では現地調達比率をある程度以上にしなければならないという規制が早くから導入されており、近年、アジアでも、現地調達比率を高める規制を導入する国も出てきている。また、現地生産を始めたからには、コスト低減、為替リスクの抑制のためにも現地調達比率の増加を望む企業が多い。

また、雇用については、JAMA（2016）によると、例えばアメリカでは全部で15万人の雇用を日本企業が創設していると報告している。したがって、当然そこでの賃金の支払いは現地通貨となり、生産費用はその分も現地通貨建てで動くようになると考えられる。ただし、現地採用については、アジアでも増加しているが、一方で人材確保が難しい、賃金が思いがけず上昇する、などのリスクもあるといわれている。

自動車会社の価格設定行動

仮説によれば、利潤最大化のプロセスで、自動車会社は輸出価格に為替相場の変化をパススルーするが、現地生産が進むと輸入価格へのパススルー率は下がると考えられる。では実際に、現地生産はパススルーに影響するのだ

表6-5 アジアオセアニア地域の原材料・部品の調達状況 (2015年度ジェトロ調査)

(単位:％)

国・地域名	回答企業数(社)	現地	日本	ASEAN	中国	その他
総数/全体	2,198	46.5	31.0	7.5	6.8	8.2
中国	506	64.7	26.8	2.5	-	6.0
ニュージーランド	28	58.1	14.9	4.3	1.7	21.0
タイ	337	55.5	29.0	2.8	5.1	7.6
台湾	48	55.0	28.7	4.9	8.0	3.4
オーストラリア	50	49.0	16.3	8.5	6.2	20.0
インド	180	48.0	31.5	8.7	4.9	6.9
韓国	88	45.3	40.6	3.4	4.7	6.0
インドネシア	215	40.5	33.8	10.7	5.7	9.3
スリランカ	11	37.9	18.8	8.0	29.3	6.0
パキスタン	17	37.4	17.3	16.0	11.4	17.9
シンガポール	38	36.7	38.0	11.3	7.7	6.3
マレーシア	157	36.0	32.6	13.2	7.8	10.4
ベトナム	339	32.1	35.5	11.9	12.1	8.4
フィリピン	68	26.2	44.7	6.9	8.9	13.3
ラオス	11	23.2	14.3	37.7	19.1	5.7
バングラデシュ	32	22.5	25.9	9.2	32.0	10.4
香港・マカオ	39	17.2	38.5	7.3	27.9	9.1
カンボジア	33	9.2	26.9	26.5	28.3	9.1

注:回答企業数が10社以上の国・地域
出所:ジェトロ(2016)

ろうか。

　これについて、現地生産は独立して採算をとっているのであり、輸出価格のパススルーへの影響はない、という説がある。つまり、本社と海外子会社・現地法人は生産計画の上で関係がなく、現地生産が増加することによる輸出価格への影響はないのではないか、という指摘である。

　確かに、そういった可能性は十分に考えられる。しかし、いくつかの資料からは、海外生産も視野に入れた上で総合的な生産計画が立てられているようにみえる。例えばトヨタでは、「配分会議」において生産管理部、国内企

画部、海外企画部の担当者が集まって、国内販売分と海外販売分の配分、販売地域別の配分・調整のための会議を行うという。したがって、国内と海外の生産は総合的に決定されていると考えられる。

3．データ分析

自動車価格とパススルー[2]

　現地生産化と自動車の輸出価格への為替相場のパススルーの関係について考える前に、パススルーの値がどれくらいになるかを見てみよう。表6-6は為替相場が1％変化するときに自動車の輸出価格が何％変化するかを測ったパススルー弾力性を示している。縦には輸出先国名が、横には自動車のサイズがとってある。自動車のサイズは1929が最も小さいサイズで、4920が最も大きいサイズである。データは関税データの11桁分類で、Unit Valueを用いている。期間は1988～2008年である。ここでは、19カ国×5サイズ＝95の組み合わせについてそれぞれ単純に弾力性を計算した。網掛けセルは、弾力性の値が5％水準で有意であることを示している。この弾力性は名目為替相場が動くときに価格がどれだけ動くかを示している。これが1になると、為替相場が動くときに輸出価格が同じだけ変更されることを表している。0だと、為替相場が動いても輸出価格は変更されず、輸入側からみると、同製品の価格は為替相場の影響をフルに受けて変化することになり、輸入価格に為替相場の変化が完全にパススルーされることになる。

　国別にみると、国ごとの平均値が0.5以上である輸出先は、オーストラリア、カナダ、フランス、インド、マレーシア、メキシコ、スペイン、アメリカ、台湾であり、ほとんどが先進国である。また、これらの国については係数が有意なところが多い。したがって、これらの国については係数が高い、つまり、為替相場が変化するときに、輸出価格はそれに応じて変化していることになる。為替相場の変化に応じて輸出価格が変化すれば、輸入価格は安定するので、すなわち、これは輸入価格でみるとパススルーが小さくなっていることを示しているといえる。従来の研究では、日本からアメリカへの輸

2）佐々木（2013）ではより詳しい分析をしている。

表6-6 パススルー弾力性

	1929	2920	3919	3929	4920	平均
アルゼンチン	-0.13	0.02	0.02	0.03	-0.44	-0.1
オーストラリア	0.63	0.56	0.48	0.38	0.68	0.55
ブラジル	-0.41	-0.49	0.04	0.21	0.12	-0.11
中国	0.92	-0.36	0.23	0.34	-0.08	0.21
カナダ	0.72	0.71	0.7	0.61	0.79	0.71
エジプト	0.03	-0.07	-0.16	0.05	-0.07	-0.04
フランス	0.94	0.77	0.49	0.43	1.65	0.86
インドネシア	0.58	0.45	0.14	-0.17	0.19	0.24
インド	1.8	-0.2	0.9	-0.14	0.84	0.64
マレーシア	-0.66	1.09	1.33	0.88	0.72	0.67
メキシコ	2.03	-0.42	0.23	0.02	1.05	0.58
パキスタン	-0.93	0.46	0.54	0.25	0.03	0.07
南アフリカ	0.21	0.54	0.64	0.53	0.28	0.44
スペイン	0.7	0.75	0.5	0.2	0.8	0.59
タイ	-1.67	-0.55	0.71	0.12	0.83	-0.11
トルコ	0.12	0.09	-0.13	-0.09	0.01	0
台湾	2.04	1.41	1.03	0.28	-0.79	0.79
イギリス	-0.24	0.61	0.56	0.44	0.86	0.45
アメリカ	0.76	0.55	0.68	0.76	0.94	0.74
平均	0.39	0.31	0.47	0.27	0.44	

出所：関税データより筆者が計算

出ではドル建て価格を安定させようとする、PTM行動（プライシングトゥマーケット行動、あるいは最近はローカルカレンシープライシングということも多い）がよくみられることが知られている。したがって、表6-6の結果は、従来の研究結果に近いことがわかる。また、先進国向け輸出で特にPTM行動がみられるのは、これらの国では競争が激しいために、為替相場が変わったところで価格を変えられないからではないかと予想される。一方で、サイズ別にみたときは、大きな特徴はみられない。

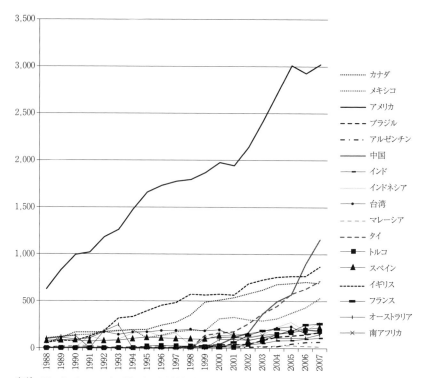

出所:Ward's Automotive Yearbook 1988~2009

図6-7　日本のトップ3メーカーの海外現地生産台数 (単位:1,000台)

現地生産とパススルー

　本項では、海外現地生産とパススルーの関係を考察する。まず図6-7には、日本のトップ3自動車メーカーであるトヨタ、日産、ホンダの海外現地生産台数を示している。これをみると、アメリカでの生産台数が最も大きく、右肩上がりで伸びていることがわかる。次に安定的に伸びているのがイギリス・カナダである。しかし、そのイギリス・カナダを最近抜いたのが中国である。さらに、タイ、メキシコといった国々での生産も増加している。タイはアジアの拠点として、周辺国に輸出する自動車も生産している。メキシコもまた、アメリカへ輸出する自動車を生産している。全体として、現地生産は進んでおり、図6-6の仮説から考えると、輸出価格へのパススルーが上昇

表6-7　1988～2000年と2001～2008年の係数の比較

	1988～2000年	2001～2008年	増（＋）減（－）
アメリカ	0.65	0.76	＋
アルゼンチン	0.09	-0.23	－
オーストラリア	0.5	0.59	＋
ブラジル	-0.15	0.19	＋
中国	0.24	-0.39	－
カナダ	0.57	0.62	＋
エジプト	0.07	0.17	＋
フランス	0.67	0.51	－
インド	0.1	0.97	＋
インドネシア	0.16	1.21	＋
マレーシア	0.52	0.8	＋
メキシコ	-0.07	1.04	＋
パキスタン	-0.12	1.46	＋
南アフリカ	0.52	0.31	－
スペイン	0.45	0.69	＋
タイ	-0.09	-0.09	±
トルコ	-0.13	-0.01	－
台湾	1.02	1.69	＋
イギリス	0.35	0.37	＋

出所：関税データを使って筆者が計算

し、現地価格が安定する傾向になることが予想される。

　表6-7は前期を1988～2000年、後期を2001～2008年に分けてパススルーを測ったものである。右の列に、プラスとあるのが後期のほうが係数が大きいものだが、これをみると19国中13国で後期のほうが係数が大きく、全体的に係数が上昇していることがうかがえる。つまり、前期よりも後期のほうが輸出価格は為替相場の影響を大きく受けるようになり、輸入価格へのパススルーを抑える傾向が強くなっていることがわかる。Campa and Goldberg (2005) をはじめとした多くの研究が近年の為替相場の輸入価格へのパススルーの低下を示しており、この分析もまたそれらの結果と同様のものとなっ

表6-8　アメリカへの輸出のパススルーと現地生産シェア

	係数	t-stat.
定数項	-8.19	-1.32
販売シェア	0.16	1.84
現地生産比率	0.35	0.96
ARS		-0.04
F-stat		1.28
Observations		54

注：被説明変数＝アメリカへの輸出のパススルー弾力性（1988～2008年のデータからローリング推定で出した弾力を使用）

た。よって、近年現地生産化が進んできているために輸入価格へのパススルーが低下している、という仮説に合った結果といえる。

　パススルー弾力性と現地生産の関係は、ある程度長期的なものであり、毎年同じように変化するとは考えにくい。それでも、ゆるやかな関係があるかどうかを確認するために、アメリカのデータを使って回帰分析をした。左辺にアメリカへの輸出のパススルー弾力性を置き、それを右辺の現地生産比率で説明できるかどうかをテストした。現地生産比率以外には、販売シェアを右辺に入れた。結果は表6-8に示されている。これをみると有意ではないものの、現地生産比率の係数は0.35となっており、現地生産比率が上昇するにつれて輸出のパススルーが上昇する、という関係であることがわかる。

　これらの結果より、現地生産が増えると輸入のパススルーが低下するという仮説は大まかには認められるといえるだろう。

4．まとめと展望

　本章では、海外現地生産が為替相場の輸出価格のパススルーに与える影響について自動車産業を取り上げて分析した。限られたデータではあるが、現地生産の増加はパススルーに影響を与えているということが示された。

　ここから得られるインプリケーションは、まず、現地生産が増加することによって自動車生産では為替リスクを部分的に解消したり、コストを低下させたりすることに成功しているということである。第二に、その一方で、現地販売価格は為替相場を反映しなくなってきており、貿易収支の調整は起こ

りにくくなっていると考えられる。

　為替相場のパススルーの度合いはさまざまな要因に左右されていると考えられるので、他の要因も含めてパススルーへの影響を考える必要があるだろう。これを今後の課題としたい。

参考文献

Campa, José Manuel and Linda S. Goldberg (2005) "Exchange rate pass-through into import prices," *Review of Economics and Statistics*, 87: 679-690.

GAZOO（お客様参加型自動車ポータルサイトとして、自動車に関する総合的な情報を掲載しているウェブサイト）https://gazoo.com/information/about/Pages/index.aspx

JAMA (2016) Investing in America: Annual contributions Report 2015-2016.

JAMA（一般社団法人日本自動車工業会）のホームページ掲載のデータ http://www.jama.or.jp/index.html

Ward's Automotive Yearbook 1988〜2009, Wards Auto.

現代ビジネス（2014）ウェブサイト「現代ビジネス」の2014. 2. 11.の記事より引用。

堺憲一（2013）「だんぜんおもしろいクルマの歴史」NTT出版

佐々木百合（2013）「日本の自動車輸出価格への為替相場のパススルーとマーケットパワー」RIETI Discussion Paper Series, 13-J-052.

ジェトロ（2016）「アジアの原材料・部品の現地調達の課題と展望」Jetro 2016年5月号、海外調査部アジア大洋州課

第7章

地域内金融取引の増加が国際的な株価の連動性に与える影響

法政大学経営学部　平田　英明

はじめに

　国際経済学・国際金融論の研究テーマとして近年その重要性が高まっているのが、経済面でのグローバル化が、景気の連動性や金融資産価格（収益率）の連動性にどのような影響を与えるのかというリサーチクエスチョンである。言うまでもなく、グローバル金融危機時に観察されるようないわゆる金融危機のコンテージョンは、クロスボーダーの資本移動に大きな変化をもたらし、グローバルに共通なショックとして各国の景気や金融資産の価格を同じ方向に動かす力がある（連動性を高める）と考えられる。しかし、このような短期的な危機要因による連動性への影響に加え、そもそも深化の観察される経済のグローバル化が中長期的に国際的な株式の超過収益率の連動性に与える影響を理解しようというのが本章の問題意識である。

　新興アジア諸国間の株式の（超過）収益率（計算方法は後述）の相関係数でみた連動性はこの十数年で急速に高まっている。図7-1は、新興アジア諸国10カ国のすべてのペア（45ペア）の週次データの株式インデックスを用いて各年の株式超過収益率の相関係数を算出し、その平均値を毎年について計算したものをプロットしている。2000年代前半には連動性がほとんど観察されなかったが、2012年には相関係数が0.4にまで高まっている。この時期、G7

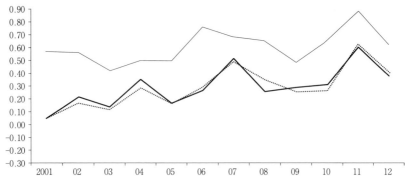

注：太線がアジア新興国、点線がアジア新興国と非アジアのBRICs 3国、細線がG7。
出所：Bloomberg; CEIC; FRED

図7-1　G7と新興国の株式収益率連動性の推移

諸国間（21ペア）でまったく同じ方式で相関係数を計算すると2012年には相関係数が0.6に到達しており、連動性の強さという意味では、先進国に劣っている。しかしながら、時系列的な変化をみると、連動性の水準が先進国にキャッチアップしてきていることがわかる。

　このような連動性の高まりの原因は何であろうか。例えば、Hirata *et al.* (2013) などで指摘されるように、新興アジア諸国同士は1980年代半ば以降、国際貿易や国際資本移動を通じたアジア域内での経済的なつながりを強めている（地域効果と呼ぶ）。同時に、アジア諸国は先進国との国際貿易や国際資本移動を通じたつながりも強めている（先進国効果と呼ぶ）。両効果はどの程度、連動性の高まりを説明できるのであろうか。

　本章の目的は、新興諸国の株式市場における超過収益率の連動性の要因を探ることである。連動性の議論が複雑なのは、当事国同士の経済的なつながりが深まったとしても、単純に連動性が引き上がるとは限らないところにある。例えば、当事国同士のクロスボーダーの資本移動が増加し、連動性も高まっているという関係が観察されるとしても、理論的にはそれ以外の要因がより本質である可能性があるし、資本移動の増加がむしろ連動性を引き下げる可能性すらある。新興国の株式市場の特性を理解する上で、この連動性の決定要因を明らかにすることは非常に重要であり、Chiang Mai initiative や Asian Bond Markets Initiative（ABMI）といった各種の地域経済協定の株式

市場に与える影響を理解する上でも有効である。

　先行研究では、株価からファクターモデルなどを使って各国で共有される要素を抽出するといった方法がよく行われるが、本章ではそれとは一線を画し、IMFの *Coordinated Portfolio Investment Survey*（CPIS）によるクロスカントリーでの国際資本移動データを、国際金融取引のグローバル化度合いの物差し、換言すれば連動性を引き起こすショックの伝播チャネルの物差しとして用いた分析を行う[1]。このデータを使えば、先述の地域効果と先進国効果をはっきりと区別して推計することが可能となる。先行研究では、両効果の識別をする上で、効果の伝播チャネルとしては貿易のみを考えることが多かった。背景には、国対国の金融取引データが不十分ゆえ、資金元が域内／域外なのかを区別できなかったことが挙げられる。この問題の解決が、研究のブレイクスルーとなるため、CPISを用いて分析をすることに意味があることになる。Bekaert and Harvey（1997）らも指摘するとおり、国際金融市場とのつながりの度合いは各国で異なるため、その度合いによって影響のインパクトは異なるはずである。本章の分析では、資本移動量という時間を通じて変化する各国特有の効果を定量的に捉え、それが株式収益率の連動性に与える影響を計量分析する[2]。

　本章では、一通りの金融自由化が済んだ時期（2001〜2012年）をサンプル期間とするため、制度的な要因よりも、むしろ非制度的な要因による経済のグローバル化が新興国における株式収益率の連動性に与える影響を分析することができる[3]。アジアとラテンアメリカの新興国の場合、中国を除いては、概ね国際金融市場の自由化が完了している（表7-1）。

　本章の分析は、いわゆる株価のディカップリング論とリカップリング論に

1）ファクターモデルを用いたForbes and Chinn（2004）では、計算された各国固有のファクターについて、その決定要因となるような2国間の経済的つながりを示す変数を使った回帰を行っている。

2）定量的な先行研究としては、Flavin *et al.*（2002），Froot and Ramadorai（2008），Dellas and Hess（2005）などが挙げられるが、横断面分析、プール分析をしているにとどまっており、可変的な資本移動の変容を考慮した分析となっていない。Beine and Candelon（2011）やBekaert and Wang（2009）は本章と同様の問題意識の研究ではあるが、注目している説明変数は国際金融取引の規制緩和となっている。

3）制度的な要因に注目している研究としては、Bekaert and Harvey（1997, 2000），Bekaert *et al.*（2002），Dellas and Hess（2005），Beine and Candelon（2011）などがある。

表7-1　分析対象国と自由化の動向

アジア 新興国	中国（02）、香港（*）、インド（92）、インドネシア（89）、韓国（92）、マレーシア（88）、フィリピン（91）、シンガポール（*）、台湾（91）、タイ（87）
ラ米 新興国	アルゼンチン（89）、チリ（92）、パナマ（N.A.）、ブラジル（91）、ペルー（92）、メキシコ（89）
G7	米国（*）、カナダ（*）、ドイツ（*）、フランス（*）、イタリア（*）、英国（*）、日本（83）

注：国名横のカッコ内の数値は Bekaert らによる Official Liberalization の年であり、* は彼らのサンプル期間の以前から自由化が実現していることを意味する。
出所：Bekaert and Harvey（2000, 2002）; Bekaert et al.（2005）

対するひとつの答えを提供することになる。ディカップリング論は、経済のグローバル化が進むなかで各地域株式市場の独自性が高まり、その結果として先進国地域（北米や欧州）と新興国地域（アジアやラテンアメリカ）との株価連動性が弱まっているとの見解である。例えば、新興諸国の株価変動は域内で共有する要因（例えば、中国発の影響がアジアにあまねく伝播するケース）から影響を受けやすくなっている。つまり、ディカップリング論は地域効果の強まりが背景にあると考えられる。他方、リカップリング論は、逆に先進国（日本、北米、欧州など）と新興国地域との株価連動性はいまだ高いという見解である。例えば、先進国の金融市場の影響を間接的に強く受けるならば、結果的に新興国地域内の株価の連動性が高まることになる。つまり、リカップリング論は地域効果を否定するわけではないが、先進国効果が相対的には強いという主張である。

　本研究は、資産価格モデルを使って先進国からの影響または国際的に波及する影響を測ろうという取り組みと関連性がある。国際的に統合された金融市場では、各国の国内市場の株式収益率は少なくとも部分的にグローバルな株式のリターンの影響を受けることになる。すなわち、国際的に共通なショックにより、国内の株式収益率が変化するということになる。グローバルなショックは、いろいろな方法で識別され、例えば Forbes and Chinn（2004）や Brooks and Del Negro（2006）は、ファクターモデルを用いているし、Bekaert et al.（2009）、Dutt and Mihov（2013）、Brooks and Del Negro（2004, 2005）は、Fama-French モデルや Heston-Rouwenhorst モデルを用いた分析をしている。これらの先行研究の長所としては、実際のクロスボーダーでの

資本移動のデータがなくとも、グローバルな要因、各国固有の要因等々といった収益率の決定要因を識別できることにある。それに対し、本研究は、その資本移動のデータを使うという点で、先行研究とはアプローチが異なる。

1．金融市場のグローバル化と新興国市場

　先行研究では、新興国における各種の経済変数の連動性の動向を説明する上で、各国間の実体的・金融的なつながりがどのような役割を果たしているかについての研究がさまざま行われている。90年代から00年代初頭についての先行研究は、当時は新興国間でのクロスボーダーの株式投資がきわめて限定的だったこともあり、新興国と先進国間での株式収益率の連動性に目を向けているものが多い。だが、意外なことに、先進国から新興国に与えた影響は限定的で、連動性はあまり観察されないという結果が報告されている場合が多い。さまざまな理由が指摘されるなかで、例えば Bekaert and Harvey（2000）は取引費用の存在を、Karolyi and Stulz（1996）はホームバイアスの存在をその理由として指摘している。

　より直近になると、新興国経済のめざましい発展を背景に、先進国から新興国向けの株式投資が増加するのと同時に、新興国間での株式投資が活発化した。自ずと連動性に影響を与える伝播チャネルが太くなり、そして多様化していくなかで連動性の決まり方も変化していくと考えるのが自然であろう。だが、各国間の株式投資に関するデータが整備されていないと、このリサーチクエスチョンに答えることは難しい。

　そもそも理論的に考えると、国際的に金融的なつながりが高まることが、連動性を高めるのかどうかはなんともいえない。景気が改善すれば株式リターンが上昇し、逆に悪化すれば下落するというスタンダードな状況を考えてみよう。2国間での金融的な統合が進むとする。もし、その結果として両国において総需要が創出されるようなメカニズムが働くならば、連動性は高まることになるだろう。しかし、ノーベル経済学賞を受賞したキッドランド教授らの分析（Backus et al., 1992, 1994）によると、自由な資本の国際移動は連動性を低下させるという。例えば、A国で生産面での技術進歩が発生したとしよう。すると、A国の生産効率が高まるので、より利益を生み出せる

表7-2 域内国際資本移動とG7からの資本流入額

(残高)

		2001年末	2006年末	2012年末
アジア		(43)	(30)	(17)
	域内	100	492	1328
	G7より	100	340	528
ラ米		(144)	(75)	(106)
	域内	100	224	420
	G7より	100	432	573

注：カッコ内数値は、G7からの資本流入額残高が域内国際資本移動額残高（グロスでみた域内他国への投資残高）の何倍かを示す。カッコなし数値は、2001年を100としたときの各年末における残高を示す。
出所：IMF, *CPIS*

ようになる。その結果、B国からA国に資金が流入し、さらに生産が伸びる。逆にB国は相対的に生産性が低いから、しばらく経済活動が縮小する。つまり、両国間での資本の移動が活発化するなかで、両国の株式リターンの連動性は低下すると考えられるのである。また、Kalemli-Ozcan *et al.*（2013）は、資本移動の自由度が高まれば、競争力のある産業に資金がより一層集まるので、各国が生産の特化をしていく結果、その国特有のショックや産業固有のショックの影響を受けやすくなり連動性は低下することを示している。

もうひとつ、Forbes and Chinn（2004）による先進国と新興国の関係を考えた直観的な説明を紹介しておこう。例えば、ある先進国が、何らかの負のショックに見舞われたことにより、その国の株式リターンが低下し、投資マインドが悲観化したとする。このとき、新興国への投資スタンスはどうなることが考えられるだろうか。例えば、ある投資家たちは流動性確保のために新興国Aに対する国際証券投資を手控えるかもしれない。その一方で、新興国Bは相対的にみればましな経済状態だと考えれば、投資を拡大するかもしれない。この結果、A国とB国の株式リターンは逆の動きをすることになる。

では、新興国の株式投資の実情はどのようになっているのだろうか。表7-2では、地域別にみた新興国間での国際証券投資とG7から当該地域の新興国に向けた国際証券投資の規模を比較している。アジアについてみると、

表7-3 新興国株式市場の時価総額

(全世界に占める割合、%)

(年)	アジア	ラ米	BRICs	G7
2001	7.4	1.6	3.9	81.2
2005	9.7	2.3	7.1	73.3
2008	19.2	3.2	15.2	64.5
2010	19.9	4.6	17.4	55.0
2012	18.2	4.0	14.1	57.1

注：BRICsはブラジル、ロシア、南ア、中国、インド。
出所：World Bank, *World Development Indicators*; Taiwan Stock Exchange

G7からの資本流入が5倍以上の伸びを示していたのに比べても、域内での相互的な国際資本移動額は01年から12年にかけて13倍以上に増加していることは特徴的である。しかし、12年においてもG7からの流入資本残高は、域内国際資本移動残高の17倍にのぼっている。ラテンアメリカについてはG7からの流入の伸びは5倍以上となっているが、域内の伸びは01年から12年にかけて4倍程度にとどまっている。そして、12年のG7からの流入資本残高は、域内国際資本移動残高の100倍以上となっている。ここからわかるように、この十余年の間に、各地域における新興国間の国際証券投資のボリュームが大幅に拡大しており、域内での相互の資本フローの拡大のモメンタムが急速に高まっている。むろん、絶対額としては、G7からの資本流入が圧倒的に上回っている。また、表7-3では、各地域の株式市場の時価総額の変化をみている。ここからも明らかなように、新興国市場のシェアがG7のシェアを奪うような形で拡大している。

2．実証分析

分析方法

ここまでにみてきたクロスボーダーの資本移動が連動性に与える影響を捉えるために、以下のような静学的なパネル・モデルを考えてみる。

$$\rho_{jk,t} = \alpha + \beta X_{jk,t} + \gamma Z_{jk,t} + u_{jkt}$$

ここで $\rho_{jk,t}$ は新興国 j 国と k 国同士の株式収益率の相関係数、$X_{jk,t}$ は地域効果をみるための両国間でのグロスの資本移動量および先進国変化をみるための大国（G7）から両国への資本流入量のベクトル、$Z_{jk,t}$ は各種のコントロール変数である。$u_{jkt} = \eta_{jk} + v_t + \varepsilon_{jkt}$ であり、ここで η_{jk} は新興国2国同士の固定効果（j 国と k 国2国のペア特有のファクター）、v_t は年ダミー、ε_{jkt} は純粋なエラー項である。

静学モデルは、本章のリサーチクエスチョンに対してストレートに実証的検証を行うモデルとして違和感のないものであるが、株式収益率の連動性は動学的な側面を有することを考えると、以下のようなダイナミック・パネル・モデルも考えることができるだろう。

$$\rho_{jk,t} = \alpha + \beta X_{jk,t} + \gamma Z_{jk,t} + \theta \rho_{jk,t-1} + u_{jkt}$$

Blundell and Bond（1998）、Rioja and Valev（2004）、Wintoki et al.（2012）などで議論されているように、このような定式化を行う場合、推定量が不偏性も一致性も有さず、同時性のバイアス問題も生じてしまうことが知られている。この問題の解決のために、本章では System generalized method of moments（System GMM）による推定を行う[4]。具体的なモデルは以下の通りである。

$$\begin{bmatrix} \rho_{jk,t} \\ \Delta\rho_{jk,t} \end{bmatrix} = \alpha + \beta \begin{bmatrix} X_{jk,t} \\ \Delta X_{jk,t} \end{bmatrix} + \gamma \begin{bmatrix} Z_{jk,t} \\ \Delta Z_{jk,t} \end{bmatrix} + \theta \begin{bmatrix} \rho_{jk,t-1} \\ \Delta\rho_{jk,t-1} \end{bmatrix} + \begin{bmatrix} \eta_{jk} \\ 0 \end{bmatrix} + \begin{bmatrix} v_t \\ \Delta v_t \end{bmatrix} + \begin{bmatrix} \varepsilon_{jkt} \\ \Delta\varepsilon_{jkt} \end{bmatrix}$$

ここで、以下の直行条件を仮定する。

$$E(\rho_{jk,t-s}\varepsilon_{jkt}) = E(X_{jk,t-s}\varepsilon_{jkt}) = E(Z_{jk,t-s}\varepsilon_{jkt}) = 0$$
$$E(\rho_{jk,t-s}(\eta_{jk}+\varepsilon_{jkt})) = E(X_{jk,t-s}(\eta_{jk}+\varepsilon_{jkt})) = E(Z_{jk,t-s}(\eta_{jk}+\varepsilon_{jkt})) = 0, \text{ for } s > 1$$

System GMM は多くの操作変数を使うことで、推定の効率性を高めることが知られる。操作変数として、ラグを取った先決変数や内生変数とそれらの階差変数を用いる。ここでは、誤差項の分布に制約を課すことなく推定を行え、one-step GMM に比べるとより効率性が高い two-step GMM による推

4）詳細は Blundell and Bond（1998）や Arellano and Bover（1995）を参照。

表7-4 データの定義と出所

ρ_{jkt}		j 国と k 国同士の株式収益率の相関係数	Bloomberg; CEIC
$\dfrac{F_{jkt}+F_{kjt}}{Y_{jt}+Y_{kt}}$		地域効果	IMF, CPIS; World Bank, *World Development Indicators*（*WDI*）
$\dfrac{F_{gkt}+F_{gjt}}{Y_{jt}+Y_{kt}}$		先進国効果	
Krugman Index		2国の産業構造の違い	UNIDO
RTA		2国が同じ貿易協定に入っている場合は1、入っていない場合は0を取るダミー変数	CEPII
Economic Development		j 国と k 国のログをとった1人あたり GDP（ドル建て）の和	Penn World Table *WDI*
Inflation Difference		消費者物価指数上昇率の絶対値をとった両国差	*WDI*
Financial Depth		j 国と k 国の国内クレジットの対 GDP 比の和	World Bank, *Global Financial Development*

定を行った。

分析に用いるデータ

　本章で用いられる各変数の定義とそのデータ出所は表7-4に示されている。被説明変数に使われる株式収益率（より正確には株式の超過収益率）は、為替要因を除去するためにすべて株価をアメリカドル建て換算し、そこから計算されるリターンから無リスク金利（3カ月物の U.S. Treasury bill rate）を差し引いたものと定義する。Bekaert *et al.*（2009）に倣い、本章では各国の株価インデックスから計算された週次の株式リターンを用いる。インデックスは Bloomberg 社の List of *Indexes by Location* より選択し、日本のように代表性のある指標が複数ある場合には先行研究で用いられることの多いものを選択するようにした。株式収益率の連動性の代理変数である相関係数は各年に関して算出し、制限従属変数の問題を避けるために Fisher の z 変換を施した。

　次に、説明変数に話を移そう。地域効果や先進国効果といった各国間の金融的なつながりの強まりの度合いを測ることに、先行研究では長らくさまざまな工夫を行ってきた。これは、その度合いを直接的に測るすべがなかったためであろう。例えば、Kose *et al.*（2009）はクロスボーダーの金融取引にか

かる規制の度合いを、Dellas and Hess（2005）は、2国間同士ではなく対世界でみた金融的な開放性を代理変数として用いている。

　しかし、このような指標は Imbs（2006）なども指摘するように、資本移動に関する de jure な（法的・制度的な）制限度合いであり、資本移動要因の源泉の識別を難しくしてしまう側面がある。また、先行研究のサンプル期間は80年代以降のことが多く、金融規制の影響に関心があった一方で、本章のサンプル期間では資本移動に関する de jure な制限は限定的である。以上のような事情を踏まえ、本章では IMF の CPIS データから取得可能な各国間の株式投資保有額の残高を金融的つながりの代理変数として用いる。データが2001年から始まるため、サンプル期間は2012年までの12年間とする。なお、IMF は証券投資に加えて最近（2009年以降）は直接投資（FDI）のデータも集計している（*Coordinated Direct Investment Survey*）ことから、感応度分析において、このデータも用いることとする。地域効果をみるための新興国（j 国と k 国）間の株式投資動向は、お互いの国同士の証券投資残高を両国のGDP で基準化した $\frac{F_{jkt}+F_{kjt}}{Y_{jt}+Y_{kt}}$ で捉える。F_{jkt} は j 国の k 国に対する証券投資残高、F_{kjt} は j 国に対する k 国からの証券投資残高であり、Y は名目 GDPである。直接投資も含める場合には $\frac{F_{jkt}+F_{kjt}}{Y_{jt}+Y_{kt}}+\frac{D_{jkt}+D_{kjt'}}{Y_{jt'}+Y_{kt'}}$、すなわち第二項に直接投資の項を加えた変数（$D_{jkt}$ は j 国の k 国に対する直接投資残高）である。直接投資は短期間での株式収益率の連動性に影響があるとは考えにくいが、本章のようなある程度の期間を通じては、相手国への進出を強化することを通じて、影響を与えることが考えられる。なお、直接投資の統計は2009年以降しかないことから、2009年以降の期間について上記の第2項を計算し、その平均値を全期間に適用した。

　先進国効果をみるための、G7（g 国）から j 国と k 国への証券投資動向を測る変数は $\frac{F_{gkt}+F_{gjt}}{Y_{jt}+Y_{kt}}$ と定式化する。ここで、F_{gjt}（F_{gkt}）は g 国から j 国（g 国から k 国）への証券投資残高である。なお、我々の関心は先進国が新興国に与える影響のため、新興国から先進国向けの投資は含めていない。

コントロール変数

コントロール変数としては、以下の5つの変数を考える。第一に、先行研究の知見を踏まえ、経済のファンダメンタルズ、特に産業構造の代理変数を考える。Roll（1992）は、産業構造の類似性は株式リターンの連動性を高めるとしている。しかし、欧州12カ国を分析したHeston and Rouwenhorst（1994）によれば、Roll（1992）の見解は否定される。より最近の研究であるDutt and Mihov（2013）は、2国間の産業構造を捉える時変的な変数を作成し、両研究のどちらが実証的に正しいのかを検証し、前者に軍配をあげている。本章では、Imbs（2006）に倣い、2国間の産業構造の類似性を示すいわゆるKrugman index（Krugman, 1991）、$S_{jkt} = \sum_{n=1}^{7}|s_{njt} - s_{nkt}|$を作成する。ここで、$s_{njt}$と$s_{nkt}$は$j$国と$k$国のISIC 1桁レベルの付加価値ベースの産業シェアである（全7産業）。もしも両国の産業構造が似通っている場合、産業固有のショックにより両国の当該産業の株価が同方向に動く（連動性が高まる）ことが予想されるため、係数の符号条件は負である。

第二に、貿易の自由化の度合いの代理変数を考える。理論的にはEPAやRTAといった貿易協定を結ぶと、例えば、相手国からの輸入財の価格が下がるため、自国のビジネスにプラスに作用するし、相手国にとっても事情は同じであるから、両国の株式リターンは同方向に動きやすくなると考えられる（Basu and Morey, 2005）。Henry（2000）やBerben and Jansen（2005）は実証的にこの効果を確認している。そこで、ある2国が同じ貿易協定に入っている場合は1、入っていない場合は0を取るダミー変数RTAを用いる。なお、符号条件は正である。

第三に、各国のマクロ経済状況を反映する変数として、①経済発展度合いの代理変数としてのj国とk国のログをとった1人あたりGDP（ドル建て）の和（*Economic Development*、符号条件は正）、②インフレ格差の代理変数としての消費者物価指数上昇率の絶対値をとった両国差（*Inflation Difference*、符号条件は負）、③資金調達のたやすさの代理変数としてのj国とk国の国内クレジットの対GDP比の和（*Financial Depth*、符号条件は正）、の3変数を考える。

3．推定結果

資本移動の外生性

前節にて提示したモデルを推定する前に、資本移動のデータの厳密な意味での外生性 (strict exogeneity) があるかを確認しておく。そのために、現在の地域効果や先進国効果と過去の株式収益率の連動性の関係性を確かめる[5]。Wooldridge (2002) に倣い、以下の式で「厳密な意味での外生性」をテストする。

$$Y_t = \alpha + \beta X_{t+1} + \gamma Z_t + \eta_{jk} + \varepsilon_{jkt}$$

ここで Y_t は t 期における株式収益の連動性、X_{t+1} は $t+1$ 期における先進国効果と地域効果、そして Z_t は t 期における先進国効果、地域効果、コントロール変数である。このテストの帰無仮説は β が 0 に近く統計的に有意でないことである。株式収益の連動性が将来の先進国効果と地域効果と相関を持っていないことを想定しているためである。紙幅の都合で推定結果は提示しないが、β は統計的に有意とはならず、厳密な意味での外生性があることが確認される。コントロール変数の係数についても概ね有意とならず、有意となった場合でも符号条件が想定されるものとは逆となっていた。この結果を踏まえ、説明変数の外生性は担保されていると考え、動学的モデルの推定において GMM タイプの操作変数はラグを取った被説明変数に対してのみ適用することとした。

ベンチマークモデルの推定結果

表7-5では、ベンチマークモデルの推定結果を示している。ここでは、地

---

5) 理論的に考えると、連動性の高まりは先進国効果を高める可能性も低める可能性もある。分散投資という観点から考えると、2新興国の株価動向が似通ったものであるならば、先進国の投資家にとっては両方の国に投資するインセンティブは低いかもしれない。その場合、連動性の高まりは先進国効果を押し下げるだろう。しかし、危機伝染の理論的な立場からすると、たとえ2新興国が同じ投資カテゴリーにあり株価動向が似ているとしても、両国を区別して投資対象と捉えるため、両国について別々に投資戦略を組む可能性がある。その場合、先進国から2国への資本流入量は増えるため、連動性の高まりは先進国効果を押し上げるだろう。

表7-5 推定結果（ベンチマーク）

	地域効果のみを考慮したモデル				地域効果と先進国効果を考慮したモデル			
	静学		動学		静学		動学	
	アジア	ラ米	アジア	ラ米	アジア	ラ米	アジア	ラ米
先進国効果					1.07***	1.70***	1.12***	1.60***
					(6.43)	(8.76)	(5.97)	(4.95)
地域効果	6.89***	2.51	3.15	4.30	0.28	3.85	-0.99	2.16
	(2.97)	(0.86)	(1.61)	(0.85)	(0.23)	(1.55)	(-0.76)	(0.76)
RTA	0.07	0.18***	0.09	0.59***	0.12***	0.20***	0.16***	0.17***
	(1.50)	(3.71)	(1.48)	(4.46)	(2.98)	(7.44)	(3.52)	(3.67)
Economic	0.13***	0.10***	0.16***	-0.33	0.07***	0.07***	0.08***	0.09***
Development	(4.55)	(3.35)	(4.62)	(-1.08)	(2.37)	(4.92)	(2.64)	(3.20)
Inflation Difference	0.00	-0.01	-0.01	0.07	0.00	-0.01	-0.01*	-0.01**
	(-0.68)	(-1.21)	(-0.39)	(1.05)	(0.11)	(-1.10)	(-1.94)	(-2.06)
Financial Depth	0.03	-1.04	-0.03	-0.51	0.03	-1.23	0.00	-0.94
	(0.71)	(-0.90)	(-0.45)	(-0.23)	(0.90)	(-1.44)	(0.06)	(-0.88)
Krugman Index	-0.71	-0.81	-0.45	3.10	-1.11***	-0.39	-0.61	-0.81
	(-1.05)	(-1.32)	(-0.52)	(1.56)	(-2.57)	(-0.97)	(-1.12)	(-1.40)
ラグ項			-0.14***	-0.09**			-0.11***	-0.14**
			(-2.48)	(-2.00)			(-2.56)	(-2.03)
定数項	含む	含む	含む	含む	含む	含む	含む	含む
時間固定効果	含む	含む	含む	含む	含む	含む	含む	含む
サンプル数	540	180	495	165	540	180	495	165
決定係数	0.29	0.19	0.27	0.11	0.34	0.11	0.27	0.22
AR (1) test (p-value)			0.00	0.00			0.00	0.00
AR (2) test (p-value)			0.32	0.15			0.23	0.32
Hansen test of over-identification (p-value)			0.29	0.34			0.71	0.50
Diff-in-Hansen test of exogeneity (p-value)			0.11	0.37			0.60	0.33

注：***、**、* はそれぞれ、1％、5％、10％有意水準で有意であることを示す。カッコ内は t 値。

域効果とコントロール変数のみを説明変数とした場合（ケース1）と、さらに先進国効果を入れた結果（ケース2）を示している。また、静学的なモデル、動学的モデルのいずれにおいても、2パターンのコントロール変数の組み合わせを試している（*Financial Depth* 変数と *Krugman Index* 変数を含むか含まないかという違いがあり、*RTA* 変数、*Economic Development* 変数、*Inflation Difference* 変数は両パターンとも含まれる）。静学的モデルについては、ハウスマン検

定を行い、ランダム効果モデルが選択されたため、その結果を掲載している。動学的モデルについては、被説明変数の1期ラグが含まれ、操作変数として、2年ラグと3年ラグの被説明変数（GMMタイプ）とすべての説明変数の1期ラグ（IV-type）が用いられている。

分析結果をみると、アジアについてはケース1の場合には地域効果が概ね正に有意である一方、ケース2においては地域効果が有意ではなくなる。地域効果が正に有意であるということは、2新興国間で資本移動が増えることにより、株式収益率の連動性が高まることを意味するが、ケース2のように先進国効果を考慮するとその影響が観察されなくなる。その一方で、先進国効果は1％有意水準で正に有意となっている。この結果は、モデルが静学的でも動学的でも変わらないし、コントロール変数の選択によっても影響を受けない。一方、ラテンアメリカの場合は、そもそも地域効果は常に有意にならず、先進国効果は常に正に有意となっている。

この結果の意味するところは、新興国で近年観察される株式収益率の連動性の高まりは先進国からの証券投資によるものであり、同地域内における新興国同士の証券投資によるものではないということである。この結果は、異なる分析時期に関する先行研究（Forbes and Chinn, 2004; Dellas and Hess, 2005; Froot and Ramadorai, 2008）と基本的には整合的なものである。

では、地域効果はなぜ有意とならないのだろうか。表7-2でも示されていた通り、新興国内における各国間の金融面での統合はまだ道半ばであり、量的に圧倒的なインパクトを持つ先進国効果が支配的な影響を持っていたと考えられる。言うなれば、新興国の株式市場は、相対的にみれば新興国間ではなく先進国の市場とより統合された形となっていたということである。

コントロール変数の係数についても概ね理論と整合的な結果となっている。*Economic Development* の係数は正に有意であり、より経済的に豊かな新興国同士のほうが、株式収益率の連動性が高い傾向があるということになる。*Krugman index* の係数は予想通り負であるが、総じて有意になっていない。*RTA* の係数は正に有意であり、FTAのような地域統合のフレームワークに参加することで、参加国同士の経済的結びつきが強まるため、連動性が高まることを意味している（Dutt and Mihov, 2013）。*Financial Development* の係数はほぼ有意とはなっていない。

ちなみに、先行研究では、これらのコントロール変数に加えて、貿易データも変数として加えることが多い（Forbes and Chinn, 2004; Walti, 2011）。実体的な各国間のリンケージを捉えるという意味では、標準的なアプローチといえる。しかし、先行研究では、貿易が有意になるケースは限られ、たびたび負の係数となる（理論的には負になることは貿易構造等の理由で十分にありうる）。本章では、産業構造とRTAの変数を用いているため、同時性に伴う内生性の観点から、あえて貿易を変数として入れていない。なお、この問題については、Beine and Candelon（2011）やLane and Milesi-Ferretti（2008）でも議論がなされている。

感応度分析
　上述のベンチマークの分析結果がどの程度頑健なものであるかを確かめるために、いくつかの感応度チェックを行ってみることにする。以下では、アジアについてのみ分析を行う。第一に、先進国効果の存在の重要性は確認できたが、さらにG7の中で特にどの国や地域からの影響が強いのかを確認する。表7-6は、先進国効果の項をG7からアメリカ、日本、欧州（英仏独伊の和）に差し替えて推定を行った結果である。すべての場合において、先進国効果は有意に正の影響を示しており、おしなべて先進国からの強い連動性への影響が確認できる。なお、この分析においても、地域効果の係数はすべて有意にはなっておらず、コントロール変数の結果もベンチマークとは大差がない。
　第二に、新興国の中でも特に成長が著しいBRICs諸国（ブラジル、ロシア、南ア）を加えてみる。すなわち、ここまでは地域効果と呼んできたように、地理的に近い関係にある新興国同士の中で経済的な相互依存性が高まるなかでそれが株式収益率の連動性に影響を与えるかを考えてきた。それをアジアに限らず新興国というコンテクストに広げて計13国（78の組み合わせ）で分析を行った場合、ベンチマークと同じような傾向がみられるのかを確認しようというのが趣旨である。いずれの推定手法の場合においても、（この場合は新興国効果と呼ぶべき）地域効果は有意にならない（かつ負の係数を示している）一方、先進国効果は有意に正の影響を示しており、ベンチマークの結果が新興国に拡張された場合にも、維持されることがわかる。つまり、新興国への

表7-6 推定結果（感応度分析、アジアのみ）

先進国効果を差し替えた場合

	アメリカ		日本		欧州	
	静学	動学	静学	動学	静学	動学
先進国効果	1.80***	1.75***	9.12***	13.57***	3.02***	4.35***
	(6.51)	(5.63)	(3.75)	(4.62)	(5.97)	(5.26)
地域効果	0.38	-0.68	0.06	-2.56	1.24	-1.07
	(0.33)	(-0.57)	(0.05)	(-1.41)	(0.96)	(-0.75)

BRICs（除く中国・インド）をアジア新興国に加えて推定した場合

	地域効果のみ		地域効果＋先進国効果	
	静学	動学	静学	動学
先進国効果			0.84***	0.85***
			(4.28)	(3.31)
地域効果	3.20*	1.79	0.38	0.48
	(1.93)	(0.68)	(0.29)	(0.27)
Krugman Index	-1.58***	-2.05***	-1.76***	-1.70***
	(-3.14)	(-2.54)	(-4.01)	(-3.19)

直接投資を加えた場合

	地域効果のみ		地域効果＋先進国効果	
	静学	動学	静学	動学
先進国効果			0.47***	0.49***
			(3.87)	(3.59)
地域効果	0.16	0.01	-0.98	-1.38**
	(0.13)	(0.01)	(-1.56)	(-2.09)

注：表7-5の注参照。基本的にコントロール変数、各種検定量は省略した。

先進国からの証券投資の増加が新興国株式の収益率を総じて押し上げる効果を持っていることを示唆している。コントロール変数については、特にアジアだけでは有意になっていなかった *Krugman index* について、負に有意な結果を示していることが興味深い。これは、追加された3国がアジア諸国に比べるとかなり異なる産業構造を持っていることを通じて連動性に影響を与えていることを示唆する。換言すれば、アジア諸国同士の場合は、産業構造が似通っており、その結果として *Krugman index* は大きな役割を果たしていなかったということである。

　第三に、証券投資に加えて直接投資も加えた形で推定を行った。Imbs

（2006）やOtto *et al.*（2001）が示唆するように、理論的にも実証的にも直接投資を織り込むことには大きな意味がある。直接投資により、相手国に何らかの形で進出することにより、経済的なつながりを高めることが、株式収益率にいかなる影響を与えるのかという点は、将来的な直接投資動向を見極める意味でも、大きな意味を持つ。なお、先述の通り、本来は証券投資と直接投資を別々に取り扱ったほうが素直なアプローチであるが、データの制約から致し方なく、両者の合算値を用いて分析を行った。分析の結果、ベンチマークの結果から大きくは変化せず、先進国効果が正に有意な影響を持つことが確認できる。なお、係数の絶対値がベンチマークから大きく低下しているが、これは変数自体が大きくなっているためであり、係数の水準をベンチマークと比較することは適切ではない。

4．むすびにかえて

　本章では、新興国における株式収益率の連動性について、その原因を探った。さまざまな分析の結果、先進国からの資本流入チャネルを通じた影響（先進国効果）を無視すると、新興国間の資本移動というチャネルを通じた影響（地域効果）により連動性が高まるという結果が示された。しかし、先進国効果を考慮すると、地域効果は統計的に有意な影響力を持たず、先進国効果が正に有意な影響を持つことがわかった。これは、アジアでもラテンアメリカでも共通に観察された。すなわち、この十数年の間にアジア新興国間での資本移動は大きく拡大したにもかかわらず、絶対水準としての資本移動量が大きくないこともあり、実証的には新興国効果は限定的だったということになる。いくつもの感応度分析を行っても、この結果に変化は起きなかった。

　最後に、今後の課題を指摘しておきたい。まず、今回の研究が部分均衡的なアプローチをとっていることである。本来は金融市場全体、すなわち直接投資やクロスボーダーの銀行貸出との代替性なども考慮した分析が望ましい。次に、特に経済規模として抜きん出ている中国をどのように扱うかという問題である。今回は新興国のひとつとして扱ったが、実務的な観点からは大国のような役割を担っているとも考えられる。最後に、本章では株価指数

を用いたが、個別企業の株価と企業属性のデータを用いることも必要だろう。特に産業固有のショックの伝播が連動性を高めている可能性などを考えていく上では、企業レベルのデータを使うことが有効となる。ただし、国際資本移動のデータは国レベルでしか存在しないため、本章と同様のアプローチを企業レベルで行うことは実際にはきわめて難しいことを指摘しておく。

【謝辞】本研究では、Hirata and Kim (2016) の分析結果を一部用いている。日本金融学会国際金融部会、日本銀行金融研究所におけるセミナー参加者からは大変有益なコメントをいただいた。なお、本研究は公益財団法人日本証券奨学財団の助成金を受けている。記して感謝したい。

参考文献

Backus, D. K., P. J. Kehoe and F. E. Kydland (1992) "International Real Business Cycles," *Journal of Political Economy*, 100(4): 745-775.

Backus, D. K., P. J. Kehoe and F. E. Kydland (1994) "Dynamics of the Trade Balance and the Terms of Trade: The J-Curve?" *American Economic Review*, 84(1): 84-103.

Basu, P. and M. R. Morey (2005) "Trade Opening and the Behavior of Emerging Stock Market Prices," *Journal of Economic Integration*, 20(1): 68-92.

Beine, M. and B. Candelon (2011) "Liberalisation and Stock Market Co-Movement between Emerging Economies," *Quantitative Finance*, 11(2): 299-312.

Bekaert, G. (1995) "Market Integration and Investment Barriers in Emerging Equity Markets," *World Bank Economic Review*, 9(1): 75-107.

Bekaert, G. and C. R. Harvey (1997) "Emerging Equity Market Volatility," *Journal of Financial Economics*, 43(1): 29-77.

Bekaert, G. and C. R. Harvey (2000) "Foreign Speculators and Emerging Equity Markets," *The Journal of Finance*, 55(2): 565-613.

Bekaert, G. and C. R. Harvey (2002) "Research in Emerging Markets Finance: Looking to the Future," *Emerging Markets Review*, 3(4): 429-448.

Bekaert, G. and C. R. Harvey (2014) "Emerging Equity Markets in a Globalizing World," Mimeo.

Bekaert, G. and X. S. Wang (2009) "Globalization and Asset Prices," Mimeo.

Bekaert, G., C. R. Harvey and R. L. Lumsdaine (2002) "The Dynamics of Emerging Market Equity Flows," *Journal of International Money and Finance*, 21(3): 295-350.

Bekaert, G., C. R. Harvey and C. Lundblad (2005) "Does Financial Liberalization Spur Growth?" *Journal of Financial Economics*, 77(1): 3-55.

Bekaert, G., R. J. Hodrick and X. Zhang (2009) "International Stock Return Comovements," *Journal of Finance*, 64(6): 2591-2626.

Berben, R. P. and W. J. Jansen (2005) "Comovement in International Equity Markets: A Sectoral View," *Journal of International Money and Finance*, 24(5): 832-857.

Blundell, R. and S. Bond (1998) "Initial Conditions and Moment Restrictions in Dynamic Panel Data Models," *Journal of Econometrics*, 87(1): 115-143.

Brooks, R. and M. Del Negro (2004) "The Rise in Comovement Across National Stock Markets: Market Integration or IT Bubble?" *Journal of Empirical Finance*, 11(5): 659-680.

Brooks, R. and M. Del Negro (2005) "Country versus Region Effects in International Stock Returns," *The Journal of Portfolio Management*, 31(4): 67-72.

Brooks, R. and M. Del Negro (2006) "Firm-Level Evidence on International Stock Market Comovement," *Review of Finance*, 10(1): 69-98.

Davis, J. S. (2014) "Financial Integration and International Business Cycle Co-movement," *Journal of Monetary Economics*, 64: 99-111.

De Santis, G. and S. Imrohoroglu (1997) "Stock Returns and Volatility in Emerging Financial Markets," *Journal of International Money and Finance*, 16(4): 561-579.

Dellas, H. and M. Hess (2005) "Financial Development and Stock Returns: A Cross-Country Analysis," *Journal of International Money and Finance*, 24(6): 891-912.

Dutt, P. and I. Mihov (2013) "Stock Market Comovements and Industrial Structure," *Journal of Money, Credit and Banking*, 45(5): 891-911.

Eichenbaum, M. S., L. P. Hansen and K. J. Singleton (1988) "A Time Series Analysis of Representative Agent Models of Consumption and Leisure Choice under Uncertainty," *Quarterly Journal of Economics*, 103(1): 51-78.

Flavin, T. J., M. J. Hurley and F. Rousseau (2002) "Explaining Stock Market Correlation: A Gravity Model Approach," *The Manchester School*, 70 (S1): 87-106.

Forbes, K. J. and M. D. Chinn (2004) "A Decomposition of Global Linkages in Financial Markets Over Time," *The Review of Economics and Statistics*, 86(3): 705-722.

Forbes, K. J. and R. Rigobon (2002) "No Contagion, Only Interdependence: Measuring Stock Market Comovements," *The Journal of Finance*, 57(5): 2223-2261.

Froot, K. A. and T. Ramadorai (2008) "Institutional Portfolio Flows and International

Investments," *The Review of Financial Studies*, 21(2): 937-971.

Henry, P. B. (2000) "Stock Market Liberalization, Economic Reform and Emerging Market Equity Prices," *Journal of Finance*, 55(2): 529-564.

Heston, S. L. and K. G. Rouwenhorst (1994) "Does Industrial Structure Explain the Benefits of International Diversification?" *Journal of Financial Economics*, 36(1): 3-27.

Hirata, H. and S. H. Kim (2016) "Emerging Stock Market Synchronization -The Role of Developed Economies-," Mimeo.

Hirata, H., M. A. Kose, C. Otrok and M. Terrones (2013) "Global House Price Fluctuations: Synchronization and Determinants," *NBER International Seminar on Macroeconomics 2012*, University of Chicago Press, pp.119-166.

Imbs, J. (2006) "The Real Effects of Financial Integration," *Journal of International Economics*, 68(2): 296-324.

Kalemli-Ozcan, S., E. Papaioannou and J.-L. Peydró (2013) "Financial Regulation, Financial Globalization and the Synchronization of Economic Activity," *Journal of Finance*, 68(3): 1179-1228.

Karolyi, G. A. and R. M. Stulz (1996) "Why Do Markets Move Together? An Investigation of US-Japan Stock Return Comovements," *Journal of Finance*, 51(3): 951-986.

King, M., E. Sentana and S. Wadhwani (1994) "Volatility and Links between National Stock Markets," *Econometrica*, 62(4): 901-933.

Kose, M. A., E. S. Prasad and M. E. Terrones (2009) "Does Openness to International Financial Flows Raise Productivity Growth?" *Journal of International Money and Finance*, 28(4): 554-580.

Krugman, P. R. (1991) "Increasing Returns and Economic Geography," *Journal of Political Economy*, 99(3): 483-499.

Lane, P. R. and G. M. Milesi-Ferretti (2008) "The Drivers of Financial Globalization," *American Economic Review*, 98(2): 327-332.

Longin, F. and Bruno Solnik (1995) "Is the Correlation in International Equity Returns Constant: 1960-1990?" *Journal of International Money and Finance*, 14(1): 3-26.

Otto, G., G. Voss and L. Willard (2001) "Understanding OECD Output Correlations," *RBA Research Discussion Papers*, 2001-05.

Rioja, F. and N. Valev (2004) "Does One Size Fit All? A Reexamination of the Finance and Growth Relationship," *Journal of Development Economics*, 74(2): 429-447.

Roll, R. (1992) "Industrial Structure and the Comparative Behavior of International Stock Market Indices," *Journal of Finance*, 47(1): 3-41.

Wälti, S. (2011) "Stock Market Synchronization and Monetary Integration," *Journal of

International Money and Finance, 30(1): 96-110.

Wintoki, M. B., J. S. Linck and J. M. Netter (2012) "Endogeneity and the Dynamics of Internal Corporate Governance," *Journal of Financial Economics*, 105(3): 581-606.

Wooldridge, J. M. (2002) *Econometric Analysis of Cross Section and Panel Data*, The MIT Press, Cambridge.

第Ⅲ部

貿易・直接投資とマクロの国際競争力

第8章

自由貿易推進と国際競争力の推移

法政大学経済学部　田村晶子／法政大学経済学部　胥　鵬

はじめに

　中国は、2001年12月にWTOに加盟して以来、貿易を劇的に増加させて、OECD諸国の主要な貿易相手国となった。また、他のアジア諸国も自由貿易協定の締結を通じて貿易を増加させ、製造業におけるグローバル・バリューチェーンを形成している。胥・田村（2006）では、「世界の工場」となった中国が、輸出相手国として、近隣のアジア諸国だけではなく、アフリカ地域への輸出を伸ばしていることが確認された。2016年4月のIMFの世界経済見通し（IMF, 2016）では、世界の100カ国以上が中国を主要な（上位10位までの）貿易相手国としており、中国経済の減速が、貿易を通じて、直接的に世界経済の減速につながっているとしている。

　ここでは、輸出競争力を国際競争力として捉え、その競争力の源泉を推定する。輸出競争力は、輸出財の生産コストと輸送コストを含む貿易コストの低さに依存する。中国は、その経済成長にもかかわらず、製造業における賃金が、OECD諸国や他の東アジアより低かったことで生産コストが低く押さえられているとされる（Adams, Ganges and Shachmurove, 2006）。また、中国は、海外直接投資を通じて、生産技術の効率性を高めており、外資企業が、中国の製造業間の技術のスピルオーバーに重要な役割を果しているとされ

ている(Wei and Liu, 2006)。そのため、海外直接投資に対する開放度の違いが、この20年の中国とインドの経済成長に重大な違いをもたらしたと考えられている(Tamura and Xu, 2008)。

　貿易をめぐる国際競争力については多くの分析があるが、ここでは、単に輸出額の急増を競争力の上昇として捉えるのではなく、多数財のリカードモデルをもとにしたEaton and Kortum(2002)のモデルを応用し、国々の比較優位を「国の競争力」として測定する。比較優位の測定にあたっては、リカード理論に基づくグラビティモデルを用い、貿易を促進するものとして自由貿易協定を考慮し、貿易を減少させる障壁として、距離や国境を接するかどうかを考慮する。さらに、その競争力の源泉を、技術や賃金の指標を用いて推定した上で、技術の状態(State of technology)を示す絶対優位を合わせて推定する。

　本章では、日本、中国をはじめとするアジア諸国と、OECD主要国の間の２国間貿易マトリックスを用いて、特に中国と東アジア諸国が自由貿易を推進した期間である2003～2008年で、これらの国々の比較優位としての「国際競争力」の推移、さらに、技術の状態を示す絶対優位の推移を調べる。これらの実証分析により、各国の競争力の推移を調べるとともに、国々の競争力の変化はなぜ生じるのかを分析する。例えば、中国はインドに比べてどうして競争力を伸ばすことができたのか、中国元の増価などによる賃金の上昇は、中国の競争力にどのような影響を与えるのか、を考察する。

　本章の構成は以下の通りである。第１節で、Eaton and Kortum(2002)を応用した、リカード理論に基づくグラビティモデルを提示する。第２節で、分析に用いるサンプル国とデータについて説明した後、第３節では、比較優位に基づく競争力を測定し、2003～2008年における各国の競争力の変化をみる。第４節では、競争力の源泉を推定した上で、技術の状態を示す各国の絶対優位のランキングの推移を考察し、第５節で結論を述べる。

1. リカード理論に基づくグラビティモデル

　本章の実証モデルは、Eaton and Kortum(2002)のモデルを応用した、リカード理論に基づくグラビティモデルである。生産における収穫一定を仮定

し、c_i を i 国における賃金と中間投入財のコスト、$z_i(j)$ を i 国における j 財の生産技術とすると、i 国における j 財の生産コストは $\frac{c_i}{z_i(j)}$ で表せる。技術は、Fréchet 分布 $(F_i(z) = \Pr[Z_i \leq z] = \exp(-T_i z^{-\theta}))$ に従い、二つのパラメータ、$T_i > 0$ と $\theta > 1$ に依存する。パラメータ T_i は、技術の状態、つまり絶対優位、を反映し、T_i の値が高いほどより高い平均技術の実現を示す。パラメータ θ は、国内の技術の分散を示し、θ の値が高いことは国内での技術の差が小さいことを示す。i 国から n 国に輸出するにあたっての地理的な障壁、d_{ni} を考慮すると、i 国で生産された財が n 国に輸出されるときの価格は:

$$p_{ni}(j) = \left(\frac{c_i}{z_i(j)}\right) d_{ni}$$

ここで、貿易における地理的な障壁として、輸送コストや文化の違いなどを反映する両国間の距離が考えられ、障壁を下げて貿易を促進する負の障壁として、国境を接しているかどうか、自由貿易協定を結んでいるかどうか、という要素が考えられる。

完全競争を仮定すると、国々は、j 財を最も安く輸出する国から、財を輸入する。価格の分布関数は、$G_{ni}(p) = Pr[P_{ni} \leq p] = 1 - F_i(z) = 1 - F_i(c_i d_{ni}/p)$、で表される。$i$ 国の n 国における輸出シェアは、i 国が n 国において、最も安く財を供給する確率、つまり、i 国以外の国々の価格が i 国の価格よりも高い確率である。X_{ni} を i 国から n 国への輸出（i 国の輸出、n 国の輸入）、X_n を n 国の総支出とすると、i 国の n 国における輸出シェアは:

$$\frac{X_{ni}}{X_n} = \int_0^\infty \prod_{s \neq i}[1 - G_{ns}(p)]dG_{ni}(p) = \frac{T_i(c_i d_{ni})^{-\theta}}{\sum_{i=1}^{N} T_i(c_i d_{ni})^{-\theta}}$$

生産は労働と中間財を組み合わせて行われると仮定する。i 国の賃金を w_i、労働シェアを β、中間財価格を i 国におけるすべての価格のインデックスで表すと、生産コストは $c_i = w_i^\beta p_i^{1-\beta}$ と表せる。輸入国 n の自国購入 (X_{nn}) で割ることで標準化すると:

$$\frac{\dfrac{X_{ni}}{X_n}}{\dfrac{X_{nn}}{X_n}} = \frac{X_{ni}}{X_{nn}} = \frac{T_i}{T_n}\left(\frac{w_i}{w_n}\right)^{-\theta\beta}\left(\frac{p_i}{p_n}\right)^{-\theta(1-\beta)} d_{ni}^{-\theta}$$

X_{ni}/X_n の式を自国での購入である、X_{ii}/X_i と X_{nn}/X_n に適用すると、i 国の n 国に対する価格比を求めることができる。

$$\frac{p_i}{p_n} = \frac{w_i}{w_n}\left(\frac{T_i}{T_n}\cdot\frac{\dfrac{X_i}{X_{ii}}}{\dfrac{X_n}{X_{nn}}}\right)^{\frac{-1}{\theta\beta}}$$

この価格比を前の式に代入して解くと、i 国の輸出シェアは、賃金（w_i）、地理的な障壁（d_{ni}）、そして、技術パラメータ（T_i）で表せる。自然対数を取り、貿易の地理的障壁として、i 国と j 国の距離（$dist_{ni}$）、i 国と j 国が国境を接しているかのダミー変数（b_{ni}）、i 国と j 国が自由貿易協定を締結しているかのダミー変数（fta_{ni}）により、$\ln d_{ni} = \ln dist_{ni} - b_{ni} - fta_{ni}$ と定義すると、実証モデルとして、次の(1)式が得られる（$\ln d_{ni}$ にかかる係数 θ は、理論モデルでは、距離、国境シェアのダミー変数、自由貿易締結のダミー変数とも同じ θ であるが、実証分析にあたっては、データのスケールの違いなどを考慮して、別々の係数として推計する）。

$$\ln\frac{X'_{ni}}{X'_{nn}} = S_i - S_n - \theta_1 \ln dist_{ni} - \theta_2 b_{ni} - \theta_3 fta_{ni} + \delta_{ni} \tag{1}$$

ここで、$\ln X'_{ni} = \ln X_{ni} - \dfrac{1-\beta}{\beta}\ln\left(\dfrac{X_i}{X_{ii}}\right)$ である。輸出国の競争力は、$S_i = \dfrac{1}{\beta}\ln T_i - \theta \ln w_i$ で定義される。

実証分析にあたって、X_{ni} は n 国の i 国からの輸入（i 国の n 国への輸出）であり、X_{ii} は i 国の粗生産から輸出を引いて求める。n 国の総支出である X_n は、自国購入と他国からの輸入で計算される。労働分配率 β は Eaton and Kortum（2002）と同様に0.21と仮定する。S_i は輸出国ダミーの推定係数、S_n は輸入国ダミーの推定係数である。Eaton and Kortum（2002）で指摘されているように、誤差項（δ_{ni}）の分散共分散行列は、双方向貿易を反映

して、ゼロではない非対角要素を持つため、一般化線形モデルとして、最尤法を用いて推定を行う。

(1)式で推定した輸出国ダミーの推定係数を使って、競争力の源泉を推定する。生産技術を説明する変数として、i 国の研究開発支出（R_i）、人的資本（H_i）とすると：

$$S_i = \alpha_0 + \alpha_R \ln R_i - \alpha_H \left(\frac{1}{H_i}\right) - \theta \ln w_i + \tau_i \tag{2}$$

ここで、α_0 は定数、α_R, α_H は、それぞれの推定係数であり、τ_i は誤差項である。また、これらの推定結果から、技術の状態、つまり絶対優位を表すパラメータ、$T_i = (e^{\hat{S}_i} w_i^\theta)^\beta$ を計算することができる。

2．サンプル国とデータ

本章では、中国をはじめとする東アジア諸国、インドをはじめとする南アジア諸国と、日本など主要な OECD 諸国を選択し、中国をはじめとするアジア諸国が自由貿易を推進するなかでの、主要国の国際競争力の推移を調べた。サンプル国は、OECD 主要国として、オーストラリア、カナダ、フランス、ドイツ、イタリア、イギリス、アメリカ合衆国、中国、日本と韓国、ASEAN から、インドネシア、マレーシア、フィリピン、タイ、シンガポール、南アジア諸国からインド、スリランカ、パキスタン、で、計18カ国である。ただし、シンガポールは $X_{nn}(X_{ii}) < 0$ となってしまうため、推定式では除外せざるをえなかった。推定した期間は、中国の WTO 加盟の影響が出始めた2003年から2008年までで、2009年の世界金融危機の影響による大幅な貿易縮小の前までである。

推定式(1)の被説明変数は、2国間貿易である X_{ni} を、輸入国（輸出国）の総支出 X_n（X_i）と、輸入国（輸出国）の国内購入 X_{nn}（X_{ii}）と、$\beta = 0.21$ を使って、変形したものである。ここで、2国間貿易（X_{ni}）は、国連の UN Comtrade の2国間貿易データ（US ドル）から、製造業貿易として、SITC コードで 5+6+7+8−68 を計算して求めた。輸入国（輸出国）の総支出 X_n（X_i）は、輸入国（輸出国）の製造業生産と世界からの輸入国（輸出国）の製造業輸入を加えて、計算する。製造業生産は、付加価値ではなく粗生産であ

るため、UNIDO INDSTAT4 2013の粗生産（US ドル）データを用いた。世界からの輸入国（輸出国）の製造業輸入は、UN Comtrade の世界からの輸入データ（US ドル）から、SITC コードで5＋6＋7＋8－68 を計算して求めた。輸入国（輸出国）の国内購入 X_{nn}（X_{ll}）は、輸入国（輸出国）の製造業生産から輸入国（輸出国）の世界への製造業輸出を引いて、計算する。同様に、製造業生産は UNIDO INDSTAT4 2013の粗生産（US ドル）データ、世界への製造業輸出は UN Comtrade の世界への輸出データ（US ドル）から、SITC コードで5＋6＋7＋8－68 を計算して求めた。

推定式(1)の説明変数、2国間の距離は各国の首都の距離をマイクロソフトの World Atlas から求めた。自由貿易協定（FTA）ダミーは、WTO ホームページのリストから、欧州連合・関税同盟（EU）、北米自由貿易協定（NAFTA）、ASEAN 自由貿易協定（AFTA）、南アジア特恵貿易協定（SAPTA）、そして、2003年から開始された、中国 ASEAN 自由貿易協定（ACFTA）を含んでいる。

推定式(1)の観測データ数は、各年で、N 国に対して、$N \times (N-1)$、つまり $17 \times 16 = 272$、であるが、主に UNIDO INDSTAT4 2013からの粗生産のデータが入手可能でない場合があり、すべてのデータがそろった2006年以外は、入手可能なデータのみで推計されている。

推定式(2)の被説明変数は、推定式(1)の推定結果（輸出国ダミーの推定係数）から計算される。説明変数の研究開発費（R&D 支出、US ドル）は世界銀行（オンライン）の World Development Indicators（WDI）から、製造業部門の賃金は、UNIDO INDSTAT4 2013の賃金総額を雇用者数で割って、計算した。また、購買力平価で測った1人あたり GDP（World Development Indicators: WDI より）を賃金の別の指標として用いる。人的資本を示す指標として、平均教育年数（Educational Attainment for Total Population Aged 15）を、Barro-Lee ウェブサイトのデータセットから取っている。

推定式(2)の観測データ数は、N 国と T 年において、$N \times T$、つまり、$17 \times 6 = 102$ であるが、入手不可能な場合があるため、観測数は、説明変数として賃金を使った場合で79、賃金の代わりに購買力平価で測定した1人あたり GDP を使った場合で87となっている。

3．比較優位に基づく国際競争力の推定

　まず、比較優位の2003～2008年までの推移を調べるために、推定式(1)を年ごとに推定した。参考のため、2003～2008年のパネル推定も行った。誤差項の非対角要素がゼロでないため、一般化線形モデルとして最尤法を用いて推定し、表8-1に推定結果を示している。

　まず、距離は有意に貿易に負の効果を与え、貿易への障壁となっていることがわかる。また、自由貿易協定の締結は有意に貿易に正の効果があり、貿易を促進させていることがわかる。一方、国境を接しているか否かは貿易に有意な影響を与えていない。輸出国ダミー、輸入国ダミーでは、アメリカ合衆国を省いているため、アメリカの数値をゼロとして、正の推定値の場合はアメリカより大きい値、負の推定値の場合はアメリカより小さい値であることを示している。

　輸出国ダミーの推定値（S_i）は、比較優位に基づく競争力を示している。推定式(1)は自然対数をとっているため、自然対数の底のべき乗、$\exp(S_i)$を計算して、各国の競争力ランキングを各年で示したのが、表8-2である。

　2003～2005年では、日本が１位、アメリカ合衆国が２位、中国が３位であったが、2006年には、中国がアメリカ合衆国を抜いて２位となり、さらに、2007～2008年では、中国は日本も抜いて第１位となった。Eaton and Kortum（2002）によれば、1990年のデータにおいて、日本はOECD諸国の中で最も競争力が高く、アメリカが２位であり、日本の優位は「失われた20年」といわれるなかで、2006年まで維持されていたとみられる。他国は2003～2008年であまり大きな順位の変化はみられないが、先進国であるオーストラリアやカナダよりも、インドやインドネシアのほうが、比較優位の意味で、競争力を持っていることは注目すべき点であろう。ただし、中国に比較すると、インドの競争力の上昇は緩やかなものにとどまっている。また、アジア諸国のうちでも、フィリピン、スリランカ、パキスタンは、低い競争力にとどまっている（ただし、フィリピン、スリランカ、パキスタンは、データが入手不可能な年が多い）。

表8-1　推定式(1)の推定結果

	GLM 2003年		GLM 2004年		GLM 2005年		GLM 2006年		GLM 2007年		GLM 2008年		Panel FGLS 2003-2010年	
	推定値	標準誤差	推定値	標準誤差	推定値	標準誤差	推定値	標準誤差	推定値	標準誤差	推定値	標準誤差	推定値	標準誤差
輸出国ダミー: S_i														
オーストラリア	-3.727	0.201	-3.555	0.185	-3.830	0.195	-3.780	0.232	-3.573	0.238	-3.735	0.242	-3.673	0.121
カナダ	-4.355	0.171	-3.973	0.164	-4.237	0.175	-4.202	0.200	-4.053	0.238	-3.982	0.215	-4.157	0.121
中国	-0.924	0.197	-0.078	0.175	-0.184	0.190	0.122	0.190	0.743	0.193	0.673	0.203	0.203	0.123
フランス	-2.110	0.158	-2.238	0.145	-2.343	0.168	-2.255	0.183	-2.288	0.194	-2.438	0.177	-2.330	0.123
ドイツ	-1.528	0.156	-1.274	0.142	-1.566	0.151	-1.733	0.179	-1.216	0.208	-1.220	0.187	-1.425	0.124
インド	-2.726	0.182	-2.245	0.169	-2.547	0.188	-2.116	0.216	-1.830	0.230	-1.935	0.215	-2.185	0.124
インドネシア	-3.049	0.150	-3.028	0.154	-3.289	0.154	-2.934	0.186	-2.768	0.215	-3.596	0.195	-3.107	0.122
イタリア	-2.190	0.171	-1.863	0.139	-2.143	0.169	-2.142	0.179	-1.582	0.180	-1.751	0.178	-1.938	0.123
日本	0.160	0.191	0.257	0.189	0.062	0.185	0.250	0.211	0.220	0.221	0.127	0.200	0.132	0.123
韓国	-1.674	0.447	-1.459	0.455	-1.443	0.454	-0.840	0.408	-1.094	0.476	-1.176	0.448	-1.279	0.131
マレーシア	-4.315	0.174	-4.440	0.177	-4.568	0.178	-4.401	0.179	-4.006	0.212	-3.209	0.193	-4.166	0.122
フィリピン	(omitted)		(omitted)		(omitted)		-5.225	0.267	(omitted)		(omitted)		-5.297	0.234
スリランカ	-8.347	0.250	(omitted)		-6.993	0.234	-6.949	0.265	-6.363	0.366	-5.801	0.253	-6.936	0.147
タイ	(omitted)		(omitted)		(omitted)		-6.010	0.323	(omitted)		-7.268	0.339	-6.811	0.143
イギリス	-2.918	0.168	-2.632	0.152	-3.007	0.164	-3.666	0.192	(omitted)		(omitted)		-3.715	0.234
							-3.002	0.172	-2.683	0.190	-2.697	0.176	-2.842	0.124
輸入国ダミー: S_n														
オーストラリア	0.705	0.248	0.646	0.248	0.796	0.267	0.577	0.253	0.646	0.276	0.851	0.275	0.663	0.121
カナダ	1.980	0.305	1.857	0.330	2.076	0.325	1.856	0.296	2.094	0.338	2.066	0.315	1.980	0.121
中国	-0.601	0.286	-1.122	0.276	-1.079	0.288	-1.500	0.315	-1.894	0.344	-2.036	0.342	-1.532	0.123
フランス	-0.429	0.259	0.097	0.260	0.168	0.269	0.280	0.260	0.703	0.281	0.926	0.270	0.382	0.123
ドイツ	0.223	0.272	0.179	0.267	0.550	0.268	0.871	0.278	0.648	0.301	0.585	0.289	0.559	0.124
インド	-1.181	0.257	-1.267	0.251	-1.061	0.267	-1.241	0.285	-1.099	0.276	-0.694	0.275	-1.092	0.122
インドネシア	-0.190	0.314	0.209	0.314	0.612	0.304	-0.203	0.314	-0.044	0.342	0.845	0.307	0.185	0.122
イタリア	-0.740	0.324	-0.740	0.316	-0.642	0.325	-0.359	0.304	-0.415	0.337	-0.620	0.329	-0.546	0.123
日本	-1.577	0.278	-1.596	0.275	-1.446	0.288	-1.586	0.291	-1.504	0.294	-1.672	0.288	-1.565	0.123
韓国	-0.251	0.240	-0.331	0.239	-0.431	0.251	-0.754	0.258	-0.401	0.285	0.079	0.276	-0.398	0.131
マレーシア	2.795	0.310	3.122	0.298	3.287	0.298	2.882	0.300	2.587	0.323	1.330	0.306	2.672	0.122
フィリピン	(omitted)		(omitted)		5.079	0.318	4.672	0.284	(omitted)		(omitted)		0.746	0.234
スリランカ	6.820	0.311	(omitted)		(omitted)		0.136	0.372	1.332	0.404	2.877	0.317	4.901	0.147
タイ	(omitted)		(omitted)		(omitted)		1.926	0.271	(omitted)		2.742	0.384	1.569	0.143
イギリス	1.491	0.287	1.287	0.298	1.570	0.289	1.862	0.297	1.751	0.338	1.562	0.320	2.038	0.234
													1.607	0.124
距離 (ln(dist))	-0.453	0.129	-0.361	0.131	-0.520	0.115	-0.310	0.101	-0.203	0.133	-0.190	0.118	-0.349	0.050
国境シェア (b)	-0.043	0.230	0.018	0.211	-0.078	0.221	0.150	0.191	0.396	0.238	0.236	0.215	0.162	0.097
自由貿易協定 (fta)	0.642	0.287	0.800	0.287	0.492	0.241	0.842	0.187	0.821	0.223	1.090	0.216	0.718	0.090
定数	1.254	1.196	0.234	1.208	1.756	1.098	-0.182	0.971	-1.436	1.263	-1.501	1.104	0.106	0.499
観測値数	182		156		182		272		182		210		1346	
LOG Likelihood	-168.76		-133.07		-166.98		-286.53		-192.10		-218.00		Wald chi2	13808.42

表8-2 比較優位で測った各国の競争力ランキング（$\exp(S_i)$）

2003年	
日本	1.173
アメリカ	1.000
中国	0.397
ドイツ	0.217
韓国	0.187
フランス	0.121
イタリア	0.112
インド	0.065
イギリス	0.054
インドネシア	0.047
オーストラリア	0.024
マレーシア	0.013
カナダ	0.013
フィリピン	0.000

2004年	
日本	1.293
アメリカ	1.000
中国	0.925
ドイツ	0.280
韓国	0.232
イタリア	0.155
フランス	0.107
インド	0.106
イギリス	0.072
インドネシア	0.048
オーストラリア	0.029
カナダ	0.019
マレーシア	0.012

2005年	
日本	1.064
アメリカ	1.000
中国	0.832
韓国	0.236
ドイツ	0.209
イタリア	0.117
フランス	0.096
インド	0.078
イギリス	0.049
インドネシア	0.037
オーストラリア	0.022
カナダ	0.014
マレーシア	0.010
フィリピン	0.001

2006年	
日本	1.284
中国	1.130
アメリカ	1.000
韓国	0.432
ドイツ	0.177
インド	0.121
イタリア	0.117
フランス	0.105
インドネシア	0.053
イギリス	0.050
タイ	0.026
オーストラリア	0.023
カナダ	0.015
マレーシア	0.012
パキスタン	0.005
スリランカ	0.002
フィリピン	0.001

2007年	
中国	2.103
日本	1.246
アメリカ	1.000
韓国	0.335
ドイツ	0.296
イタリア	0.206
インド	0.160
フランス	0.101
イギリス	0.068
インドネシア	0.063
オーストラリア	0.028
マレーシア	0.018
カナダ	0.017
スリランカ	0.002

2008年	
中国	1.959
日本	1.135
アメリカ	1.000
韓国	0.308
ドイツ	0.295
イタリア	0.174
インド	0.144
フランス	0.087
イギリス	0.067
マレーシア	0.040
インドネシア	0.027
オーストラリア	0.024
カナダ	0.019
フィリピン	0.003
スリランカ	0.001

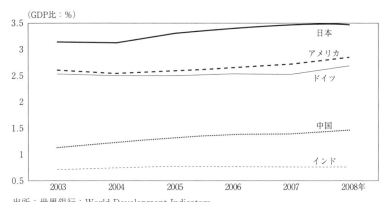

出所：世界銀行：World Development Indicators

図8-1 主要国の研究開発費の推移

4．競争力の源泉と絶対優位の推定

　次に、推定式(1)で推定された、輸出国ダミーの推定値 (S_i) を使って、推定(2)によって、競争力の源泉を推定する。推定式(2)は、競争力の源泉として、研究開発費、人的資本（平均教育年数）、そして賃金を考えている。推定式の推定結果を分析する前に、競争力上位の先進国である、日本、アメリカ、ドイツと、急速に競争力を上げている中国、また、競争力の上昇が鈍いインドについて、研究開発費、平均教育年数、賃金の2003～2008年の動きを見てみよう。

　図8-1の研究開発費（GDP比）の動きからは、日本、アメリカ、ドイツと中国、インドとは、かなり大きな差があることがわかるが、インドに比べると、中国は急速に研究開発費を増加させていることがわかる。この間、中国のGDPの伸びは著しいため、研究開発費のGDP比が上昇していることは、GDPの成長を上回る研究開発費の伸びを示している。一方、図8-2で示した平均教育年数は短期においては変化しにくい変数であり、先進3カ国と中国、インドとで、研究開発費と同様に差が大きいことに加えて、中国においてもほとんど変化はなく、むしろインドのほうが伸び率は高い。

　図8-3aは、5カ国の製造業における賃金（賃金額/雇用者数）を示している

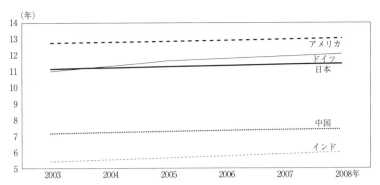

出所：Barro-Lee データセット・ウエブサイト

図8-2　主要国の平均教育年数の推移

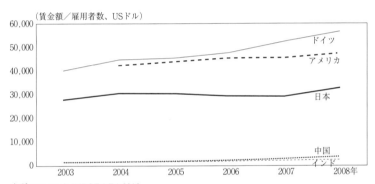

出所：UNIDO INDSTAT4 2013

図8-3a　主要国の賃金の推移

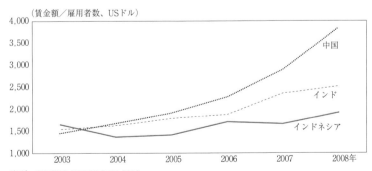

出所：UNIDO INDSTAT4 2013

図8-3b　中国、インド、インドネシアの賃金の推移

表8-3 推定式(2)の推定結果

推定式 (2)a

	推定値	標準誤差
研究開発費：$\ln(R)$	1.595	0.224
賃金：$\ln(w)$	-0.545	0.193
定数	2.648	1.814
R-squared	0.484	
観測数	79	

推定式 (2)b

	推定値	標準誤差
研究開発費：$\ln(R)$	1.477	0.271
1人あたりGDP：$\ln(w)$	-0.627	0.221
定数	3.416	2.099
R-squared	0.423	
Number of obs	87	

が、こちらはさらに、先進国と、中国、インドの差が大きい。先進国の中でも、ドイツとアメリカに比べると、日本の賃金は低い水準である。水準の違いにより、中国とインドの賃金の動きがほとんどわからないため、図8-3bでは、中国、インド、インドネシアに絞って推移を調べている。このグラフからは、インドやインドネシアに比較して、中国が急速に賃金を上げていることがわかる。

　推定式(2)をロバスト回帰推計によって推計した結果が、表8-3である。賃金は入手できない国や年があるため、すべての国で入手可能な購買力平価で測った1人あたりGDPを賃金の指標とした推定値も合わせて報告している。平均教育年数は、賃金や1人あたりGDPと相関が高く、多重共線性の問題をもたらし、結果も有意ではなかったため、説明変数から落として推定した。推定結果から、研究開発費の増加は競争力に有意に正の効果がある一方、賃金の上昇は競争力に有意に負の影響をもたらすことがわかる。賃金の指標として、購買力平価で測った1人あたりGDPを使った場合も、結果は変わらず、研究開発費は有意に正の効果、購買力平価で測った1人あたりGDPは有意に負の影響を、競争力にもたらすことがわかる。

　推定式(1)と(2)の結果を用いて、技術の状態、絶対優位を示すパラメータ、

表8-4 技術の状態(絶対優位)の各国ランキング ($T_i = (e^{s_i} w_i^\theta)^\beta$)
推定式(2)bの結果による計算

2003年	
アメリカ	4.036
日本	3.985
ドイツ	2.802
韓国	2.598
フランス	2.466
イタリア	2.425
中国	2.386
イギリス	2.109
オーストラリア	1.777
カナダ	1.567
インド	1.519
インドネシア	1.496
マレーシア	1.370
フィリピン	0.490

2004年	
日本	4.094
アメリカ	4.065
ドイツ	2.973
中国	2.895
韓国	2.742
イタリア	2.601
フランス	2.410
イギリス	2.258
オーストラリア	1.855
カナダ	1.709
インド	1.700
インドネシア	1.515
マレーシア	1.347

2005年	
アメリカ	4.095
日本	3.949
中国	2.880
ドイツ	2.813
韓国	2.771
イタリア	2.461
フランス	2.373
イギリス	2.098
オーストラリア	1.759
カナダ	1.631
インド	1.618
インドネシア	1.448
マレーシア	1.323
フィリピン	0.663

2006年	
日本	4.131
アメリカ	4.121
韓国	3.171
中国	3.131
ドイツ	2.743
イタリア	2.485
フランス	2.436
イギリス	2.117
インド	1.796
オーストラリア	1.789
カナダ	1.654
インドネシア	1.575
タイ	1.496
マレーシア	1.382
パキスタン	0.926
スリランカ	0.841
フィリピン	0.674

2007年	
アメリカ	5.253
日本	5.201
中国	4.404
ドイツ	3.884
韓国	3.800
イタリア	3.540
フランス	3.066
イギリス	2.863
オーストラリア	2.375
インド	2.304
カナダ	2.166
インドネシア	1.973
マレーシア	1.871
スリランカ	0.950

2008年	
アメリカ	4.143
日本	4.055
中国	3.637
ドイツ	3.097
韓国	2.992
イタリア	2.731
フランス	2.370
イギリス	2.267
インド	1.903
オーストラリア	1.826
マレーシア	1.803
カナダ	1.745
インドネシア	1.395
フィリピン	0.871
スリランカ	0.659

$T_i = (e^{s_i} w_i^\theta)^\beta$ を推定することができる。表8-4は、推定式(2)bの結果を使って、2003〜2008年の各国の絶対優位のランキングの推移を示している。

技術の状態(絶対優位)では、アメリカと日本がほぼ同水準で、1位と2位を分け合っている。比較優位とは異なり、技術の状態(絶対優位)では、

表8-5　推定式(1)の結果と推定値(2)aの予測値との差（2008年）

	推定式 (1) の推定値 $\exp(S_i)$	推定式 (2) aの予測値 $\exp(S_i hat)$	差 difference
カナダ	-3.982	-2.165	-1.818
中国	0.673	-1.235	1.908
フランス	-2.438	-2.057	-0.382
ドイツ	-1.220	-1.737	0.517
インド	-1.935	-2.061	0.125
インドネシア	-3.596	-5.819	2.223
イタリア	-1.751	-2.804	1.053
日本	0.127	-1.035	1.162
韓国	-1.176	-1.006	-0.170
マレーシア	-3.209	-2.545	-0.664
フィリピン	-5.801	-5.426	-0.375
スリランカ	-7.268	-4.745	-2.523
アメリカ	0.000	-1.543	1.543

中国のランキングは下がる。しかし、中国のランキングは2003年には7位であったが、2008年にはアメリカ、日本に次いで3位にランクされるようになっている。これは、中国の競争力が、低賃金によるものだけではなく、研究開発費の上昇を通じて技術も向上し、賃金も上昇しているなかで、競争力を保っていることを示している。比較優位と異なり、技術の状態（絶対優位）では、比較優位がいくつかの先進国を上回っていたインドも、インドネシア、マレーシア、スリランカ、フィリピンと同様に、下位にとどまっている。

　また、推定式(2)の結果から予測される比較優位（$S_i\,hat$）と、推定式(1)で推定された比較優位（S_i）の間には、興味深い違いがあることがわかる。表8-5では、2008年のデータを用いて、推定式(2)からの比較優位の予測値（$S_i\,hat$）と推定式(1)から求められた比較優位（S_i）の違いを示している。

　表8-5より、インドネシア、中国、アメリカ、日本などの国々は、競争力の源泉とされる技術を説明する研究開発費と賃金から予測される競争力（$\exp(S_i\,hat)$）よりも、実際に現れている競争力（$\exp(S_i)$）のほうが、かなり高いことがわかる。この結果から、これらの国々では、研究開発費や賃金といった指標では説明できない競争力の源泉があることが示唆される。このギャップを埋めるものとして、有力な要因として考えられるのは、海外直接

投資を通じた技術のスピルオーバーによる、生産技術の向上である。中国をはじめとする多くの東アジア諸国は、近年は積極的に、技術力の優れた先進国からの直接投資を受け入れており、直接投資を通じて生産技術が移転され、あるいは、生産を通じた学習効果によって生産技術が向上して、競争力の上昇に貢献していると考えられる。

　直接投資を通じた技術のスピルオーバーについては多くの分析があるが、実証分析で示すには、直接投資データの制約などにより、有意な結果を得るのは難しい。Eaton and Tamura（1994）では、グラビティモデルを用いて、直接投資と貿易を説明した後の残差に正の相関があることを示し、市場規模や距離といった、直接投資と貿易に共通する要因を考慮した後でも、直接投資が貿易にプラスの影響を与えることを示唆した。直接投資が貿易に与える影響については、さらに精緻な実証分析の積み重ねが必要となるだろう。

5．結論

　本章では、アジア諸国とOECD主要国について、リカード理論に基づくグラビティモデルから推計された、競争力（比較優位）と技術の状態（絶対優位）を推計した。グラビティモデルで考慮される地理的な障壁に、距離とともに、貿易を促進する自由貿易協定の締結を負の障壁として導入し、自由貿易の促進が、輸出を増やす効果を考慮した。特に、中国のWTO加盟を契機にアジア諸国が自由貿易を推進した期間（2003～2008年）において、中国が競争力を高めて、2007～2008年には、日本とアメリカを抜いて1位になった。この結果は、単に中国の輸出金額が世界1位になったことを反映するものではなく、距離や自由貿易協定の影響などを考慮した上で、リカード理論に基づき、生産技術を反映する生産コストと賃金コストからみて、中国が輸出国として、最も競争力を持ったことを示している。Eaton and Kortum（2002）における1990年のデータによる分析で、先進諸国の中で競争力が1位であった日本は、「失われた20年」といわれるなかでも、2007年に中国に抜かれるまで、競争力トップを維持していた。

　技術の状態として表される絶対優位では、アメリカと日本が優位性を保っており、中国は優位を高めているものの、まだ、両国を追い抜くには至って

いない。このことは、2008年時点までででは、中国の競争力は、低賃金に依存し、技術レベルはトップには立っていないことを示している。しかし、経済成長や中国元の増価によって、中国の賃金は、他のアジア諸国と比べて、急速に上昇している。同時に、中国では研究開発費の増加などにより技術の状態を向上させているため、2008年までの期間では、中国の競争力を損なうまでには至っていないが、賃金の上昇率が技術の上昇率よりも高くなれば、中国の競争力を後退させる要因になるであろう。比較優位である競争力では、ある程度の優位性を持っていたインドをはじめとするアジア諸国は、技術の状態を示す絶対優位では、まだまだ下位にいて、なかなか優位性を上げることはできていない。以上から国の競争力は、低賃金によるものが大きく、生産技術の水準はまだ高くないことがわかる。

本章で分析した、リカード理論に基づくグラビティモデルでは説明できない競争力の高さが、中国や日本、アメリカなどの国にはみられる。生産技術を高めて、競争力の増加をもたらす要因として考えられるのは、直接投資を通じた技術のスピルオーバーによる生産性向上である。直接投資の実証分析ではデータの制約が特に発展途上国では大きく、良い実証結果を得ることが難しいが、引き続き取り組んでいくべき課題であると考えられる。

本章では、アジアと主要な先進諸国といった限られたサンプルの中で分析を行ったが、この分析手法は、より大きなサンプルでも応用が可能である。また、2009年の世界金融危機の影響を受けた貿易の縮小は翌年には回復したが、その後、一次産品価格の下落や中国の成長減速、さらに投資減速の影響を受けて、世界の貿易は停滞している（IMF, 2016）。このような世界的な貿易の停滞の中で、どのように輸出の競争力を高めていくことができるかが、今後の研究課題となるだろう。

【謝辞】本研究は、科学研究費補助金（課題番号：25380332）の助成を受けている。また、本章は Tamura and Xu（2015）の実証結果の一部を用い、法政大学比較経済研究所の研究会やコンファレンス出席者のコメントなどをもとに、新たな分析と考察を行っている。

参考文献

Adams, F. Gerard, Byron Gangnes and Yochanan Shachmurove (2006) "Why is China so Competitive? Measuring and Explaining China's Competitiveness," *World Economy*, 29: 95-122.

Eaton, Jonathan and Samuel Kortum (2002) "Technology, Geography, and Trade," *Econometrica*, 70: 1741-1779.

Eaton, Jonathan and Akiko Tamura (1994) "Bilateralism and Regionalism in Japanese and U.S. Trade and Direct Foreign Investment Patterns," *Journal of the Japanese and International Economies*, 8: 478-510.

International Monetary Fund (2016) *Too Slow for Too Long*, World Economic Outlook (WEO) April 2016.

Tamura, Akiko and Peng Xu (2008) "China's international competitiveness: evidence from bilateral trade patterns," *Innovation system and the role of foreign capital*, Institute of Comparative Economic Studies, Hosei University, 78-101.

Tamura, Akiko and Peng Xu (2015) "China's Competitiveness in Promoting Free Trade," Proceedings in *Asian Economy at the Crossroad: China, India, and ASEAN*, Institute of Comparative Economic Studies, Hosei University, 27-48.

Wei, Y. and X. Liu (2006) "Productivity Spillovers from R&D, Exports and FDI in China's Manufacturing Sector," *Journal of International Business Studies*, 37: 544-557.

胥鵬・田村晶子 (2006)「『世界の工場中国』と世界との貿易・直接投資」『中国研究月報』60(7): 15-28.

第9章

地域貿易協定における原産地規則と直接投資

法政大学経済学研究科博士後期課程　中岡 真紀

はじめに

　世界貿易機関の多角的貿易交渉が暗礁に乗り上げ交渉妥結に至らず、各国は個別の自由貿易交渉を活発化させており、2016年9月現在世界では280に及ぶ地域貿易協定（RTA: Regional Trade Agreement）が発効している。依然交渉中の地域貿易協定も多く、また、その経済規模も大型化している。当初の地域貿易協定は近隣諸国との協定が多かったが、近隣諸国との経済圏が確立した現在、さらに大きな経済圏へと地域貿易協定の広がりをみせている。地域貿易協定とは、自由貿易協定（FTA: Free Trade Agreement）と関税同盟（Customs Union）の総称であり、協定締約国間で貿易障壁を取り除き、貿易を自由化するものである。自由貿易協定とは協定締約国間で関税を撤廃し、モノやサービス貿易を自由に行おうとするものであり、関税同盟とは同盟を結んだ締約国間では関税を撤廃し貿易の自由化を図り、域外国に関しては共通域外関税（同じ関税率）を課するというものである。関税と貿易に関する一般協定（GATT: General Agreement on Tariffs and Trade）では、第24条において自由貿易地域および関税同盟に関して規定しており、制限的通称規則を実質上すべての貿易において廃止すること、となっている。この規定においては、実質上すべての貿易がどのくらいなのか、と曖昧であると論議はある

が、地域貿易協定が世界貿易機関で定められている最恵国待遇の例外として認められている根拠となっている。

日本においては、当初世界貿易機関の多角的貿易交渉を優先する政策をとっていたが、各国が地域貿易協定の締結を促進していくなか、日本もシンガポールとの経済連携協定（EPA: Economic Partnership Agreement）の締結をはじめとして、地域貿易協定の締結を推進していくことになる。地域貿易協定の交渉分野としては、関税の削減・撤廃を推進する市場アクセスをメインとしているが、日本の場合は幅広い経済連携を図る目的である経済連携協定を推進しているため、サービス貿易、投資、人の移動他多くの分野において交渉される。地域貿易協定が締結されると、域内国間の関税が削減・撤廃されることにより、域内国の貿易は自由化されるが、域外国に対しては依然として各国ごとの関税障壁が残る。このような場合、域外国は関税率の低い国を経由して、関税率の高い国へ輸出する可能性がある。これを迂回輸出というが、この迂回輸出を防ぐために原産地規則（RoO: Rule of Origin）を設定する。原産地規則とは、その国の原産品（モノの国籍）であることを証明するものである。原産地規則を満たさないと、その国の原産品とは認められないため、地域貿易協定の優遇措置を享受することができない。この原産地規則は各地域貿易協定において設定され、その共通ルールはない。現在多くの地域貿易協定が交差して発効されているなか、その原産地規則も複雑に交差しており、その証明手続きも輸出入者に大きな負担となっている。本章では、この原産地規則が地域貿易協定にどのような影響を与えているのか、特に直接投資（FDI: Foreign Direct Investment）との関係を、原産地規則の制限性から実証分析していく。分析対象は日本が発効している経済連携協定締約国間で、実行関税率表第11部テキスタイおよびアパレルで行う。本章の構成は、第1節「原産地規則の概要」、第2節「先行研究」、第3節「原産地規則の制限性」、第4節「実証分析」、第5節「おわりに（まとめ）」、である。

1．原産地規則の概要

原産地規則は特恵分野と非特恵分野に関わるものに分かれる。特恵分野に該当するものが地域貿易協定や一般特恵関税に関するものであり、関税の便

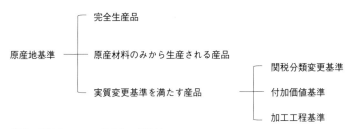

出所：税関ホームページより一部抜粋
図9-1　経済連携協定における原産地基準

益を受けるための規則となる。非特恵分野とは不当廉売関税や報復関税等の通商政策、商品の原産地表示や貿易統計に使われるようなものである。

地域貿易協定における原産地規則には三つの構成要素[1]があり、原産地基準、積送基準、手続的規定がある。原産地基準とはその国の原産品として認定する基準であり、完全生産品、原材料のみから生産される産品、実質的変更基準を満たす産品、の三つの定義がある。積送基準とは相手国から日本に到着するまでに相手国の原産品であることが失われていないかどうかを確認する基準で、直送基準、また第三国を経由する場合はその国の原産品の資格を失わないような作業のみを許容する規定を定めているものである。手続的規定とは、その国の原産品であることを輸入国の税関に証明する証明制度に関する規定である。原産地規則は各協定別に定められており、どの締約国と輸出入を行うかによって満たすルールが異なっている。原産地規則は各協定とも一般規則と品目別規則が設定されている。

完全生産品とは当該国一国で原材料からすべて生産されるもので、代表的なものとして農産品等がある。原産材料のみから生産される産品とは、他国から輸入した原材料を使用した原産部品となるが、その域外国から輸入した原材料は国内生産の原材料と合わせて製品になるような内部部品の場合などであり、いわゆる原材料の一部に非原産材料を使用した製品、ということになる。実質的変更基準は、非原産材料を使用している場合でも、実質的に性質を変更するような大きな変更が行われた場合にその国の原産とするという

---

[1] 財務省・税関「EPA 原産地規則の初歩　経済連携協定（EPA）を活用するために」より

表9-1 各経済連携協定における原産地規則 (抜粋)

HSコード	50・07項　原産地規則
シンガポール	第50・07の産品への他の項の材料からの変更（第50・04項から第50・06項までの各項の非原産材料を使用する場合には、当該非原産材料のそれぞれがいずれかの締約国又は東南アジア諸国連合の加盟国である第三国において完全に紡績され、又は浸染され、若しくはなせんされる場合に限る）。又は、商品が完全に浸染され、若しくはなせんされること及び第50・07項の非原産材料がいずれかの締約国若しくは東南アジア諸国連合の加盟国である第三国において完全に製織されること（第50・07項の産品への関税分類の変更を必要としない）。
メキシコ	第50・07項の産品への他の項の材料からの変更
マレーシア	第50・07の産品への他の項の材料からの変更（第50・04項から第50・06項までの各項の非原産材料を使用する場合には、当該非原産材料のそれぞれがいずれかの締約国又は東南アジア諸国連合の加盟国である第三国において完全に紡績され、又は浸染され、若しくはなせんされる場合に限る）。又は、商品が完全に浸染され、若しくはなせんされること及び第50・07項の非原産材料がいずれかの締約国若しくは東南アジア諸国連合の加盟国である第三国において完全に製織されること（第50・07項の産品への関税分類の変更を必要としない）。
タイ	第50・07項の産品への第50・04項から第50・06項までの各項の材料からの変更（織物がいずれかの締約国において浸染され、又はなせんされる場合に限る。又は第50・07項の産品への第50・04項から第50・06項までの各項の材料からの変更（製織されるに先立って、糸がいずれかの締約国において浸染され、又はなせんされる場合に限る）。
ベトナム	CTH（第50・04項から第50・06項までの各項の非原産材料を使用する場合には、当該非原産材料のそれぞれがいずれかの締約国又は東南アジア諸国連合の構成国である第三国において完全に紡績され、又は浸染され、若しくはなせんされる場合に限る）。又は、産品が完全に浸染され、若しくはなせんされること及び第50・07項の非原産材料がいずれかの締約国若しくは東南アジア諸国連合の構成国である第三国において完全に製織されること（CTCを必要としない）。
インド	糸からの製造（付表に規定する必要な工程を経る場合に限る）
ペルー	第50・07項の産品への他の項の材料からの変更
ASEAN	CTH（第50・04項から第50・06項までの各項の非原産材料を使用する場合には、当該非原産材料のそれぞれが一又は二以上の締約国において完全に紡績され、又は浸染され、若しくはなせんされる場合に限る）。又は、商品が完全に浸染され、若しくはなせんされること及び第50・07項の非原産材料が一若しくは二以上の締約国において完全に製織されること（CTCを必要としない）。

出所：各経済連携協定品目別規則より筆者作成

ものである。実質変更基準を満たす産品のうち、関税分類変更基準とは、原材料の関税分類番号「商品の名称及び分類についての統一システムに関する国際条約（HS条約：International Convention on the Harmonized Commodity Description Coding System)」(HSコード) と最終製品の関税分類番号が異なる場合で、関税分類番号2桁（類）、4桁（項）、6桁（号）レベルでの変更がある。

付加価値基準とは、非原産材料が最終製品の価格に占める割合によってその国の原産かどうかの基準とするもので、その国で付加された価値（原産資格割合）を規定している。東南アジア諸国連合（ASEAN: Association of South-East Asian Nations）等アジア諸国では原産資格割合40％基準が多い。加工工程基準とは、域内国で一定の加工がされた場合にその国の原産とするものであり、テキスタイル、アパレルにおいて多くみられる。また、この原産地基準はその国の原産品である証明として原産地証明書に記載されるが、各協定によって記載方法は異なっている。例えば、完全生産品（Wholly Obtained）の場合、タイ、ASEAN全体、ベトナムとの原産地証明書にはWOと記載されるが、マレーシア、インドネシア、ブルネイ、フィリピン、メキシコ、チリ、インドとの原産地証明書にはAと記載される。関税分類変更基準（Change of Chapter, Heading, Subheading）は一般ルールの場合CTH（4桁変更）と記載されるが、品目別規則の場合はCTCやCと記載されたりする。

　また原産地規則については世界税関機構（WCO: World Customs Organization）において原産地規則の調和が図られているが、いまだ完成していない。原産地規則は各地域貿易協定によって異なっており、多くの地域貿易協定が交差する現在、複雑化している。

2．先行研究

　直接投資には企業が国内と同一の生産、販売の工程を海外に移転する水平型直接投資と企業が生産・販売の工程の一部を海外に移す垂直型直接投資の2タイプがよく知られている。最近はそれに加え輸出基地型直接投資や複合型直接投資が出現している。輸出基地型直接投資は海外で製品を生産し、その国の市場に製品を供給するのではなく、第三国へ輸出するための工場立地である。地域貿易協定を締結した場合に考えられる企業の直接投資の一形態となる。複合型直接投資は水平型直接投資と垂直型直接投資の双方を兼ね備えた企業立地である。

　清田（2015）では、ボールドウィン他の売上・仕入れ比率ボックスに基づき、水平型直接投資、垂直型直接投資の他にネットワーク型直接投資、資源獲得型直接投資、貿易摩擦回避型直接投資、販売拠点型直接投資、輸出基地

型直接投資とパターンを整理している。ネットワーク型直接投資とは、いわゆる加工貿易の形態で、中間財を輸入し製品を生産した後海外へ輸出するための投資である。現在の国際的生産ネットワーク構築を推進するものとなっている。資源獲得型直接投資は石油や液化天然ガスの資源開発を目的とした投資である。日本企業が資源開発のために投資し、日本に資源として輸入する開発投資となっている。貿易摩擦回避型直接投資は貿易摩擦が生じた製品を輸出から海外生産へと転換するものである。販売拠点型直接投資は海外に販売拠点を設立するために投資するものである。最後の輸出基地型直接投資は現地生産後、海外へ輸出するための投資で、輸出基地としての投資となる。地域貿易協定が締結された場合の企業戦略としてはいずれも考えられるが、生産を考えた場合、ネットワーク型直接投資、輸出基地型直接投資に大いに影響を及ぼすのではないかと考える。

FDIと原産地規則のFTAへの厚生効果を実証しているMukunoki（2013）では、地域貿易協定域外企業の地域戦略として、①輸出、② M-FDI、③ P-FDIの三つのオプションがあるとしている。域外企業が域内の市場に製品を出すには、まず輸出があるが、域内国に工場を設立し地域市場に参入するためにFDIをすることをM-FDI、地域市場に加えて他の国に輸出するためのFDIをP-FDIとしている。その上で原産地規則の制限性が域外企業にどのFDIを選択させるかを実証分析している。

図9-2に示したモデルは3国4企業モデルで、A国（企業A）、B国（企業B）、C国（企業H、企業L）であり、A国とB国はFTAを形成している状態である。企業Aと企業Bは生産市場にある企業であり、C国の企業Hと企業LはA国の企業AとB国の企業Bよりの品質優位の生産ができる企業であるが、技術的移転は困難な企業である。このモデルを使い、企業の海外進出行動を分析している。

C国は域外国となるため、企業Hと企業Lは域内国双方にプラントを設立することも可能であるが、いずれかにプラントを設立することによりいずれの域内国にも輸出可能となるため、プラントを整理統合することができる。これを直接投資統合効果と言っている。また、原産地規則が制限的な場合、域内国で中間財を調達する割合を増加する必要があるが、生産コストが高い企業であっても関税の便益を受けるためには域内企業より中間財を調達

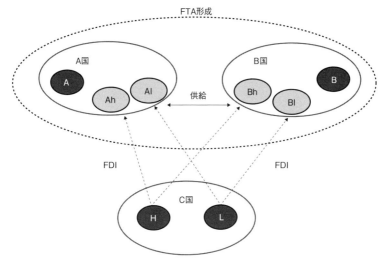

出所：Mukunoki（2013）より筆者作成
図9-2　3国4企業モデル

する。域外の効率的な企業は調達先の変更ができず、工場閉鎖の可能性が出てくる。これを直接投資転換の効果といっている。原産地規則が厳しい場合、域外国の厚生効果は下がり、域内国の厚生効果を上昇させると分析している。

Thoenig and Verdier（2006）では、企業の戦略的アウトソーシングと原産地規則の影響を検証している。企業は地域貿易協定の便益を受けるためにFTA財（地域貿易協定締約国の原材料）を使用する必要がある。原産地規則の制限度によりどのくらいの材料使用割合にするかもしくは工程を域内で行わなければならないかが大きな鍵となる。原産地規則の制限程度によっては、域内にアウトソーシングすることをあきらめ、企業内で生産することを選択するかもしれない。

$$q^{roo}(s) = q^m_{s>sroo}.t + \frac{1}{2}1_{s,sroo}.t$$

企業は製品 q を生産するが、地域貿易協定の便益を享受するため、原産地規則がない場合 $q^m(s)$ で域内にアウトソーシングする。原産地規則がある場合は $q^{roo}(s)$ でアウトソーシングするが、$q^{roo}(k)$ で制限的な原産地規則に

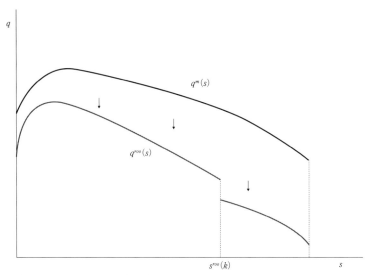

出所：Thoenig and Verdier (2006)
図9-3 企業の戦略的アウトソーシング

遭遇すると、$q^{roo}(k)$ を境に関税(t) を払っても組織内で生産することを選択するものである。これは、ある程度の原産地規則のもとで企業は地域貿易協定の便益を享受するために域内にアウトソーシングするが、原産地規則が制限的になると企業の最適な原材料調達ができなくなり、効率的な生産ができず、関税を払っても域外企業もしくは組織内での生産に切り替えたほうが企業にとっては効率的である、という結果である。

Estevadeordal, Lopez-Cordova and Suominen（2006）は1994年から2000年のメキシコにおける122の製造業の FDI において北米自由貿易協定（NAFTA: North American Free Trade Agreement）の品目別 RoO の効果を実証している。OLS によって HS コード4桁レベル分類でメキシコにおける NAFTA RoO と FDI 間関連の実証は以下の通りである。

$$\ln(FDI_{it}^{MX}) = \beta_0 + \beta_1 \ln(Tariff_{it}^{MX}) + \beta_2(FDI\_Global_{it}^{US}) + \beta_3(Salary\_Dum2_i^{MX})$$
$$+ \beta_4(Salary\_Dum3_i^{MX}) + \beta_5(Preference_{it}^{US}) + \beta_6(FDI\_cap_i^{MX})$$
$$+ \beta_6 \ln(ROORI_i) + \varepsilon_{it}$$

$\ln(FDI_{it}^{MX})$ は時間 t における企業 I のメキシコにおける FDI フローの対数、$Tariff_{it}^{MX}$ はメキシコの FTA の関税のメキシコの加重平均と FTA パートナーに適用されるメキシコの関税、$(FDI_{Global_t^{US}})$ は世界への US FDI フローの対数、$(Salary\_Dum2_i^{MX})$ はメキシコの第 2 の 3 分類によるサラリーレベルのための独立変数、労働者の数／報酬と同様に測れるレベル、$(Salary\_Dum3_i^{MX})$ はメキシコにおいて 3 分類で最も高いサラリーレベルの独立変数、$Preference_{it}^{US}$ は US からメキシコに提示された特恵マージン、他の世界への US 関税とメキシコへの US 特恵関税間の絶対的相違、$(FDI\_cap_i^{MX})$ は NAFTA 下の分野別 FDI 流入におけるメキシコに課された上限、外国投資家による分野における許容された所有権の割合であり、$\ln(ROORI_i)$ は制限性の対数、値は 1 から 7 を取り、ε はエラー項である。

結果としては、NAFTA の RoO の制限性は負に有意であり、NAFTA の RoO はメキシコにおける FDI を妨げる結果が出ている。メキシコにおける FDI は中間財購入や生産工程のための FDI よりも、供給パターンにおいて柔軟な RoO であるほうがメキシコに対しては魅力的であると解釈できる。サラリーレベルの高さは正に有意となっており、対外投資は熟年労働者を見出し、メキシコが比較優位を持たなかった分野にも投資が進んでいることがみてとれる。

また川上産業と川下産業に分けて RoO の制限性をみている。

$$\ln(FDI_{it}^{MX}) = \beta_0 + \beta_1 \ln(Tariff_{it}^{MX}) + \beta_2(FDI\_Global_t^{US}) + \beta_3(Salary\_Dum2_i^{MX})$$
$$+ \beta_4(Salary\_Dum3_i^{MX}) + \beta_5(Preference_{it}^{US}) + \beta_6(FDI\_cap_i^{MX})$$
$$+ \beta_6 \ln(ROORI_i)$$
$$+ \beta_7(ROORI_{down_i}) + \beta_8(Sales\ to\ Tradables_t^{MX})$$
$$+ \beta_9 \ln(ROORI\_down_i) * (Sales\ to\ Tradables_i^{MX}) + \beta_{10} \ln(ROORI_{up_i}) + \varepsilon_{it}$$

$\beta_7(ROORI_{down_i})$ は産業 i 供給の川下産業における制限的 RoO、$Sales\ to\ Tradables_i^{MX}$ は国内消費よりむしろ貿易の川下産業の割合、$\ln(ROORI\_down_i) * (Sales\ to\ Tradables_i^{MX})$ は産業 i の川下産業における RoO の制限性と貿易可能な分野への製品販売の割合間の相互作用、$\ln(ROORI_{up_i})$ は産業 i の供給購入から川上産業における RoO の制限性である。

結果、メキシコに立地する川上産業投資家は川下産業における制限的

表9-2　Hayakawa's Score of RoOs Restrictiveness Index

RoO Type	Score	
CS/RVC	1	CS：Change of Subheading（6桁分類変更）
CS/RVC/TECH	1	CH：Change of Heading（4桁分類変更）
CS	2	CC：Change of Chapter（2桁分類変更）
CH/RVC	3	RVC：Value-added Content（付加価値基準）
CH/RVC/TECH	3	TECH：Specific Manufacturing or processing operations（加工工程基準）
CH/TECH	3	WO：Wholly-obtained（完全生産品）
CH	4	
RVC	4	／：or
CH&RVC	5	＆：and
CH&TECH	5	
CC/RVC	6	
CC	7	
CC&TECH	8	
WO	8	

出所：Hayakawa（2012）に筆者加筆

RoO から便益を得ることはない。また、川上産業における RoO の効果は部分的で、RoO の変数の制限性は負となり、川上産業投資家は柔軟な RoO によってメキシコ市場に引き付けられ、NAFTA 域内外から調達できる柔軟性を求める。RoO があることにより、FDI を推進するが、その制限度によっては FDI を妨げる効果もある。

　Hayakawa（2012）においては AJCEP（日・ASEAN 包括的経済連携協定）と JTEPA（日・タイ経済連携協定）における原産地規則（累積）における利用率を検証しているが、その中で原産地規則の制限性を説明変数として実証している。論文の中では RoO の制限性を Estevadeordal の RoO Index を参照し、14 のタイプに分類、スコア（制限程度）をつけている（表9-2）。

　分析対象はタイからの輸出データで、AJCEP と JTEPA の利用率を対象としている。最尤法を利用し、説明変数として関税マージン、RoO の「制限性、RCA（Revealed Comparative Advantage）Index 等を使用している。分析結果においては RoO の制限性は正に有意となっており、先行研究とは違った結果が出ている。先行研究では負に有意となっているものが多く、これは予想外の結果であり AJCEP および JTEPA の原産地規則の制限性を分析するには適切な Index ではないかもしれず、それまでの先行研究は US およ

びEUを対象としたものであり、AJCEPとJTEPAのRoOはUSやEUと同様の方法で決定されたものではないのではないか、と推測している。

3．原産地規則の制限性

　第1節で原産地規則の概要を述べたが、この節ではその制限性を見てみる。地域貿易協定と原産地規則の影響についての先行研究としては、Krishna（2006）のFTA（地域貿易協定締約国）財と輸入財（非締約国）の原材料を使用した場合の単位コストの検証、Thoenig and Verdier（2006）による企業のアウトソーシングへの影響の分析、Carrère and Melo（2006）によるNAFTAにおける地域貿易協定利用率の実証研究がある。Zampetti and Sauvé（2006）はサービス貿易との関係を検証しており、Cadot, Estevaderdal and Suwa-Eisenmann（2006）は輸出補助金との関係を検証している。原産地規則の制限性を測ったのは、Estevadeordal and Suominen（2006）で、EstevadeordalのRoO Indexを使用し、原産地規則を数値化している。

　表9-3のEstevadeordalのRoO Indexは関税分類変更を基準としており、1（低）から7（高）の数値でその制限度を表している。例えば、2桁関税分類変更（大分類）は4桁関税分類変更（中分類）より製品の大きな変更を必要とするため制限度は高く、6桁関税分類変更（小分類）は製品の小さな変更でよいため制限度は低い、というものである。関税分類変更以外としては、付加価値基準（VC）と加工工程基準（TECH）があるが、付加価値基準は中程度であり、加工工程基準は一番厳しい制限度、と設定している。このIndexはNAFTAやASEAN自由貿易地域（AFTA: ASEAN Free Trade Area）、南アジア自由貿易圏（SAFTA: South Asia Free Trade Area）などの制限度を測っているが、複雑な品目別原産地規則を持つ日本のEPAには当てはめにくい点がある。

　表9-4のHarris（2007）では、Estevadeordal, and Suominen（2006）よりも細分化されたRoO Indexを構築している。制限度合いを＋と－で計算できるようにしており、複雑な日本のEPAの品目別規則には当てはめやすいIndexとなっている。

　筆者はこのHarris RoO Indexを応用し、日本のEPAの品目別規則の制限

表9-3 Estevadeordal RoO Index

$y = 1$ if $y^* \leq CI$	CI：Change of Item（8桁分類変更）
$y = 2$ if $CI < y^* \leq CS$	CS：Change of Subheading（6桁分類変更）
$y = 3$ if $CS < y^* \leq CS$ and VC	CH：Change of Heading（4桁分類変更）
$y = 4$ if CS and $VC < y^* \leq CH$	CC：Change of Classification（2桁分類変更）
$y = 5$ if $CH < y^* \leq CH$ and VC	VC：Value-Content Criterion（付加価値基準）
$y = 6$ if CH and $VC < y^* \leq CC$	TECH：Technical Requirement（加工工程基準）
$y = 7$ if $CC < y^* \leq CC$ and TECH	

出所：Estevadeordal and Suominen（2006）に筆者加筆

表9-4 Harris RoO Index

Change of classification points		Exception Points：	
ΔI	+2	exI	+4
ΔS	+4	> exI and $\leq$ exS	+5
ΔH	+6	> exS and $\leq$ exH	+6
ΔC	+8	> exH and $\leq$ exC	+7
		> exC	+8
Addition Points：		Value Text Points：	
addI	−5	> 0% and $\leq$ 40%	+5
> addI and $\leq$ addS	−6	> 40% and $\leq$ 50%	+6
> addS and $\leq$ addH	−7	> 50% and $\leq$ 60%	+7
> addH and $\leq$ addC	−8	> 60%	+8
Add without CC	+8	Net Cost	+1
Technical Requirement Points：	+4	I：Change of Item（8桁分類変更）	
Alternative Rule Points：	−3	S：Change of Subheading（6桁分類変更）	
Wholly obtained	+16	H：Change of Heading（4桁分類変更）	
		C：Change of Classification（2桁分類変更）	

出所：Harris（2007）に筆者加筆

度を数値化する（表9-5）。

　Harris RoO Index を参考にし、関税分類変更基準は2桁、4桁、6桁分類変更のみとした。日本が発効している EPA における原産地規則は HS 条約に基づき共通コードである6桁分類までのため、8桁分類変更は除外する。ただし、関税分類変更基準としているうち、一部分類を除外する項目があり、その場合は除外する分類程度（2桁、4桁、6桁分類の除外）に準じて例外を設けた。また、加工工程基準をとっている項目は、1工程のみならず

表9-5　Nakaoka RoO Index

関税分類変更基準		
CC	+8	Change of Classification（2桁分類変更）
CTH	+6	Change of Heading（4桁分類変更）
CTSH	+4	Change of Subheading（6桁分類変更）
例外（除外する場合は以下のポイントを加える）		
CC	+8	
CTH	+6	
CTSH	+4	
加工工程基準	+4	（但し加工工程基準のみの場合は+4/工程とする）
付加価値基準	+5	（域内原産割合≦40％）
付加価値基準	+6	（域内原産割合＞40％≦50％）
付加価値基準	+7	（域内原産割合＞50％≦60％）
付加価値基準	+8	（域内原産割合＞60％）
完全生産品	+16	

注："またはもしくは"の場合は平均をとるために÷2とする。
出所：筆者作成

　複数の工程を要求している項目もあるため、加工工程基準のみを規定している項目には複数の工程を要求している場合、1工程につき+4とした。付加価値基準は、40％基準を標準としているため、+5のみとした。完全生産品はHarrris RoO Indexに倣い、+16とする。制限度が一番厳しいのは+16となる。

　例えば、日ベトナム経済連携協定における関税率表50・07項の場合の品目別原産地規則は、

① CTH（第50・04項から第50・06項までの各項の非原産材料を使用する場合には、当該非原産材料のそれぞれがいずれかの締約国または東南アジア諸国連合の構成国である第三国において完全に紡績され、または浸染され、若しくはなせんされる場合に限る）→CTH（+6）、加工工程基準（紡績、浸染、なせん）（+4）

② または、産品が完全に浸染され、若しくはなせんされることおよび第50・07項の非原産材料のいずれかの締約国若しくは東南アジア諸国連合の構成国である第三国において完全に製織されること（CTCを必要としない）→加工工程基準（浸染、なせん、製織）（+4）

　上記①または②を満たす場合となっているため、双方合計の平均値をと

表9-6　各経済連携協定における原産地規則（RoO Index）

HSコード	50・07項　原産地規則	RoO Index
シンガポール	第50・07の産品への他の項の材料からの変更（第50・04項から第50・06項までの各項の非原産材料を使用する場合には、当該非原産材料のそれぞれがいずれかの締約国又は東南アジア諸国連合の加盟国である第三国において完全に紡績され、又は浸染され、若しくはなせんされる場合に限る）。又は、商品が完全に浸染され、若しくはなせんされること及び第50・07項の非原産材料がいずれかの締約国若しくは東南アジア諸国連合の加盟国である第三国において完全に製織されること（第50・07項の産品への関税分類の変更を必要としない）。	7
メキシコ	第50・07項の産品への他の項の材料からの変更	6
マレーシア	第50・07の産品への他の項の材料からの変更（第50・04項から第50・06項までの各項の非原産材料を使用する場合には、当該非原産材料のそれぞれがいずれかの締約国又は東南アジア諸国連合の加盟国である第三国において完全に紡績され、又は浸染され、若しくはなせんされる場合に限る）。又は、商品が完全に浸染され、若しくはなせんされること及び第50・07項の非原産材料がいずれかの締約国若しくは東南アジア諸国連合の加盟国である第三国において完全に製織されること（第50・07項の産品への関税分類の変更を必要としない）。	7
タイ	第50・07の産品への第50・04項から第50・06項までの各項の材料からの変更（織物がいずれかの締約国において浸染され、又はなせんされる場合に限る。又は第50・07項の産品への第50・04項から第50・06項までの各項の材料からの変更（製織されるに先立って、糸がいずれかの締約国において浸染され、又はなせんされる場合に限る）。	10.5
ベトナム	CTH（第50・04項から第50・06項までの各項の非原産材料を使用する場合には、当該非原産材料のそれぞれがいずれかの締約国又は東南アジア諸国連合の構成国である第三国において完全に紡績され、又は浸染され、若しくはなせんされる場合に限る）。又は、産品が完全に浸染され、若しくはなせんされること及び第50・07項の非原産材料がいずれかの締約国若しくは東南アジア諸国連合の構成国である第三国において完全に製織されること（CTCを必要としない）。	7
インド	糸からの製造（付表に規定する必要な工程を経る場合に限る）	8
ペルー	第50・07項の産品への他の項の材料からの変更	6
ASEAN	CTH（第50・04項から第50・06項までの各項の非原産材料を使用する場合には、当該非原産材料のそれぞれが一又は二以上の締約国において完全に紡績され、又は浸染され、若しくはなせんされる場合に限る）。又は、商品が完全に浸染され、若しくはなせんされること及び第50・07項の非原産材料が一若しくは二以上の締約国において完全に製織されること（CTCを必要としない）。	7

出所：各経済連携協定品目別規則より筆者作成

り、RoO Index は（6+4+4）÷2＝7となる。

　このように品目別規則を数値化していくと、50・07項は表9-6のようになる。

表9-7　原産地規則の比較

HS CODE	品名	ﾍﾞﾄﾅﾑ	ｱｾｱﾝ	ﾀｲ	ﾏﾚｰｼｱ	ﾌｨﾘﾋﾟﾝ	ｼﾝｶﾞﾎﾟｰﾙ	ｲﾝﾄﾞﾈｼｱ	ﾌﾞﾙﾈｲ	ｲﾝﾄﾞ	ｵｰｽﾄﾗﾘｱ	ﾒｷｼｺ	ﾁﾘ	ﾍﾟﾙｰ	ｽｲｽ
50・07項	絹織物	7	7	10.5	7	7	7	7	7	8	11	6	6	6	6
51・11項	紡毛織物(羊毛・繊獣毛)	7.5	7.5	9	7	7	7	7	7	8	9.5	12	6	12	12
52・08項	綿織物	7.5	7.5	10.5	7	7	7	7	7	8	9.5	12	6	12	12
55・12項	合成繊維	7.5	7.5	10	7	7	7	7	7	8	9.5	12	6	12	12
61類	ニット製品	12	12	10	12	12	12	12	12	8	11.6	16	16	16	16
62類	織物製品	12	12	14	12	12	12	12	12	8	11.8	16	16	16	15.6

　このように制限度を数値化した結果、実行関税率表のいくつかの品目の制限度は表9-7のようになった。

　地域的もしくは発効年による影響はあるかもしれないが、締約国によって相違していることがわかる。

　また、原材料（50、51、52、55類）と製品（61、62類）を比較すると、原材料よりも製品の原産地基準のほうが制限的であることがわかる。製品は品名によって基準はさまざまであるが、一般的に製品は加工工程基準が多く、締約国で２工程以上の工程を行わなければその国の原産と認めない等、厳しい基準が設けられている。その国で生地（原材料）を製品（加工）にした、だけではその国の原産とは認められないのである。

　このように実行関税率表第11部（50類から63類）の原産地規則をすべて数値化し、制限度を設定した。

４．実証分析

　前述の表9-5Nakaoka RoO Index を使用し、日本から各協定締約国への直接投資に RoO の制限性がどういった影響を与えているのか、実証分析する。対外直接投資残高は日本銀行国際収支・貿易関連統計直接投資残高（地域別かつ業種別）より、輸入実績は財務省貿易統計より、GDP per Capita は World Development Indicator より、距離は Centre d'Etudes Prospectives et d'Informations Internationales（CEPII）Database より入手している。なお、US ドルへの換算は輸入実績は税関公示レートを、直接投資残高は日銀外国

為替市況参考係数 (東京為替市場における取引状況) を使用している。

$$\ln(Fdi_{ijt}) = \beta_1 \ln(Import_{ijt}) + \beta_2 \ln(Gdp/capita_{it}) + \beta_3(Distance_{ij})$$
$$+ \beta_4(Margin_{ijt}) + \beta_5(RoO_{ijt}) + \varepsilon_{ijt}$$

Fdi_{ijt}：対外直接投資残高
$Import_{ijt}$：EPA 締約国からの輸入金額
$Gdp/capita_{it}$：各国の1人当たり GDP
$Distance_{ij}$：各国との距離
$Margin_{ijt}$：各 EPA 締約国との関税マージン (MFN 税率と EPA 税率の差) の加重平均
RoO_{ijt}：各 EPA 締約国の RoO Index の加重平均

対外直接投資残高は2010年から2015年の残高で、製造業 (繊維) を実行関税率表第11部テキスタイルおよびアパレルに当てはめる。対象国は直接投資残高が確認できたインド、インドネシア、マレーシア、タイ、ベトナム、メキシコである。ただし、メキシコはデータが確認できた2014年と2015年のみである。

輸入金額は国の企業の異質性を捉えており、輸入額が多いほど生産性の高い企業がある国であり直接投資が多くなる。よって輸入額が多いと結果は正になると予測する。

1人当たり GDP は国の経済規模を示す。1人当たり GDP が高い国は豊かな国であり、教育水準も高く、人的資本が優れていることも示す。よって、企業にとっては直接投資しやすい国となる。1人当たり GDP が高いほど結果は正になると考えられる。

距離は輸入コストに相当する。商品を現地生産し現地で販売したほうが効率的である場合、企業は販売拠点型の当該国に直接投資をする。または地域貿易協定の便益を享受するために原産地規則を満たす必要がある場合、当該国で生産するために直接投資をする可能性もある。したがって分析結果は正になると思われる。しかし、文化的に距離がある場合は分析結果は負になる場合もある。

関税マージンは MFN 税率と EPA 税率の差であり、差が大きいほど EPA を利用する価値が高まる。ただし、原産地規則がなければ大いに利用可能となることから正に有意となるであろうが、原産地規則の制限性の程度によっ

表9-8 分析結果

推定方法 説明変数	回帰分析	変量効果モデル	混合効果モデル
輸入額	1.066*** (0.282)	1.066*** (0.282)	1.231*** (0.226)
1人当たりGDP	-3.520E-05 (3.E-05)	-3.520E-05 (3.E-05)	-3.750E-05 (3.E-05)
距離	9.250E-05 (7.E-05)	9.250E-05 (7.E-05)	1.036E-05* (6.E-05)
関税マージン	0.532*** (0.109)	0.532*** (0.109)	0.652*** (0.088)
RoO	0.128*** (0.034)	0.128*** (0.034)	0.116*** (0.026)
修正済決定係数	0.502	-	-
標準誤差	2.405	2.405	1.92
観測値数	32	32	32

注：係数はそれぞれ*** 1％、** 5％、*10％水準で統計的に有意であることを示す。

ては、先行研究の結果からも負になっているものが多い。制限性の程度によって正もしくは負になる可能性があるといえる。

　推計方法は回帰分析（Linear RE）を基本とし、パネルで変量効果モデル（Random-effects GLS RE）、混合効果モデル（Mixed-effects ML RE）を使用した。結果は表9-8に示す。

　輸入額（import）はすべて1％で正に有意となり、輸入額が大きければ大きいほど投資に影響を及ぼすことが明らかである。輸入額が大きいということは、当該国での生産が多いことを示しており、その国に直接投資することでFTAの原産地規則を満たすことが可能となり、協定の便益を享受しやすくなる。また、1人当たりGDP（Gdp/capita）はいずれも有意とはならなかった。これは1人当たりGDPが高い豊かな国より、途上国のほうに直接投資が盛んになることを示しているのではないだろうか。より安い生産価格を求めて、開発途上国へ進出することを裏付けているものと思われる。距離（distance）はほぼ有意とはならなかった。今回分析対象とした国は、インド、インドネシア、タイ、マレーシア、ベトナム、メキシコの6カ国であり、ア

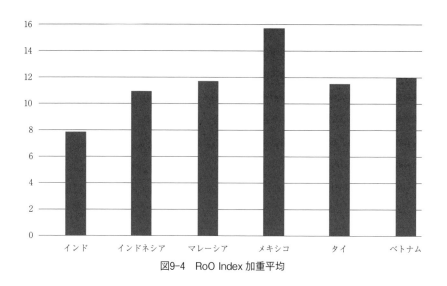

図9-4　RoO Index 加重平均

ジアの近隣諸国が圧倒的に多かったため、距離が意味を持たなくなっているとみられる。関税マージン（margin）はいずれも有意となった。関税率の差が大きいほど利用する価値があり、関税の便益を受けるために当該国に直接投資をすることは明らかである。RoO Index（RoO）はすべて1％で正に有意となった。今回の実行関税率表第11部の原産地規則の制限程度は、直接投資を促進するレベルであるということになる。

今回の RoO Index の加重平均は図9-4となる。RoO Index は16が最大となるが、多少のばらつきはあるものの、平均は11強となる。実行関税率表第11部はかなり制限度が高い品目となるが、RoO Index11程度では、直接投資を促進する制限度となることがわかった。前述の Estevadeordal, López-Córdova and Suominen（2006）での NAFTA における FDI と品目別 RoO の実証では RoO の制限性は負に有意となっており、メキシコにおける FDI を妨げる結果となっていた。ある程度の原産地規則の制限度は直接投資を促進するが、制限度が高くなると直接投資をあきらめ、域外での生産に切り替える結果が出ている。より制限的な原産地規則は最適な資材調達ができず、コストが高くつく可能性があるといえる。

5．おわりに

　2016年9月現在、日本は15の国・地域（シンガポール、メキシコ、マレーシア、チリ、タイ、インドネシア、ブルネイ、ASEAN全体、フィリピン、スイス、ベトナム、インド、ペルー、オーストラリア、モンゴル）との経済連携協定が発効済みとなっている。その原産地規則は各協定別に相違しており、実行関税率表第11部テキスタイルおよびアパレルの制限度の加重平均は前述の通り、約11強となり、関税分類変更2桁の制限度8を平均とすると、より制限的となっている。この原産地規則の制限性は日本の対外直接投資に影響を及ぼすかどうかを検証したところ、直接投資を促進する結果となった。原産地規則を満たさないと、その国の原産品として認められないため、経済連携締約国から輸入しても関税の便益を受けることができない。関税の便益を受けるためには、その国での原産品と認められる基準で製品を生産する必要がある。その国での原材料調達割合を満たすために域内で資材調達できる取引先を、加工工程を満たすために域内で生産できる工場を探す必要がある。そのために海外に直接投資をし、工場設立や技術提携をする企業が増える可能性がある。原産地規則の制限性は海外直接投資に一役かっているということである。

　今回実証分析した国はアジアの6カ国（インド、インドネシア、マレーシア、タイ、ベトナム、メキシコ）のみとなった。テキスタイルおよびアパレルの分野では輸入が比較的多い国であり、近隣諸国が圧倒的多く距離も近い。輸入金額は1％で正に有意となり、直接投資に大きな影響を及ぼすことがわかった。生産国により多く投資をし、当該国で生産した製品を関税の便益を受けて輸入することが可能となる。1人当たりGDPは負となり、有意ではなかった。これは先進国への直接投資よりも、生産価格が抑えられる開発途上国への直接投資が多い結果ではないかとみられる。関税マージンはすべて1％有意となり、関税率の差が大きいほど利用する価値があり、関税の便益を受けるために当該国に直接投資をすることは明らかである。原産地規則の制限性は正に有意となり、直接投資を促進することが明らかになった。ただし、今回の原産地規則の制限性の程度において、という前提付きとなる。今回は

実行関税率表第11部と日本の対外直接投資残高、製造業（繊維）を当てはめて実証分析を行ったため、対外直接投資残高のデータがある国のみの分析となった。分析対象が少なかったための今回の結果かもしれない。しかしながら、少なくとも経済連携協定における原産地規則は直接投資と大いに関係があることは証明できた。今後は制限程度が緩い場合や厳しい場合も想定して実証分析をしてみたいと思う。

　また環太平洋パートナーシップ（TPP: Trans-Pacific Partnership）が署名済みとなっている現在、その原産地規則も気になる。実行関税率表第11部テキスタイルおよびアパレルに関しては、現在日本が締結している経済連携協定の原産地規則よりも厳しく、繊維製品の原産地規則は、①紡ぐ、②織る、③縫製、という三つの工程を原則 TPP 締約国内において行わなければならない「ヤーンフォワード・ルール」[2]を取り入れている。現在の日本の経済連携協定においては２工程ルール（①織る、②縫製）を取り入れており、さらに１工程が追加される。この工程を追加することで、さらに企業は経済連携協定締約国に直接投資し進出するかもしれないし、技術的水準を保つことができず、直接投資をあきらめる事態になるかもしれない。今後の TPP の行方を注視し、分析対象に加えていきたい。

　さらに、現在各地域貿易協定の原産地規則は各協定によって異なっており、共通化されていない。各協定別に原産地規則を確認および満たす必要があり、企業は同じ製品を生産するにも締約国により原材料の調達先や割合を変えなければならない。このように企業が貿易を行う上で各協定別の原産地規則を理解し、使いやすい協定になるように本章が助言となれば幸いである。

参考文献

Cadot, Olivier, Antoni Estevadeordal and Akiko Suwa-Eisenmann（2006）"Rules of Origin as export subsidies," in Olivier Cadot, Antoni Estevadeordal, Akiko Suwa-Eisenmann and Thierry Verdier, *THE ORIGIN OF GOODS: Rules of Origin in Regional Trade*

２）財務省関税局・税関「TPP 原産地規則について」より。

Agreements, Oxford University Press, Chapter 5.

Carrère, Celine and Jaime Melo（2006）"Are different Rules of Origin equally costly? Estimates from NAFTA," in Olivier Cadot, Antoni Estevadeordal, Akiko Suwa-Eisenmann and Thierry Verdier, *THE ORIGIN OF GOODS: Rules of Origin in Regional Trade Agreements*. Oxford University Press, Chapter 7.

Estevadeordal, Antoni, José E. López-Córdova and Kati Suominen（2006）"How do Rules of Origin Affect Investment Flows? Some Hypotheses and the Case of Mexico," *INTAL-TID Working Paper 22*.

Estevadeordal, Antoni and Kati Suominen（2006）"Mapping and measuring Rules of Origin around the world," in Olivier Cadot, Antoni Estevadeordal, Akiko Suwa-Eisenmann, and Thierry Verdier, *THE ORIGIN OF GOODS Rules of Origin in Regional Trade Agreements*, Oxford University Press, Chapter 3.

Harris, Jeremy T.（2007）"Measurement and Determination of Rules of Origin in Preferential Trade Agreements（PTA'S），" *University of Maryland*, College Park.

Hayakawa,Kazunobu（2012）"Impact of Diagonal Cumulation Rule on FTA Utilization: Evidence from Bilateral and Multilateral FTAs between Japan and Thailand," *IDE Discussuion Paper No.372*, Institute of Developing Economies（IDE), JETRO.

Krishna,Kala（2006）"Understanding Rules of Origin," in Olivier Cadot, Antoni Estevadeordal, Akiko Suwa-Eisenmann and Thierry Verdier, *THE ORIGIN OF GOODS: Rules of Origin in Regional Trade Agreements*, Oxford University Press, Chapter 1.

Mukunoki, Hiroshi（2013）"On the Welfare Effect of FTAs in the Presence of FDIs and Rules of Origin," *RIETI Discussion Paper Series 13-3-053*.

Thoenig, Mathias and Thierry Verdier（2006）"The impact of Rules of Origin on strategic outsourcing: an IO perspective," in Olivier Cadot, Antoni Estevadeordal, Akiko Suwa-Eisenmann, and Thierry Verdier, *THE ORIGIN OF GOODS: Rules of Origin in Regional Trade Agreements*, Oxford University Press, Chapter 2.

Zampetti, B. Americo and Pierre Sauvé（2006）"Rules of Origin for services: economic and legal considerations," in Olivier Cadot, Antoni Estevadeordal, Akiko Suwa-Eisenmann and Thierry Verdier, *THE ORIGIN OF GOODS: Rules of Origin in Regional Trade Agreements*, Oxford University Press, Chapter 4.

清田耕造（2015）『拡大する直接投資と日本企業』NTT出版

第10章

FDI を考慮した DSGE モデル

法政大学大学院経済学研究科博士後期課程　松村　隆／法政大学経済学部　宮﨑　憲治

はじめに

現在、日本の人口は減少に転じているが、人口減少社会においては国内需要に減少圧力が生じることから、経済水準を維持していくためには、海外経済の需要を取り込んでいく必要があるといわれている。

それではこれまで日本はどのような形で海外需要を取り込んできたのであろうか。図10-1に示した日本の経常収支の内訳の推移を見てみると、1990年代後半から2010年までは、貿易収支と第一次所得収支が経常収支の黒字を支えていたが、2011年以降は、原発停止による燃料輸入の増加、円安による輸入物価の上昇等を受けて貿易収支が赤字に転じたため、第一次所得収支のみで経常収支の黒字を支えている状況にある。つまり、これまで行われてきた直接投資（FDI: Foreign Domestic Investment）や証券投資等によって蓄積された対外資産残高から得られる収益の受け取りが経常収支の黒字を支えているのである。

次に図10-2に示した第一次所得収支の内訳の推移を見てみると、大きなウェイトを占めている証券投資収益の中の債券利子の受け取りについては、先進国全体が低金利環境下にあるなかで当面は拡大が見込み難い状況にある一方、直接投資収益は増加傾向にある。そのため、今後は海外の経済成長の恩

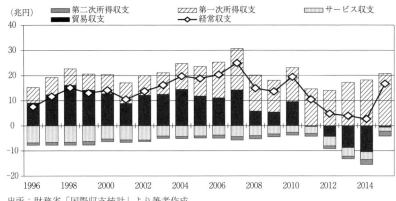

出所:財務省「国際収支統計」より筆者作成

図10-1　日本の経常収支の内訳の推移

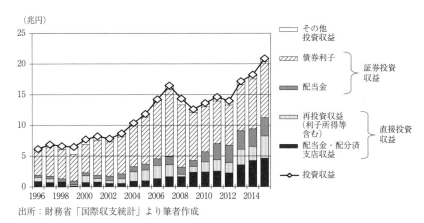

出所:財務省「国際収支統計」より筆者作成

図10-2　日本の投資収益内訳の推移

恵を受けやすい直接投資収益の一段の規模拡大、すなわち、第一次所得収支の増加につながる高利回りの対外直接投資（Outflow of FDI）をどれだけ増やせるかが重要となってくる。また、日本経済の成長につなげるという意味では、国内の投資拡大や雇用創出につながる対内直接投資（Inflow of FDI）をどれだけ増やせるかも重要となってくる。

表10-1 既往研究の整理

	（Ⅰ） SOE モデル	（Ⅱ） 2カ国モデル
① 生産関数に組み込む方法	McCallum and Nelson (1999, 2000)、Suzuki (2013)、岡田 (2012)	Comin, Loayza, Pasha and Serven (2014)
② 生産性に組み込む方法	Lucke (2004)	－－
③ 資本ストック動学式に組み込む方法	Breg, Porillo, Yang and Zanna (2012)、Choudhary and Pasha (2013)、Lim and McNelis (2014)、Tserendori and Purevjav (2012)	Nadeau (2011)、Zhiwei (2013)
④ 設備投資関数に組み込む方法	Haider, Din and Ghani (2012)	－－
⑤ FDI 行動を実施する経済主体を導入する方法	Carvalho and Castro (2015)	Amdur (2009)、Contessi (2007)、Sobczac (2013)、Nadeau (2011)

出所：筆者作成

1．既存研究の整理と本研究の目的

　上述のように、日本経済を分析するにあたってはFDIを考慮する必要性が高まっているものの、そのようなマクロ経済モデル、特にルーカス批判を回避して政策分析を行うことができる動学的確率的一般均衡（DSGE: Dynamic Stochastic General Equilibrium）の枠組みの中でFDIの特徴を考慮したモデルの研究はあまり存在しない。そこで既往研究にどのような傾向があるのかをみると（表10-1）、モデル内にFDIをどのように組み込むかで大きく5種類（①生産関数に組み込む方法、②生産性に組み込む方法、③資本ストック動学式に組み込む方法、④設備投資関数に組み込む方法、⑤FDI行動を実施する経済主体を導入する方法）に分類できる。また、DSGEモデルの構築の仕方で大きく2種類（2カ国経済モデル、小国開放経済モデル）に分けられる。

　それぞれの分類をみると、FDIを組み込む方法について、現実妥当性の高さから③の資本ストック動学式に組み込む方法を用いた研究が比較的多いという傾向がある。また、①の生産関数に組み込む方法は、自国の生産過程の中で海外の生産財を考慮している形だが、その中には輸入とFDIの両方が含まれてしまうことから、FDIを明確に区別する場合にはあまり適していないといえよう。

　DSGEモデルの構築の仕方についてみると、小国開放経済モデル（SOEモ

デル）では、自国が小国であると仮定することで、世界市場で決まる財価格の決定に影響力がなく（すなわち財価格は外生的に決定される）自国はその価格の下で自由に輸出入を実施すると仮定する。つまり、自国の輸出、輸入動向は価格に影響を与えず、交易条件や利子率が外生的に決定される変数として導入されるため、これらの変数の変動が自国経済にどのような影響を与えるのかといったことを分析できる。例えば新興国や資源国を念頭においた場合には、Outflow of FDI はあまり実施されない一方、Inflow of FDI で受け入れている多国籍企業の行動が自国の経済成長、景気循環に大きな影響を及ぼすことから、Inflow of FDI のみを考慮した SOE 型の DSGE モデルが構築される傾向にある。

一方、2カ国モデルでは外国を内生的に行動する経済主体として扱う。つまり、世界には、自国と外国の2カ国のみが存在すると仮定し、二つの国の行動はそれぞれモデルの中で決定される。2カ国でのみ貿易を実施するため、貿易収支均衡が成立するという特徴がある。2カ国モデルでは Inflow of FDI、Outflow of FDI の両方を考慮することができることから、新興国や資源国というよりも、先進国を念頭においてモデル化する際に利用される傾向がある。

ここまで、FDI の組み込み方および DSGE モデルの構築の仕方によって既往研究を分類してきたが、FDI 市場の特徴、すなわち、FDI は案件があればすぐに実施されるわけではなく、さまざまな障害をクリアした後で実施されることが多いということを考慮した研究は少ないのが現状である。実際、Outflow of FDI の実施には、企業に資金的な余裕があること、進出先の制度、習慣、市場動向等の情報を有していること等が必要とされており、Inflow of FDI の実施には、その国特有の制度や取引慣行が制約となることが多いといわれている。そのため、例えば本国の金融機関等からの資金提供や情報提供の有無が FDI の実施には大きく影響していると推察される。さらに、企業誘致の観点から受入国が個別に補助金、優遇税制を設けることなどもあり、FDI が実施されるかどうかは集権的取引というよりは分権的取引に近い状況にあるといえよう。

こうしたなか、Nadeau（2011）は労働市場の分析等に用いられるサーチマッチングモデル[1]を用いることで、FDI 市場におけるある種の摩擦ともいう

べき状況を組み込んだ 2 カ国 DSGE モデルを構築し、IRF（Impulse Response Function）分析を実施している。サーチマッチングモデルについては、FDI の実施企業が提示する新規の投資計画と本国の家計が提供する流動性資本がマッチングするという形でサーチマッチングモデルを導入して FDI を資本ストック動学式に組み込んでいる。

しかし、2 カ国は完全対称の形でモデル化しているため、経済規模が異なる国同士の場合を分析することは難しい。例えば、日本と米国を念頭においた場合、購買力平価（PPP: Purchasing Power Parity）ベースの GDP シェアで米国の経済規模は日本の約 3 倍あり、市場の開放度合いも異なることから影響の度合いも非対称になることが想定される。

そこで本研究では、FDI 市場の摩擦と 2 カ国の経済規模の違いを考慮した分析を可能とするモデルを構築する。具体的には、FDI を実施する経済主体の資本ストック動学式にサーチマッチングモデルを用いて FDI を組み込んだ Nadeau（2011）の 2 カ国 DSGE モデルを基本形として、さらに 2 カ国の相対的経済規模、市場開放度等を組み込んでモデルを拡張する。

2．モデルの定式化

本研究のモデルで考える世界は、自国と外国の 2 カ国で構成され、経済主体は、自国における（自国）家計、自国における自国企業、外国における自国企業（外国へ FDI を実施する自国企業）、外国における（外国）家計、外国における外国企業、自国における外国企業（自国に FDI を実施する外国企業）を考える。変数の表記としては、自国エリアの変数はアスタリスク＊無し、外国エリアの変数には＊有りで表記する。また、2 カ国は相対的経済規模、市場開放度以外は概ね同様の定式化を実施するため、本章で定式化した式については特段断りのない限り、変数の＊有りを＊無しに、＊無しを＊有りに変

---

1) サーチマッチングモデルは、集中的に取引を実施する取引所のようなものが存在せず、局所的・分権的な市場の取引を説明するために用いられる。そうした市場の代表例として、労働市場の不完全性が挙げられる（労働市場については、その多くが 1 カ所で取引される集権的取引ではなく、取引が分権化されている分権的取引である。そのため需要と供給のミスマッチに起因して失業と欠員が併存する構造的・摩擦的失業を説明することができる）。

換した式も同時に成り立つ。よって本章では、自国における経済主体を中心に定式化する。

FDI 市場におけるサーチマッチングモデルの定式化

最初に、FDI 市場においてどのようにサーチマッチングモデルを組み込むのかについて説明する。まず、自国に FDI を実施する外国企業が提示する新規の投資計画 v_t と、外国の家計が提供する流動性資本 l_t がマッチングすると考える。ここでは、自国に FDI を実施する外国企業に対しては、外国の（金融機関の役割も担う）家計が流動性資本を提供すると考えており、受入国と FDI 実施企業との間の分権的取引は、FDI 実施企業と本国の家計との分権的取引に内包されていると仮定している。これは、例えば、日本から海外へ進出した企業もしくは進出を検討している企業に対して、日本の銀行が、資金提供の他にさまざまな情報を提供しており、FDI 受入国が FDI 実施企業に対して個別に条件を交渉する場合についても、金融機関がその情報を共有し内容を踏まえた上で資金を提供していると考えられるためである。本研究ではこうした金融機関の役割は家計の行動に内包されるものとしてモデル化している。

マッチングに関しては、マッチングの効率性を表わすパラメータを χ、新規投資計画比率を表すパラメータを ε として、規模に関して収穫一定のマッチング関数

$$m_t(v_t, l_t) = \chi v_t^{\varepsilon} l_t^{1-\varepsilon}$$

に従っていると仮定する。ここで、投資計画がマッチングする確率 $P(\theta_t)$、流動性資本がマッチングする確率 $Q(\theta_t)$ は、

$$P(\theta_t) = m_t(v_t, l_t)/v_t = \chi \theta_t^{1-\varepsilon} \tag{1}$$

$$Q(\theta_t) = m_t(v_t, l_t)/l_t = \chi \theta_t^{-\varepsilon} \tag{2}$$

$$\theta_t = l_t/v_t \tag{3}$$

と表せる。

自国に FDI を実施する外国企業に割り当てられる流動性資本 l_t、前期にマッチングされず繰り越された流動性資本 u_t、FDI 企業の資本ストック

k_{t+1}^{fdi} は、流動性資本に加えられた新たな投資財を i_t^{fdi}、資本減耗率を δ、マッチング解消率を s とすると、

$$l_t = i_t^{fdi} + (1-\delta)sk_t^{fdi} + u_t$$

$$u_t = \{1 - Q(\theta_{t-1})\}l_{t-1}$$

$$k_{t+1}^{fdi} = (1-\delta)(1-s)k_t^{fdi} + m_t(v_t, l_t) = (1-\delta)k_t^{fdi} + m_t(v_t, l_t) - (1-\delta)sk_t^{fdi}$$

と表せる。また、海外直接投資の流入量(対内直接投資の増加)$Inflow_t$、海外直接投資の流出量(対内直接投資の減少)$Outflow_t$、海外直接投資のネット流入量 Net_t は、

$$Inflow_t = m_t(v_t, l_t) = Q(\theta_t)l_t \tag{4}$$

$$Outflow_t = (1-\delta)sk_t^{fdi} \tag{5}$$

$$Net_t = Inflow_t - Outflow_t \tag{6}$$

と定式化できる。

家計の定式化

ここでは家計の定式化を説明する。自国における家計は、正の効用を与える消費 c_t と負の効用を与える労働時間(労働供給)n_t からなる期待効用の割引現在価値を最大化するように異時点間の消費を選択すると仮定する。なお、自国における家計は、自国における自国企業、もしくは自国における外国企業にのみ労働を供給するものとし、外国における外国企業、外国における自国企業へは労働力を供給できないものと仮定する。自国家計の効用関数は、総労働時間を n_t、自国における自国企業へ提供する労働時間を n_t^d、自国における外国企業へ提供する労働時間を n_t^{fdi}、効用における消費に対する労働のパラメータを ω、労働供給の弾力性に関するパラメータを ξ として、

$$u_t(c_t, n_t) = \ln c_t - \frac{\omega}{1+\xi}n_t^{1+\xi}$$

と仮定する。なお、総労働時間は、

$$n_t = n_t^d + n_t^{fdi} \tag{7}$$

と定義する。

　この効用関数を用いて、家計の効用最大化問題を定式化する。資本のレンタルコストを r_t^d、外国へ FDI を実施した自国企業への資本のレンタルコストを r_t^{fdi*}、（家計にとっては外生的に決定される）外国へ FDI を実施した自国企業が自国家計へ還元する利益を Π_t^*、自国における自国企業への設備投資を i_t^d、その新規投資財の価格を q_t^d、外国へ FDI を実施した自国企業への設備投資を i_t^{fdi*}、その新規投資財の価格を q_t^{fdi*} として、家計の効用最大化問題を、

$$V(k_t^d, k_t^{fdi*}, u_t^*) = \max_{c_t, n_t^d, n_t^{fdi}, i_t^d, i_t^{fdi*}} [u_t(c_t, n_t) + \beta E_t V(k_{t+1}^d, k_{t+1}^{fdi*}, u_{t+1}^*)]$$

s.t. $w_t^d n_t^d + w_t^{fdi} n_t^{fdi} + r_t^d k_t^d + r_t^{fdi*} k_t^{fdi*} + \Pi_t^* = c_t + q_t^d i_t^d + q_t^{fdi*} i_t^{fdi*},$

$$k_{t+1}^{fdi*} = (1-\delta^*)(1-s^*)k_t^{fdi*} + Q(\theta_t^*)l_t^*, \tag{8}$$

$$k_{t+1}^d = (1-\delta)k_t^d + i_t^d, \tag{9}$$

$$u_{t+1}^* = \{1 - Q(\theta_t^*)\}l_t^*, \tag{10}$$

$$l_t^* = i_t^{fdi*} + (1-\delta^*)s^* k_t^{fdi*} + u_t^*. \tag{11}$$

のようにベルマン方程式の形で定式化する。

　なお、外国へ FDI を実施した自国企業が自国家計に還元する利益 Π_t^* は、単位マッチング費用を κ とすると、

$$\Pi_t^* = y_t^{fdi*} - w_t^{fdi*} n_t^{fdi*} - r_t^{fdi*} k_t^{fdi*} - \kappa v_t^* \tag{12}$$

と仮定する。また、投資財の価格 q_t^d、q_t^{fdi*} はそれぞれ、

$$q_t^d \left\{ 1 - \left(\frac{i_t^d}{k_t^d} - \delta \right) \right\} = 1 \tag{13}$$

$$q_t^{fdi*} \left\{ 1 - \left(\frac{i_t^{fdi*}}{k_t^{fdi*}} - \delta^* \right) \right\} = 1 \tag{14}$$

と表せる。このベルマン方程式の形で記載した家計の最適化問題の一階条件式および包絡線定理から

$$\omega(n_t^d + n_t^{fdi})^\xi = \frac{1}{c_t} w_t^d \tag{15}$$

$$\omega(n_t^d + n_t^{fdi})^\xi = \frac{1}{c_t} w_t^{fdi} \tag{16}$$

$$\frac{1}{c_t} q_t^d = \beta E_t \frac{1}{c_{t+1}} \{r_{t+1}^d + (1-\delta) q_{t+1}^d\} \tag{17}$$

$$\frac{1}{c_t} q_t^{fdi*} = \beta E_t \Big[Q(\theta_t^*) V_{k^{fdi*}}(k_{t+1}^d, k_{t+1}^{fdi*}, u_{t+1}^*) + \{1 - Q(\theta_t^*)\} \frac{1}{c_{t+1}} \Big] \tag{18}$$

が求まる。

企業の定式化

ここでは企業の定式化を説明する。自国における自国企業は、完全競争下において、家計から（自国における自国企業へ）提供される労働供給と資本ストックを用いて、

$$y_t^d = A_t (n_t^d)^{1-\alpha} (k_t^d)^\alpha \tag{19}$$

のようにコブ・ダグラス型で定式化される生産関数によって生産活動すると仮定する。同様に、自国にFDIを実施する外国企業の生産もコブ・ダグラス型で定式化される生産関数

$$y_t^{fdi} = A_t (n_t^{fdi})^{1-\alpha} (k_t^{fdi})^\alpha \tag{20}$$

に従っていると仮定する。

自国における国内総生産は、自国における自国企業の生産と自国にFDIを実施する外国企業の生産との相対パラメータをϕ、代替の弾力性を$\psi = \frac{1}{1-\upsilon}$、自国の相対的経済規模を$N$、外国の相対的経済規模を$1-N$、自国の市場開放度を$a$、外国の市場開放度を$a^*$とすると、

$$y_t = \{\phi^{1-\upsilon}(y_t^d)^\upsilon + (1-\phi)^{1-\upsilon}(y_t^{fdi})^\upsilon\}^{\frac{1}{\upsilon}} \tag{21}$$
$$1 - \phi = (1-N)a$$

のように表せる。同様に外国における国内総生産は、外国における外国企業の生産と外国へFDIを実施する自国企業の生産との相対パラメータをϕ^*とすると、

$$y_t^* = \{(\phi^*)^{1-\upsilon}(y_t^{d*})^{\upsilon} + (1-\phi^*)^{1-\upsilon}(y_t^{fdi*})^{\upsilon}\}^{\frac{1}{\upsilon}}$$
$$1-\phi^* = Na^*$$

のように表せる。

生産性 A_t は自国における自国企業と自国に FDI を実施する外国企業とで共通で、自国の生産性ショックの持続性を表わすパラメータを ρ_A、平均 0 で分散 σ の正規分布に従う i.i.d の確率変数を $\varepsilon_{A,t}$ として、

$$\ln A_t = \rho_A \ln A_{t-1} + (1-\rho_A)\ln A + \varepsilon_{A,t} \tag{22}$$

と、一階の自己回帰過程（AR(1)）の動学方程式に従い、外生的に与えられるものと仮定する。

以上を踏まえて、自国における自国企業の利潤最大化問題を

$$\max \quad y_t^d - w_t^d n_t^d - r_t^d k_t^d$$
$$\text{s.t.} \quad y_t^d = A_t (n_t^d)^{1-\alpha}(k_t^d)^{\alpha}$$

のように定式化する。この最適化の一階条件式は、

$$w_t^d = (1-\alpha)\left(\frac{y_t^d}{n_t^d}\right) \tag{23}$$

$$r_t^d = \alpha\left(\frac{y_t^d}{k_t^d}\right) \tag{24}$$

のようになる。

また、自国に FDI を実施する外国企業の利潤最大化問題を

$$J(k_t^{fdi}) = \max_{n_t^{fdi}, v_t} \left[y_t^{fdi} - w_t^{fdi} n_t^{fdi} - r_t^{fdi} k_t^{fdi} - \kappa v_t + \beta E_t \frac{c_t^*}{c_{t+1}^*} J(k_{t+1}^{fdi}) \right]$$
$$\text{s.t.} \quad k_{t+1}^{fdi} = (1-\delta)(1-s)k_t^{fdi} + P(\theta_t)v_t$$

のようにベルマン方程式の形で定式化する。この最適化の一階条件式および、包絡線定理から、

$$w_t^{fdi} = (1-\alpha)\left(\frac{y_t^{fdi}}{n_t^{fdi}}\right) \tag{25}$$

$$\frac{\kappa}{P(\theta_t)} = \beta E_t \frac{c_t^*}{c_{t+1}^*} J_{k_{t+1}^{fdi}}(k_{t+1}^{fdi}) \tag{26}$$

$$J_{k_t^{fdi}}(k_t^{fdi}) = \alpha \frac{y_t^{fdi}}{k_t^{fdi}} - r_t^{fdi} + (1-\delta)(1-s)\beta E_t \frac{c_t^*}{c_{t+1}^*} J_{k_{t+1}^{fdi}}(k_{t+1}^{fdi}) \tag{27}$$

が求まる。ここで (26) 式と (27) 式から価値関数を消去すると、

$$\frac{\kappa}{P(\theta_t)} = \beta E_t \frac{c_t^*}{c_{t+1}^*}\left\{\alpha \frac{y_{t+1}^{fdi}}{k_{t+1}^{fdi}} - r_{t+1}^{fdi} + (1-\delta)(1-s)\frac{\kappa}{P(\theta_{t+1})}\right\} \tag{28}$$

が求まる。

Nash 交渉問題および資源制約条件の定式化

ここでは Nash 交渉問題および資源制約条件の定式化を説明する。まず外国から自国に配分された資本ストックによって発生する総余剰の配分を見てみよう。資本ストックから得られる総余剰は、自国に FDI を実施する外国企業と資本の貸出を行う外国の家計とで配分されるが、その際の配分が Nash 交渉によって行われると仮定する。総余剰を S_t、外国の家計の交渉力を η とすると、外国の家計への配分は ηS_t、自国に FDI を実施する外国企業への配分は $(1-\eta)S_t$ となり、

$$\eta S_t = \frac{V_{k_t^{fdi}}(k_t^{d*}, k_t^{fdi}, u_t) - V_{u_t}(k_t^{d*}, k_t^{fdi}, u_t)}{1/c_t^*}$$

$$(1-\eta)S_t = J_t(k_t^{fdi})$$

と表せる。

これらと、(18) 式、(26) 式を用いると、資本ストック投資に対するレンタル率を r_t^{fdi} として、

$$r_t^{fdi} = \eta\alpha\frac{y_t^{fdi}}{k_t^{fdi}} + (1-\eta)\delta q_t^{fdi*} + \eta(1-\delta)(1-s)\frac{\kappa}{\theta_t} \tag{29}$$

$$q_t^{fdi*} - \beta E_t \frac{c_t^*}{c_{t+1}^*} q_{t+1}^{fdi*} = \left(\frac{\eta}{1-\eta}\right)\left(\frac{\kappa}{\theta_t}\right) \tag{30}$$

が求まる。

最後に、資源制約式は、自国と外国とで経済規模の違いを考慮すると、

$$Ny_t = Nc_t + Ni_t^d + (1-N)i_t^{fdi*} + (1-N)\kappa v_t^*$$
$$(1-N)y_t^* = (1-N)c_t^* + (1-N)i_t^{d*} + Ni_t^{fdi} + N\kappa v_t$$
(31)

と表せる。

なお、本研究のモデルでは、家計の行動において債券投資（債券保有）を考慮していないため、自国が外国の資産を保有することによる利益追求および消費の平準化は生じないと仮定している。つまり、2カ国間で債券保有を通じての資本のやりとりが生じない世界を考えているため、消費の限界効用が2カ国で等しくなるという、いわゆるリスクシェアリング条件は不要となる。

モデルの方程式体系

以上の各種定義式、家計、企業の最適化の一階条件式、包絡線定理より導出される方程式等から、モデルの方程式体系が導出される。自国における方程式は(1)〜(17)、(19)〜(25)、(28)〜(31)となり、同様の定式化が外国においても成立する。次章で実施するカリブレーションは、これらの方程式を定常状態近傍で対数線形近似したものを用いる。

3．IRFによるシミュレーション分析

本節では、第2節で定式化したモデルの方程式体系についてカリブレーションを実施する。具体的にはパラメータを設定し、自国の生産性の1％上昇ショック、外国の生産性の1％上昇ショックが発生した場合に、その影響が自国および外国の、国内総生産、Inflow of FDI、Outflow of FDIにどのように波及するのか、IRFによるシミュレーション分析を実施する。

特に、本研究で構築したDSGEモデルは、Nadeau（2011）のモデルを改良していることから、自国と外国の相対的経済規模が変化した場合に、生産性上昇ショックの波及効果がどのように変化するのか分析することが可能となっている。そこで、Case ①相対的経済規模が自国50％と外国50％で等しい場合、Case ②相対的経済規模が自国25％と外国75％で異なる場合の二つ

表10-2　パラメータおよび定常状態の設定値

パラメータ	値
資本減耗率	$\delta=\delta^*=0.025$
マッチング解消率	$s=s^*=0.1$
マッチング関数の新規投資計画	$\varepsilon=\varepsilon^*=0.8$
労働供給の弾力性に関するパラメータ	$\xi=\xi^*=4$
割引率	$\beta=\beta^*=0.99$
家計の（企業に対する）交渉力	$\eta=\eta^*=0.5$
資本比率	$\alpha=\alpha^*=1/3$
国内企業生産とFDI企業生産の代替の弾力性に関するパラメータ	$\nu=\nu^*=1/3$
生産性ショックの継続性を表わすパラメータ	$\rho_A=\rho_A^*=0.9$
効用における消費に対する労働のパラメータ	$\omega=\omega^*=1.0$
市場開放度	$a=a^*=0.9$

定常状態値	設定値
流動性資本のマッチング確率の定常状態値	$Q(\theta)=Q(\theta^*)=0.75$
国内総生産に対するFDI企業生産比の定常状態値	$\dfrac{y^{fdi}}{y}=\dfrac{y^{fdi*}}{y^*}=0.2$
国内と外国の国内総生産比の定常状態値	$\dfrac{y}{y^*}=\dfrac{N}{1-N}$
単位マッチング費用の定常状態値	$\kappa=0.01y^{fdi}$ $\kappa^*=0.01y^{fdi*}$

出所：筆者作成

のCaseでIRFがどのように変わるのかみていきたい。なお、Case ②では、自国を日本、外国を米国と想定してPPPベースのGDPシェアで米国が日本の約3倍の経済規模を有していることを反映させている。その他のパラメータ、定常状態値等は二つのCaseで同一とし、表10-2のように設定している。

自国の生産性上昇ショックに対する波及効果を図10-3に、外国の生産性上昇ショックに対する波及効果を図10-4にCase ①とCase ②の場合について自国と外国それぞれの産出量、Inflow of FDI、Outflow of FDIへのIRFを図示している。

まず、Case ①について考える。自国の生産性が上昇した場合（図10-3）、自国のInflow of FDIの増加等を通じて、自国の産出量が増加する。一方、Inflow of FDIが増加しその規模自体が大きくなるため、一定のマッチング

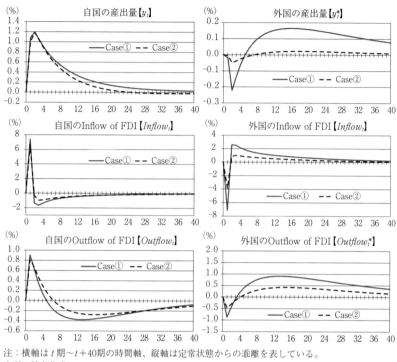

図10-3 自国の生産性上昇ショックに対する波及効果

注:横軸はt期〜$t+40$期の時間軸、縦軸は定常状態からの乖離を表している。
出所:筆者作成

解消率sによってFDIの解消規模も大きくなり、Outflow of FDI自体が増加する。しかし、その後、自国の生産性が上昇していることから、Outflow of FDIは減少する傾向がみられる。また、外国の生産性が上昇した場合(図10-4)、自国と外国を同様の形で定式化していることから、自国の生産性上昇ショックによる影響と完全に対称的となっている。

次に、Case②について考える。自国の生産性が上昇した場合(図10-3)、自国の産出量が増加し、自国のOutflow of FDIも当初は増加するもののその後は減少に転じるというCase①と同様の傾向が確認できる。自国の生産性上昇ショックに対しては、自国の経済規模が相対的に小さいものの、産出量の増加率はCase①に比べてほぼ変わらない状況となっている。また外国への影響については、自国の経済規模が相対的に小さいことからその影響も

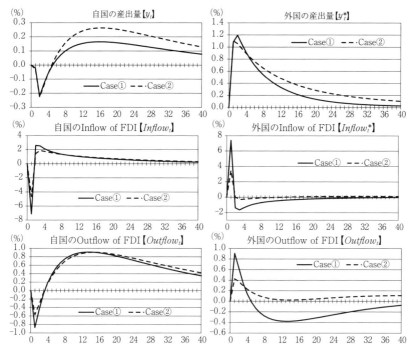

注:横軸は t 期〜$t+40$ 期の時間軸、縦軸は定常状態からの乖離を表している。
出所:筆者作成

図10-4 外国の生産性上昇ショックに対する波及効果

Case ①に比べて小さなものとなっている。

　一方、外国の生産性が上昇した場合(図10-4)、外国の Inflow of FDI の増加などを通じて、外国の産出量が増加し、外国の Outflow of FDI も一旦増加するもののその後は緩やかに定常状態に収束していくという傾向はこれまでと同様である。ただし、自国の経済規模が相対的に小さいことから、自国から外国への FDI 投資である外国の Inflow of FDI、自国から外国への FDI 投資の引き揚げである外国の Outflow of FDI はともに Case ②のほうが Case ①よりも小さくなっている。

　また、外国の Inflow of FDI が増加する反動で、自国の Inflow of FDI は減少し、その影響で自国の産出量も当初減少する。しかし、その後、外国の生産性上昇につられる形で、自国の産出量、Inflow of FDI、Outflow of FDI が

増加に転じるという傾向がみられた。

最後に、両 Case について補足する。生産性1％上昇ショックに対して、Inflow of FDI の変化が相対的に大きくなっている。これは、本研究で構築したモデルでは債券投資とそれに伴う為替レートを考慮しておらず、2カ国の資本移動のすべてが FDI を通じて成されてしまう形となっていることが影響していると思われる。

4．まとめ

本研究では、今後その重要度が高まってくると考えられる FDI を考慮した DSGE モデルについて、Nadeau（2011）のモデルを基本形として、2カ国の相対的経済規模および市場開放度を組み込んでモデルを拡張した。構築したモデルを用いた IRF 分析の結果から、経済規模が相対的に小さい国での生産性上昇ショックは、相手国の Inflow of FDI を増やし、相手国の産出量を増加させるものの、相手国の経済規模が相対的に大きいため、その影響度合いは小さくなるという直観的にも整合的な結果が得られた。ただし、本研究で構築したモデルは、モデル構築に重点を置く研究の初期段階であるため、Inflow of FDI の変化が相対的に大きくなってしまうなど、現実経済の実証分析に適用するには、まだハードルが残っている状況である。今後は、為替レートを考慮するなど、少しでも現実妥当性を高める方向へとモデルを改良していく必要があろう。

参考文献

Amdur, D. (2009) "Cross-Border Equity Investment and the Business Cycle," JOB MARKET PAPER.

Berg, A., R. Portillo, S. Yang and L. Zanna (2012) "Public Investment in Resource Abundant Developing Countries," *IMF Working Paper*, WP/12/274.

Carvalho, F. A. and M. R. Castro (2015), "Foreign capital flows, credit growth and macro-prudential policy in a DSGE model with traditional and matter-of-fact financial frictions,"

The Banco Central do Brasil Working Papers, 387.

Choudhary, M. A. and F. Pasha (2013) "The RBC View of PAKISTAN: A Declaration of Stylized Facts and Essential Models," University of Surrey, Discussion Papers. DP04/13.

Comin, D., N. Loayza, F. Pasha and L. Serven (2014) "Medium Term Business Cycles in Developing Countries," *American Economic Journal*, Macroeconomics, 6(4): 209-245.

Contessi, S. (2007) "International Macroeconomics Dynamics, Endogenous Tradability and Foreign Direct Investment with Heterogeneous Firms," Mimeo, Federal Reserve Bank of St. Louis.

Haider, A., M. Din and E. Ghani (2012) "Monetary Policy, Informality and Business Cycle Fluctuations in a Developing Economy Vulnerable to External Shocks," *The Pakistan Development Review*, 51(4): 609-681.

Kurmann, A. and N. P. Nadeau (2007) "Search Frictions in Physical Capital Markets as a Propagation Mechanism," *CIRPEE Working Paper*, 07-12.

Lim, G. C. and P. D. McNelis (2014) "Income Inequality, Trade and Financial Openness," *The University of MELBOURNE, Melbourne Institute Working Paper Series*, No.7/14.

Lucke., B. (2004) "Real Interest Rates and Productivity Shocks: Why are Business Cycles Negatively Correlated between the EU and Jordan?" *Emerging Markets Finance and Trade*, 40(6): 82-94.

McCallum, B. T. and E. Nelson (1999) "Nominal income targeting in an open-economy optimizing model," *Journal of Monetary Economics*, 43: 553-578.

McCallum, B. T. and E. Nelson (2000) "Monetary Policy for an Open Economy: an Alternative Framework with Optimizing Agents and Sticky Prices," *Oxford Review of Economic Policy*, 16(4): 74-91.

Nadeau, N. P. (2011) "Endogenous Flows of Foreign Direct Investment and International Real Business Cycles," Carnegie Mellon University Research Showcase.

Sobczak, K. (2013) "Effect of nominal convergence criteria on real side of economy in DSGE models," University of Rennes 1, Doctor Thesis.

Suzuki, T. (2013) "Transmission Mechanism of Shocks Caused by Terrorism to a Small Open Economy," BCDE2013, Conference paper.

Tserendorj, B., and A. O. Purevjav (2012) "Risk Assessment of 'Dutch Disease' in Mongolia due to a major resource and expected massive capital inflow," National University of Mongolia and the IRIS Center at the University of Maryland, *Economic Research Institute (ERI) Discussion Paper Series*, No.1.

Xu, Z. (2013) "Essays on Dynamic Macroeconomics with Frictions," The Hong Kong University of Science and Technology, Doctor Thesis.

岡田義昭（2012）「日本経済学会2012年度春季全国大会：鈴木報告に対するコメント」愛知学院大学産業研究所所報『地域分析』51(1): 41-58.
熊本方雄（2014）「通貨代替と為替相場のボラティリティ」『東京経大学会誌』第283号：121-152.

第11章

海外直接投資および金融市場の発展と経済成長の関係

法政大学経済学部　桧野　智子

はじめに

今日、海外直接投資（Foreign Direct Investment: FDI）は、世界的な規模で急速に拡大を続けている。FDI の拡大は、投資国はもちろん被投資国にも多大な影響を及ぼすことになる。

FDI が被投資国の経済成長に与える正の効果としてまず挙げられるのは、FDI により、国内投資のみだった場合よりも大きな要素生産性向上と、所得の増加がもたらされるということである。さらにその結果、本来は国内に投資すべき資本が国外に放出されてしまうという、被投資国でしばしば生じる問題を防ぐことが可能となる。加えて、FDI の増加により対外債務を増価させることなく国内資本ストックを増加させることが可能となることや、資本の流入による生産・雇用の拡大、新技術の移転の促進が挙げられる。負の効果としては、多数の外資系企業の参入による競争の激化が考えられる。

FDI による投資国への正の影響としては、まず工程間分業による中間財輸出の拡大が挙げられる。さらに、労働集約的な生産工程の輸出により、国内生産が資本集約的な生産工程に特化され、その結果、熟練労働者の相対的な増加や、国内における生産性の向上が見込まれる。負の側面としては、国内における生産規模の縮小に伴う生産性の低下および雇用の消失が考えられ

る。

　また、多くの FDI の受け入れ先である発展途上国は、慢性的な金融資産の欠如に直面しており、そのことが経済成長を妨げる要因の一つとなっている。金融資産を自国に呼び込むためには、整備された金融市場が不可欠である。そこで本章では、FDI による経済成長への影響だけではなく、金融市場の発展が経済成長に与える影響についても考察する。

　金融市場の発展が被投資国の経済成長に与える正の影響だが、まず挙げられるのは、金融市場の整備が進むことにより、国内企業に対する金融資源の不足が解消され、これまでに失ってきた投資の機会を捉えられるようになるということである。さらに、外国資本の流入により、国内の貯蓄が増加し、投資が拡大することにより、国内市場の非効率性を改善することが可能となる。加えて、国際的なリスクシェアリングが進むことにより資本コストを削減できるため、生産の特化が進み、生産性を向上させることができる。

　本章の目的は、第一に、FDI および金融市場の発展が、被投資国の経済成長にどのような影響を与えているのかを考察することである。第二に、金融市場の発展が、FDI による経済成長へのプラスの効果をさらに押し上げるのか否かを考察することである。この章の構成は以下の通りである。第1節では、FDI および金融市場の発展が被投資国の経済成長に与える影響について考察している先行研究を紹介している。第2節では、本章で行っている推定のモデルを紹介し、第3節では、使用したデータについて説明している。第4節では、推定結果を考察しており、第5節では、本章の推定結果と先行研究の推定結果との比較を行い、第6節を結語としている。

1．先行研究

FDI と経済成長

　ここでは、FDI が被投資国の所得を増加させ、生産性の向上にプラスの効果を与えているとする先行研究を紹介する。

　De Mello (1999) は、OECD 加盟国と非加盟国、計33カ国のパネルデータを用い分析を行っている。その結果、すべての国において FDI が、経済成長に正の影響を及ぼすことが示された。特に OECD 加盟国において成長率

が高まる結果となっているが、これは、生産技術がより優れている国において、FDIによる生産性の向上効果がより強く現れたためだと考えられる。しかしOECD非加盟国においても、FDIは経済成長にプラスの効果をもたらしている。これは、FDIによって資本の蓄積が促され、その結果、生産性が向上したためだと考えられる。さらにDe Mello（1999）は、母数推定量の結果とグループの平均推定量の結果を比較している。その結果、均一性の仮定が当てはまるのは、OECD加盟国のみであり、非加盟国には当てはまらないということが示された。これは、OECD非加盟国において、総推定変数値が個々の国の平均係数値とは異なっているためである。

Xu（2000）は、FDIによってもたらされる技術移転が、被投資国に及ぼす効果について分析している。その結果、人的資本の蓄積がある先進国においてのみ、技術移転の恩恵が受けられるということを示した。

Soto（2000）、Reisen and Soto（2001）は、途上国のパネルデータを用い、資本フローが経済成長に及ぼす影響を分析した。その結果、「FDIと資本フロー」「FDIとGDPの成長率」の間には、それぞれ強い正の相関があることが示された。加えて、金融市場が十分に発達していない途上国においては、債務フローよりも資本フローが優位性を持つという特性があるため、資本フローのボラティリティが大きい場合、経済に与えるマイナスの影響が大きくなるが、FDIのボラティリティは資本フローのボラティリティよりも小さいため、FDIが経済成長に与える正の影響はより大きなものとなることを示した。

Blomström, Kokko and Zejan（2000）は、途上国のみのデータを使用して分析を行った場合、FDIが経済成長に正の影響を与えているとは言えないということを示した。なぜなら、途上国には人的資本の蓄積がないため、FDIに伴う技術移転による生産性の向上が顕著ではなく、その結果、FDIを行っても経済成長につながらないためである。

被投資国の技術水準

Borensztein, De Gregorio and Lee（1998）は、被投資国の技術水準が、FDIによる経済成長への効果へ与える影響について考察している。分析によると、FDIにより市場に新たな資本が注入され、その結果、技術進歩が

進み、生産性が向上し、経済成長が進むが、そのとき、国内の労働者の技術水準の度合いが経済成長の大きさに影響を及ぼす。つまり FDI は経済成長に正の効果をもたらすが、経済成長の規模は、労働者の技術水準に依存しており、経済成長がプラスとなるのは、最低限度の教育水準を担保している国のみであった。

金融市場の発展

　ここでは、金融市場の発展度合いによって、FDI が経済成長に及ぼす効果が異なることを示した先行研究を紹介する。

　Acemoglu and Zilibotti (1997)、Levine, Loayza and Beck (2000) は、金融市場が十分に発展していない場合、多国籍企業のほうが地元の企業よりも相対的に有利な立場となってしまうため、FDI を行ったとしても、現地企業が FDI のプラスの効果を受け取ることはできないということを示した。

　Hermes and Lensink (2003) は、FDI が被投資国の経済成長を上昇させる条件として、整備された金融システムが必要であると示した。FDI に伴う新技術の導入は、生産性を向上させ経済成長を高める効果があるが、この効果を得るには、被投資国に十分な金融資産が存在する必要がある。加えて、有効な投資を適切に選択できるような金融システムも不可欠である。

　Alfaro *et al.* (2004) は、金融システムの発展と FDI の経済成長に与える効果をクロスカントリーデータを用い分析している。その結果、FDI 単独では、経済成長へのプラスの効果は曖昧であった。しかし、金融市場の発展が進むことにより、FDI の経済成長への正の効果が押し上げられることが示された。

　Durham (2004) は、外国証券投資 (EFPI) のクロスセクションデータを用い分析を行っている。その結果、FDI と EFPI は、経済成長に直接プラスの効果はもたらさないが、EFPI には、FDI のもたらす経済成長への効果を促進する機能があることが示された。

　Lee and Chang (2009) は、37カ国のパネルデータを用い、経済成長により多くの影響を与えているのが、金融市場の発展であるのか FDI であるのかを考察している。その結果、FDI よりも、金融市場の発展の度合いのほうが経済成長に与える影響が大きいことが示された。

Chee and Nair（2010）は、アジア・オセアニア地域において、金融市場の発展の度合いが、FDI の経済成長への効果にどのような影響を与えているのかを考察している。アジア・オセアニア地域44カ国のパネルデータを用い、固定効果モデルと変量効果モデルを使用して分析を行った結果、金融市場の発展は、FDI が経済成長に与えるプラスの効果を補完するものであることが示された。

　Li and Liu（2005）は、84カ国のパネルデータを用い、アメリカと各国の所得ギャップをアブソープション・キャパシティとし、三段階最小二乗法により、FDI が経済成長に正の影響を与えるかどうかを分析した。その結果、アメリカとの所得ギャップと FDI の交差項が、有意な負の値となった。つまり、アメリカとの所得ギャップが大きくなるほど、FDI が経済成長に与える正の効果が小さくなるということである。

推定手法の発展

　FDI が経済成長へ及ぼす効果は国によってさまざまである。パネルデータを導入することによって、国ごとに異なる効果をモデルに組み込むことが可能となり、より精緻な分析が行えるようになった。しかし、パネルデータの問題点として分散不均一性が挙げられる。ここではこれらの問題を考察する。

　Arellano and Bond（1991）、Arellano and Bover（1995）は、DPD（dynamic panel data）回帰によりバイアスのない結果を示した。Nair-Reichert and Weinhold（2001）は、途上国24カ国のデータを使用し、均一性および不均一性の仮定のもとそれぞれ分析を行った。ここで、均一性の仮定においては動学的パネルモデルが、不均一性の仮定においては複数効果モデルが用いられた。その結果、どちらの場合も FDI は経済成長に正の影響を及ぼし、これにより、FDI が経済成長に及ぼす効果は、国ごとに異なる経緯をたどっていると示された。

内生性の問題

　FDI が被投資国の経済成長に及ぼす影響を分析する際、内生性の問題が存在する。FDI を行う国を選定する際に、将来の経済成長を予測して意思

決定を行っているとすると、逆の因果関係が存在してしまうからである。つまり、FDI が被投資国の経済成長を促すのではなく、現在経済成長している、もしくは、早晩経済成長が望める国へ FDI を行っているということになるのである。これらの内生性の問題については、先に挙げた以下3本の論文において、それぞれ対策が講じられている。Alfaro *et al.*（2004）は操作変数法を、Li and Liu（2005）は三段階最小二乗法を用いている。また De Mello（1999）は、操作変数固定効果モデルを使用して分析を行っている。

2．モデル

この章において推定に使用しているモデルは以下の2式である。(1)式は、説明変数に FDI とその他の説明変数を加え、FDI が経済成長に与える影響を推定する式である。(2)式は、(1)式の説明変数に加え、金融市場の発展を表す変数と、FDI と金融市場の発展を表す変数の交差項を加えている。これにより、金融市場の発展が経済成長に与える効果だけではなく、金融市場の発展が FDI による経済成長への効果に及ぼす影響についても観察することが可能となる。

$$GROWTH_i = \beta_0 + \beta_1 \log(Initial\ GDP_i) + \beta_2 FDI_i + \beta_3 CONTROLS_i + v_i \quad (1)$$

$$GROWTH_i = \beta'_0 + \beta'_1 FDI_i + \beta'_2 (FDI_i \times FINANCE_i) + \beta'_3 FINANCE_i + \beta'_4 CONTROLS_i + v_i \quad (2)$$

3．データ

推定に用いたのは、金融市場の発展を表すデータの数に合わせた、2種類のデータセット（表11-1、表11-2、表11-7参照）である。一つ目は1980年から2014年の60カ国のデータセットであり、二つ目は2001年から2014年の32カ国のものである。データはパネルデータであり、値はすべて実質値である。またデータの出所はすべて世界銀行である。

金融市場の発展を表す変数として、以下六つのデータを使用している。SCAPT は国内上場企業の株価時価総額、SVALT は株式取引の総価値、

表11-1 データ

名　称	出　所
Growth	GDP per capita growth（annual %），World Bank
FDI	Foreign direct investment, net inflows（% of GDP），World Bank
Population growth	Population growth（annual %），World Bank
Government consumption	General government final consumption expenditure（% of GDP），World Bank
Inflation	Inflation, GDP deflator（annual %），World Bank
GDP	GDP per capita（constant 2005 US $），World Bank
Exports	Exports of goods and services（% of GDP），World Bank
Imports	Imports of goods and services（% of GDP），World Bank
SCAPT	Market capitalization of listed domestic companies（% of GDP），World Bank
SVALT	Stocks traded, total value（% of GDP），World Bank
PRIVCR	Domestic credit to private sector（% of GDP），World Bank
LLY	Liquid liabilities（M3）as % of GDP, World Bank
BANKCR	Domestic credit provided by financial sector（% of GDP），World Bank
BTOT	Depositors with commercial banks（per 1,000 adults），World Bank
（作成したデータ）	
log(*initial GDP*)	GDPの初期値の対数値
Trade volume	GDPに占める「Imports + Exports」の割合
Sub-Saharan Africa dummy	サブサハラアフリカ地域を1、その他の地域を0としたダミー変数
Scandinavian	スカンディナビア法系に属する場合に1,それ以外を0とするダミー変数
French	フランス法系に属する場合に1、それ以外を0とするダミー変数
Creditor Rights	債権者の権利を四つに分類し、それぞれ1、2、3、4とし、それ以外を0とするダミー変数

　PRIVCRは民間部門の国内信用、LLYは流動負債、BANKCRは金融部門によって供給される国内信用、BTOTは商業銀行の預金者数を表すデータである。なおBTOTは対数値を使用している。SCAPT・SVALTは、60カ国・32カ国いずれのデータセットにも含まれ、その他のデータは、32カ国のデータセットにのみ含まれる。

　世界銀行から得たデータから作成したものには、log(*initial GDP*) とTrade volumeがある。log(*initial GDP*) は、GDPの初期値の対数値であり一種のダミー変数である。Trade volumeは、ImportsとExportsのデータを加算した上で、GDPに占める「Imports + Exports」の割合を導出した値である。

　さらに分析では、Sub-Saharan Africa dummy, Scandinavian, French, Creditor Rightsという四つのダミー変数を使用している。

表11-2 記述統計量

	平均	標準偏差	最小値	最大値
サンプル1：60カ国（1980-2014年）				
Growth	0.02	0.04	-0.24	0.19
GDP	13639.22	14769.65	182.24	69094.74
FDI	0.03	0.07	-0.12	1.73
Population growth	0.01	0.01	-0.02	0.11
Government consumption	0.16	0.05	0.02	0.41
Sub-Saharan Africa dummy	0.08	0.28	0	1
Inflation	0.24	1.96	-0.28	62.61
Trade volume	0.74	0.54	0.06	4.40
SCAPT	2.87	37.43	0	1018.95
SVALT	0.32	0.52	0	9.63
Scandinavian	0.07	0.25	0	1
French	0.40	0.49	0	1
Creditor Rights	2.26	1.35	0	4
サンプル2：32カ国（2001-2014年）				
Growth	0.02	0.03	-0.11	0.16
GDP	10682.76	13700.88	425.72	50695.08
FDI	0.03	0.03	-0.04	0.17
Population growth	0.01	0.01	-0.01	0.03
Government consumption	0.15	0.05	0.05	0.28
Sub-Saharan Africa dummy	0.09	0.29	0	1
Inflation	0.07	0.08	-0.28	0.81
Trade volume	0.75	0.38	0.20	2.10
SCAPT	0.67	0.53	0.01	2.77
SVALT	0.38	0.40	0	1.88
PRIVCR	0.64	0.50	0.09	2.02
LLY	0.63	0.54	0.14	2.28
BANKCR	0.86	0.66	0.11	3.74
BTOT	635.34	375.39	52.90	1431.52
Scandinavian	0.06	0.24	0	1
French	0.44	0.50	0	1
Creditor Rights	2.33	1.39	0	4

　Sub-Saharan Africa dummyは、サブサハラアフリカ地域を1、その他の地域を0としたダミー変数である。Scandinavian, Frenchの二つの変数は、国の法律がどの法系に含まれるのかということから作成したダミー変数である。Scandinavianは、その国の法律がスカンディナビア法系に属する場合に1をとり、それ以外を0とするダミー変数である。データの中で1をとる国は、スウェーデン、デンマーク、ノルウェー、フィンランドの4カ国である。同様にFrenchは、その国の法律がフランス法系に属する場合に1をと

り、それ以外を0とするダミー変数である。データの中で1をとる国は、アルゼンチン、イタリア、ウルグアイ、エクアドル、エルサルバドル、オランダ、ガイアナ、グァテマラ、コスタリカ、コロンビア、ジャマイカ、スペイン、チリ、トリニダード・トバゴ、パナマ、パラグアイ、ブラジル、フランス、ベネズエラ、ペルー、ベルギー、ポルトガル、メキシコ、南アフリカ共和国の24カ国である。

　Creditor Rightsは、La Porta et al. (1997, 1998) の分類を使用している。このダミー変数は、債権者の権利を四つに分類することによって作られたものであり、1から4および0をとる。1に分類される国では、会社の更生を申請するための最小限の配当もしくは債権者の同意などについて規制されている。データの中で1に該当するのは、アルゼンチン、イタリア、オーストラリア、ガイアナ、カナダ、スペイン、デンマーク、ドイツ、ブラジルの9カ国である。2に分類される国では、担保を保有する債権者の組織再編の請求が承認された場合、安全資産を得ることが可能になる。2に該当するのは、ケニア、チリ、トリニダード・トバゴ、パキスタン、パプアニューギニア、フィンランド、ベネズエラ、ベルギー、英国、日本の10カ国である。3に分類される国では、破綻企業の資産処理に基づく収益の配当の際、担保を保有する債権者の序列が1位となる。3に該当するのは、アメリカ合衆国、エクアドル、オーストリア、ギリシャ、タイ、トルコ、パナマ、マレーシアの8カ国である。4に分類される国では、再編の決議まで債務者は財産の管理権を持たない。4に該当するのは、アイルランド、イラン、エジプト、エルサルバドル、ジャマイカ、ジンバブエ、スウェーデン、スリランカ、パラグアイ、マラウイ、メキシコの11カ国である。0をとるのはそれ以外の場合であり、ガーナ、コロンビア、シンガポール、ニュージーランド、南アフリカ共和国の5カ国が該当する。

4．推定結果

　この節では推定結果を考察する。
　まず表11-3では、最小二乗法（OLS）を用い、(1)式を推定している。観察したいのは、FDIが被投資国の経済成長に与える影響である。ここではデ

表11-3 OLS による、FDI が経済成長に与える効果

(被説明変数＝Growth)

	(1)	(2)
Period	1980-2014	2001-2014
Observations	2025	431
log(initial GDP)	-0.0016*	-0.0004
	(0.0009)	(0.0015)
FDI	0.0328**	0.2652**
	(0.0140)	(0.0516)
Population growth	-0.5551**	-0.5908**
	(0.1428)	(0.2436)
Government consumption	-0.1285**	-0.2050**
	(0.0253)	(0.0366)
Sub-Saharan Africa dummy	-0.0077*	0.0130**
	(0.0044)	(0.0051)
Inflation	-0.0022**	-0.0183
	(0.0006)	(0.0340)
Trade volume	0.0081**	0.0049
	(0.0018)	(0.0033)
R^2	0.08	0.16

注：括弧内の数値は標準偏差であり、*、** はそれぞれ10％、5％有意を示す。

表11-4 OLS による、FDI と金融市場の発展が経済成長に与える効果

(被説明変数＝Growth)

	(3)SCAPT	(4)SVALT	(5)SCAPT	(6)SVALT	(7)PRIVCR	(8)LLY	(9)BANKCR	(10)BTOT
Period	1980-2014	1980-2014	2001-2014	2001-2014	2001-2014	2001-2014	2001-2014	2001-2014
Observations	1193	1124	302	263	424	123	424	123
log(initial GDP)	-0.0027**	-0.0030**	-0.0015	-0.0026	-0.0013	-0.0074**	-0.0003	0.0085
	(0.0009)	(0.0010)	(0.0017)	(0.0022)	(0.0021)	(0.0030)	(0.0018)	(0.0054)
FDI	0.0143*	0.0115*	0.4097**	0.3533**	0.3786**	0.0124	0.3762**	-1.3094
	(0.0075)	(0.0073)	(0.0824)	(0.1105)	(0.1136)	(0.2005)	(0.1109)	(1.7586)
FDI × financial markets	-0.0021*	0.0008	-0.2211**	-0.2037	-0.1356	0.3357	-0.1324	0.2580
	(0.0013)	(0.0087)	(0.1062)	(0.1785)	(0.1176)	(0.3345)	(0.0959)	(0.2718)
Financial markets	-0.0001**	0.0052**	0.0093**	0.0183**	0.0072	-0.0058	0.0018	-0.0079
	(0.0001)	(0.0019)	(0.0044)	(0.0088)	(0.0062)	(0.0092)	(0.0040)	(0.0094)
Population growth	-0.2088	-0.3190**	-0.4635**	-0.5242	-0.4223	-1.8697**	-0.4817**	-0.7469
	(0.1453)	(0.1588)	(0.2421)	(0.3718)	(0.2822)	(0.5522)	(0.2836)	(0.4747)
Government consumption	-0.1053**	-0.1046**	-0.1865**	-0.1796**	-0.2066**	-0.1708**	-0.1992**	-0.3431**
	(0.0260)	(0.0273)	(0.0411)	(0.0480)	(0.0365)	(0.0782)	(0.0351)	(0.1027)
Sub-Saharan Africa dummy	-0.0089**	-0.0099**	0.0028	-0.0015	0.0102*	0.0103	0.0125**	0.0386
	(0.0036)	(0.0042)	(0.0056)	(0.0070)	(0.0059)	(0.0080)	(0.0055)	(0.0253)
Inflation	-0.0040**	-0.0038**	0.0136	0.0397	-0.0143	0.0298*	-0.0206	-0.0024
	(0.0003)	(0.0003)	(0.0121)	(0.0340)	(0.0347)	(0.0168)	(0.0348)	(0.0534)
Trade volume	0.0054**	0.0037**	0.0021	0.0017	0.0037	-0.0193**	0.0052	0.007
	(0.0018)	(0.0021)	(0.0034)	(0.0040)	(0.0037)	(0.0089)	(0.0034)	(0.0092)
R^2	0.10	0.03	0.02	0.19	0.16	0.19	0.16	0.15

注：括弧内の数値は標準偏差であり、*、** はそれぞれ10％、5％有意を示す。

ータの期間が異なる二つの推定を行った。その結果、(1)列、(2)列ともにFDIは正の有意な値となっている。つまり、FDIの増加は、被投資国の経済成長を促進するのである。

　表11-4では、金融市場の発展を表す変数を加え、FDIと金融市場の発展が被投資国の経済成長に与える影響を OLS で推定している。推定式は(2)式である。金融市場の発展を表す変数の他に、FDIと金融市場の発展を表す変数の交差項が説明変数として加えられているが、これは、金融市場の発展が、FDIによる経済成長への効果をさらに押し上げるかどうかを分析するためである。その結果 FDI は、ほとんどの場合有意な正の値となっており、表11-3と同様、FDIは、被投資国の経済成長へプラスの効果をもたらすことが示された。金融市場の発展を表す変数は SCAPT と SVALT についてのみ有意な値となっているが、概ね係数は正である。つまり、金融市場の発展が進むと経済成長が高まるということである。次に、金融市場の発展が、FDIによる経済成長への効果に与える影響を観察するために加えた交差項であるが、SCAPTのみ有意な負の値となっている。これは、金融市場が発展すると、FDIによる経済成長への正の効果が小さくなるということであり、金融市場の発展に、FDIによる経済成長への効果を押し上げる効果はないといえる。もう少し細かく見てみると、(3)列の場合、FDI、Financial markets、交差項の符号は、それぞれ正・負・負となっており、金融市場の発展は、経済成長に負の効果しかもたらさない。(5)列の場合は、三つの値の符号が正・正・負となっており、FDIと金融市場の発展は、それぞれ経済成長にプラスの効果をもたらすが、交差項が負であるため、金融市場の発展が進むにつれ FDI による経済成長へのプラスの効果は縮小する。

　表11-5では、固定効果モデルによって推定を行っている。表11-4とのデータの違いは、log(*initial GDP*) と Sub-Saharan Africa dummy を除き、log(*GDP*)（GDPの対数値）を加えている点である。ここで固定効果モデルを用いているのは、今回の推定に内在する逆の因果性の問題のためである。つまり、FDIの投資先を選定する際、その国の経済状態から将来の成長が予測され、その結果、投資先に選ばれているのだとすれば、完全に逆の因果性が存在し、内生性バイアスが生じてしまうことになるのである。固定効果モデルを使用する利点は、内生性バイアスに対応できる可能性があることと、欠落変数バイ

表11-5 固定効果モデルによる、FDIと金融市場の発展が経済成長に与える効果

(被説明変数＝Growth)

	(11)SCAPT	(12)SVALT	(13)SCAPT	(14)SVALT	(15)PRIVCR	(16)LLY	(17)BANKCR	(18)BTOT
Period	1980-2014	1980-2014	2001-2014	2001-2014	2001-2014	2001-2014	2001-2014	2001-2014
Observations	1193	1124	302	263	424	123	424	123
$\log(GDP)$	-0.0099	-0.0150	0.0185	0.0226	0.0463*	0.0625**	0.0418*	0.1002**
	(0.0091)	(0.0093)	(0.0129)	(0.0300)	(0.0242)	(0.0274)	(0.0214)	(0.0271)
FDI	0.0327**	0.0204**	0.4494**	0.4582**	0.5032**	-0.1278	0.5355**	-1.7715
	(0.0133)	(0.0093)	(0.1339)	(0.1727)	(0.1137)	(0.2399)	(0.1136)	(1.7604)
FDI × financial markets	-0.0030**	0.0024	-0.2082	-0.4287*	-0.3708**	-0.0149	-0.3402**	0.3997
	(0.0011)	(0.0128)	(0.1518)	(0.2244)	(0.1150)	(0.4999)	(0.0963)	(0.3175)
Financial markets	-0.0001**	0.0043	0.0181**	0.0099	-0.0260	0.0227	-0.0217	-0.0448
	(0.0001)	(0.0037)	(0.0069)	(0.0076)	(0.0203)	(0.0216)	(0.0143)	(0.0265)
Population growth	-0.4229	-0.5846**	-1.3594	-2.3175**	-2.3363**	-1.9624	-2.2432**	3.3437
	(0.2714)	(0.2906)	(1.0067)	(1.1025)	(0.8631)	(1.6378)	(0.9004)	(2.8548)
Government consumption	-0.3875**	-0.4451**	-0.4162**	-0.8261**	-0.5563**	-1.0030**	-0.5194**	-0.2338
	(0.1315)	(0.1459)	(0.1892)	(0.1953)	(0.1917)	(0.1868)	(0.1960)	(0.3010)
Inflation	-0.0049**	-0.0050**	0.0194	0.0143	-0.0384	0.0355**	-0.0351	-0.0139
	(0.0005)	(0.0006)	(0.0127)	(0.0223)	(0.0307)	(0.0148)	(0.0300)	(0.0430)
Trade volume	0.0030	0.0071	0.0124	0.0349	0.0453**	0.0730**	0.0475**	0.0904**
	(0.0103)	(0.0144)	(0.0107)	(0.0219)	(0.0161)	(0.0216)	(0.0170)	(0.0373)
R^2	0.09	0.10	0.23	0.21	0.21	0.25	0.21	0.19

注：括弧内の数値は標準偏差であり、*、**はそれぞれ10％、5％有意を示す。

アスが生じにくいということである。表11-5の結果によると、FDIはほとんどの推定において有意な正の値となっている。これは表11-3、表11-4と同様の結果である。金融市場の発展を表す変数では、有意な値となっているのがSCAPTのみであり、さらに、(11)列と(13)列の符号が異なる結果となっている。またFDI、Financial markets、交差項がともに有意な値を取る結果は(11)列のみであり、それぞれの符号は、正・負・負となっている。これは先ほどの(3)列と同様の結果である。

　表11-6では、操作変数法による推定を行っている。操作変数法を用いる理由としては、表11-5と同様に逆の因果性の問題が挙げられる。操作変数法では、適切な操作変数の選択が重要となる。適切な操作変数とは、説明変数との間に相関があり、かつ被説明変数の影響を受けていないものである。ここでは、国の法律がどの法系に含まれるのかということから作成したダミー変数と、債権者の権利を四つに分類することによって作られたダミー変数を操作変数として使用している。その結果、FDI、Financial markets、交差項の値がすべて有意となる結果が、これまでの推定の中で最も多くなった。(20)列、(22)列、(23)列を見てみると、いずれの結果も、FDI、Financial markets、交差項の符号が正・正・負となっている。つまり、FDIと金融市場の発展

表11-6　操作変数法による、FDI と金融市場の発展が経済成長に与える効果

(被説明変数= Growth)

	⑲SCAPT	⑳SVALT	㉑SCAPT	㉒SVALT	㉓PRIVCR	㉔LLY	㉕BANKCR	㉖BTOT
Period	1980-2014	1980-2014	2001-2014	2001-2014	2001-2014	2001-2014	2001-2014	2001-2014
Observations	1004	979	302	263	424	96	424	123
log(initial GDP)	-0.0035**	-0.0069**	0.0042	-0.0093**	-0.0073**	-0.0111**	-0.0044**	0.0098
	(0.0011)	(0.0017)	(0.0029)	(0.0037)	(0.0034)	(0.0054)	(0.0025)	(0.0071)
FDI	0.0678*	0.1170**	-0.2376**	0.7956**	0.8135**	0.1939	0.7520**	-2.2300
	(0.0407)	(0.0529)	(0.2594)	(0.2278)	(0.2436)	(0.2441)	(0.2034)	(2.8900)
FDI × financial markets	-0.0446	-0.1528**	0.8665**	-1.2810**	-0.6235**	0.1846	-0.4615**	0.4040
	(0.0441)	(0.0590)	(0.4361)	(0.5019)	(0.2634)	(0.3758)	(0.1760)	(0.4457)
Financial markets	0.0013	0.0387**	-0.0513	0.0769**	0.0450**	0.0103	0.0261**	-0.0136
	(0.0013)	(0.0131)	(0.0238)	(0.0267)	(0.0179)	(0.0258)	(0.0109)	(0.0184)
Population growth	-0.4083**	-0.0938	-1.0393**	0.4144	0.2977	-0.7092	0.2494	-0.8800
	(0.1710)	(0.1764)	(0.3241)	(0.5580)	(0.4202)	(2.3439)	(0.3899)	(0.5648)
Government consumption	-0.0743**	-0.0612**	-0.1918**	-0.1469**	-0.2243**	0.0006	-0.2187**	-0.3457**
	(0.0326)	(0.0358)	(0.0477)	(0.0600)	(0.0396)	(0.0914)	(0.0376)	(0.1037)
Sub-Saharan Africa dummy	-0.0112**	-0.0191**	0.0386**	-0.0222*	-0.0075	-0.0040	-0.0013	0.0460
	(0.0041)	(0.0048)	(0.0150)	(0.0120)	(0.0090)	(0.0129)	(0.0072)	(0.0330)
Inflation	-0.0035**	-0.0032**	-0.0194	0.0504	0.0182	0.1733	0.0057	-0.0037
	(0.0003)	(0.0004)	(0.0247)	(0.0338)	(0.0338)	(0.1127)	(0.0338)	(0.0533)
Trade volume	0.0075**	-0.0005	0.0149**	-0.0033	-0.0034	-0.0089	0.0041	-0.0018
	(0.0026)	(0.0032)	(0.0061)	(0.0052)	(0.0054)	(0.0135)	(0.0038)	(0.0096)

注1：括弧内の数値は標準偏差であり、*、** はそれぞれ10%、5%有意を示す。
注2：各列の操作変数は、⑲列は Scandinavian と Creditor Rights、⑳列は French と Creditor Rights、㉑・㉓・㉕・㉖列は Scandinavian と French、㉒列は French、㉔列は Scandinavian と French と Creditor Rights である。

を表す変数は、ともに経済成長にプラスの効果をもたらしているが、金融市場の発展が、FDI による経済成長への効果を押し上げてはいないということである。

　これまでの結果を振り返ると、FDI と金融市場の発展は、被投資国の経済成長に対しプラスの影響を与えているといえる。しかし、FDI と Financial markets の交差項が負であるため、金融市場の発展によって、FDI による経済成長へのプラスの効果がさらに押し上げられることはないことが示された。この理由として考えられるのは、金融市場の発展が進むことにより、経済が成長し、その結果、自らの市場による資金調達が可能となり、FDI の重要性が低下するためではないかということである。そのため、FDI による被投資国の経済成長に与える影響が相対的に縮小してしまうのである。もうひとつの要因として考えられるのが、国内投資の部分的なクラウディング・アウトである。つまり、金融市場が発展することによって海外からの資金が被投資国に流入し、投資が拡大するが、それにより政府支出が増加し、利子率が上昇する。その結果、民間投資が縮小してしまい、FDI の効果に

マイナスの影響を与えてしまうのである。

5. 先行研究との比較

　この節では、第4節で考察した推定結果と先行研究の推定結果を比較する。

　FDIと金融市場の発展が、被投資国の経済成長に与える影響を分析した論文にAlfaro et al.（2004）がある。この論文では、FDIは被投資国の経済成長にプラスの効果を与えるが、金融市場の発展はマイナスの効果をもたらし、かつ、FDIと金融市場の発展を示す変数の交差項が正になるという結論となっている。つまり、金融市場の発展という要素のみでは被投資国の経済成長にプラスにはならないが、金融市場の発展には、FDIによる経済成長をさらに促進する効果があるということである。本章の推定では、FDI、Financial markets、交差項の符号はそれぞれ正・正・負となっている。つまり、FDIと金融市場の発展を示す変数は、ともに経済成長にプラスの効果をもたらすが、金融市場の発展がFDIによる経済成長への効果を促進することはなく、金融市場の発展が進むと、FDIが経済成長に与えるプラスの効果は減少するという結論が導き出された。

　どうしてこのような異なる結論となったのだろうか。まず、使用したデータの特性から考察する。世界銀行では、各国を、所得水準に応じて分類している。その分類（Income Group）は、高所得国（High income）、中所得国（Upper middle income, Lower middle income）、低所得国（Low income）の三つから成る。本章で使用したデータをこの分類に当てはめてみると、高所得国の割合が50％、低所得国の割合が3.3％となる。一方Alfaro et al.（2004）の推定で用いられたデータの場合、高所得国の割合は41.7％、低所得国の割合は12.5％となる。つまり、先行研究で使用しているデータは、本章で用いたデータと比べ、低所得国の割合が3.8倍、高所得国の割合が0.8倍となり、低所得国の割合が高いデータとなっているのだ。

　このようなデータの特性が及ぼす影響に言及する前に、金融市場のシステムの発展に関する閾値効果を考察しておきたい。Berthelemy and Varoudakis（1996）は、標準的な経済成長モデルに金融システムの発展を示す変数を

加えたモデルを用い推定を行っている。その結果、高度な水準にまで発達した金融システムを持つ国では、さらなる金融システムの発展が経済成長にプラスの効果を与えることが示された。しかし、未発達な金融システムしか持たない国における金融システムの発展は、経済成長にマイナスの効果しかもたらさないという結論となった。Fung（2009）は、金融システムの発展と経済成長の相互作用を組み入れたモデルを使用し低所得国について推定を行っている。その結果、未発達ではあるが良好な金融システムを持つ低所得国には、将来的に中所得国に発展する可能性があることが示された。しかし、脆弱な金融システムしか有していない低所得国は、いわゆる「貧困の罠」の状態に陥ってしまうという結果が導き出された。

次に、これらの二つの先行研究を踏まえ、本章と Alfaro *et al.*（2004）の結論の違いを考察したい。Alfaro *et al.*（2004）の用いたデータでは、低所得国、すなわち金融システムの不完全な国の占める割合が高く、低所得国の特徴が結果に大きく反映されると推測される。つまり、金融システムが改善されることによって金融市場が発展しても、必ずしもその国の経済成長にとってプラスになるとは限らないのである。しかし、低所得国であるということは、慢性的な金融資産不足に陥っているということであり、このような状況において FDI の果たす役割は大きい。そのため、金融市場の発展は、経済成長に対してマイナスの影響を与え、FDI と金融市場の発展を表す変数の交差項はプラスになるという結論となったのである。

一方、本章の推定に用いたデータは、先行研究で使用されたデータよりも、高所得国の占める割合が高く、高所得国の影響をより大きく反映した結果となることが推測される。高所得国における金融システムは、すでに発達した状態にあり、金融システムの整備がさらに進むと、経済成長に対しプラスの影響を与える。このような、すでに高所得であり金融市場が十分に完備した状態の場合、外からの資金供給に頼らなくても、自らの金融市場から必要な金融資産を賄うことが可能となる。つまり、高所得国においては、低所得国と比較して、FDI の重要性は相対的に低い。その結果、FDI および金融市場の発展を表す変数の符号は正となり、これらの交差項の符号が負となる。すなわち FDI の増加や金融市場の発展は、ともに被投資国の経済成長へプラスの効果をもたらすが、金融市場の発展が FDI による経済成長への

効果を補完することはなく、金融市場の発展に伴い、FDI が経済成長に与えるプラスの効果は減少するという結論となったのである。

6．結 語

本章における分析では、FDI および金融市場の発展がそれぞれ被投資国の経済成長にプラスの効果を与えることが明らかになった。しかし、金融市場の発展によって、FDI による経済成長へのプラスの効果がさらに押し上げられることはなかった。

今後は、発展途上国と先進国を分けたデータセットを使用した推定を行うことにより、経済発展の度合いが、FDI や金融市場の発展が経済成長に与える影響にどのように作用するのかを考察したい。また、より適切な操作変数の選定や、説明変数を追加することにより、これまで以上に精緻な分析を行いたい。

表11-7　2つのサンプルに含まれる国名

サンプル1：60カ国（1980-2014年）
アイルランド、アメリカ合衆国、アルゼンチン、イスラエル、イタリア、イラン、インド、インドネシア、ウルグアイ、英国、エクアドル、エジプト、エルサルバドル、オーストラリア、オーストリア、オランダ、ガーナ、ガイアナ、カナダ、韓国、キプロス、ギリシャ、グァテマラ、ケニア、コスタリカ、コロンビア、ジャマイカ、シンガポール、ジンバブエ、スウェーデン、スペイン、スリランカ、タイ、チリ、デンマーク、ドイツ、トリニダード・トバゴ、トルコ、日本、ニュージーランド、ノルウェー、パキスタン、パナマ、パプアニューギニア、パラグアイ、バングラデシュ、フィリピン、フィンランド、ブラジル、フランス、ベネズエラ、ペルー、ベルギー、ポルトガル、マラウイ、マルタ、マレーシア、南アフリカ共和国、メキシコ、ヨルダン

サンプル2：32カ国（2001-2014年）
イスラエル、インドネシア、ウルグアイ、エジプト、オーストラリア、ガーナ、ガイアナ、カナダ、韓国、グァテマラ、ケニア、コスタリカ、コロンビア、ジャマイカ、スウェーデン、タイ、チリ、デンマーク、トリニダード・トバゴ、トルコ、日本、パキスタン、パナマ、パプアニューギニア、パラグアイ、バングラデシュ、フィリピン、ブラジル、ベネズエラ、マレーシア、南アフリカ共和国、メキシコ

【謝辞】本章を執筆するにあたり、宮﨑憲治教授をはじめ、「国際競争力を高める企業の直接投資戦略と貿易」プロジェクト参加者各位より、多くの有益なコメントを頂戴した。ここに感謝の意を表する。

参考文献

Acemoglu, Daron and Fabrizio Zilibotti (1997) "Was Prometheus Unbound by Chance? Risk, Diversification and Growth," *Journal of Political Economy*, 105: 709-751.

Alfaro, Laura, Areendam Chanda, Sebnem Kalemli-Ozcan and Selin Sayek (2004) "FDI and economic growth: The role of local financial markets," *Journal of International Economics*, 64(1): 89-112.

Arellano, Manuel and Stephen Bond (1991) "Some Tests of Specification for Panel Data: Monte Carlo Evidence and an Application to Employment Equations," *Review of Economic Studies*, 58: 277-297.

Arellano, Manuel and Olympia Bover (1995) "Another Look at the Instrumental-Variable Estimation of Error-Components Models," *Journal of Econometrics*, 68: 29-51.

Berthelemy, Jean-Claude and Aristomene Varoudakis (1996) "Economic Growth, Convergence Clubs, and the Role of Financial Development," *Oxford Economic Papers New Series*, 48(2): 300-328.

Blomström, Magnus, Ari Kokko and Mario Zejan (2000) "Multinational Corporations and Productivity Convergence in Mexico," *Multinational corporations and productivity convergence in Mexico*, Palgrave Macmillan UK.

Borensztein, Eduardo, Jose De Gregorio and Jong-Wha Lee (1998) "How Does Foreign Direct Investment Affect Economic Growth?" *Journal of International Economics*, 45: 115-135.

Chee, Yen Li and Mahendhiran Nair (2010) "The Impact of FDI and Financial Sector Development on Economic Growth: Empirical Evidence from Asia and Oceania," *International Journal of Economics and Finance*, 2(2): 107-119.

De Mello, Luiz R. Jr. (1999) "Foreign Direct Investment-Led Growth: Evidence from Time Series and Panel Data," *Oxford Economic Papers*, 51(1): 133-151.

Durham, J. Benson (2004) "Absorptive capacity and the effects of foreign direct investment and equity foreign portfolio investment on economic growth," *European Economic Review*, 48(2): 285-306.

Fung, Michael K. (2009) "Financial development and economic growth: Convergence or divergence?" *Journal of International Money and Finance*, 28(1): 56-67.

Hermes, Niels and Robert Lensink (2003) "Foreign direct investment, financial development and economic growth," *The Journal of Development Studies*, 40(1): 142-163.

La Porta, Rafael, Florencio Lopez-de-Silanes, Andrei Shleifer and Robert W. Vishny (1997) "Legal Determinants of External Finance," *Journal of Finance*, 52(3): 1131-1150.

La Porta, Rafael, Florencio Lopez-de-Silanes, Andrei Shleifer and Robert W. Vishny (1998) "Law and Finance," *The Journal of Political Economy*, 106(6): 1113-1155.

Lee, Chien-Chiang and Chun-Ping Chang (2009) "FDI, financial development, and economic growth: international evidence," *Journal of Applied Economics*, 12(2): 249-271.

Levine, Ross, Norman Loayza and Thorsten Beck (2000) "Financial Intermediation and Growth: Causality and Causes," *Journal of Monetary Economics*, 46(1): 31-77.

Li, Xiaoying and Xiaming Liu (2005) "Foreign Direct Investment and Economic Growth: An Increasingly Endogenous Relationship," *World Development*, 33(3): 393-407.

Nair-Reichert, Usha and Diana Weinhold (2001) "Causality tests for cross-country panels: a new look at FDI and economic growth in developing countries," *Oxford Bulletin of Economics and Statistics*, 63(2): 153-171.

Reisen, Helmut and Marcelo Soto (2001) "Which Types of Capital Inflows Foster Developing-Country Growth?" *International Finance*, 4(1): 1-14.

Soto, Marcelo (2000) "Capital Flows and Growth in Developing Countries: Recent Empirical Evidence," *OECD Development Centre Working Papers*, 160.

Xu, Bin (2000) "Multinational Enterprises, Technology Diffusion, and Host Country Productivity Growth," *Journal of Development Economics*, 62: 477-493.

索引

A〜Z

BIS（国際決裁銀行） 100, 105
BRICs 諸国 153
CF 77, 84, 86
Coordinated Direct Investment Survey 148
Coordinated Portfolio Investment Survey（CPIS） 141
de jure 148
FDI 203, 229, 233, 235
Fréchet 分布 165
ICT 92
IRF（Impulse Response Function）分析 207
Krugman index 149
Nash 交渉問題 213
PTM 行動（プライシングトゥマーケット行動） 133
REER 99, 100, 102, 105, 106, 110
ROA 76, 83, 85
System generalized method of moments 146
WTO 加盟 167

ア

アーキテクチャの位置取り戦略 46
一物一価の条件 129
一般化線形モデル 167, 169
イノベーション 9, 10, 11
──マネジメント 10, 14
イベント・スタディ 81
インテグラル型 42
失われた10年 75
液晶 79, 80
エレクトロニクス 78
円安 80
オープン・イノベーション 74
オープン型 42

カ

海外現地生産 121, 134
海外生産比率 125
外国人持ち株比率 78, 83, 86
外生性 150
価値関数 213
株式の超過収益率 147
カリブレーション 214
為替変動 99
為替リスク 106, 136
為替レート変動 100, 102, 117
関税同盟 181
『企業活動基本調査』 105, 106
企業の異質性 57, 59
企業の境界 10, 13
技術の状態（State of technology） 164, 167, 175

技術のスピルオーバー　177
規模の経済　48
逆の因果性　231
キャッシュフロー（CF）　77, 84, 86
競争力の源泉　164, 167
共通域外関税　181
金融市場　231, 233, 235
金融システム　235
グラビティモデル　164
クローズド型　42
グローバル化　143
クロスファンクショナルな活動　40
経済成長　229, 233, 235
経済連携協定　182
携帯電話　88
契約の不完備性　14
限界費用　129
原価企画　37
原価の作り込み　37
研究開発集約度　108, 111, 112, 116
研究開発投資　100, 102, 103, 116
研究開発費　172
原産地規則　182
現地雇用　129
現地調達　129
──比率　129
現地費用　130
源流管理　37
コーポレート・ガバナンス　75
顧客価値の頭打ち　45
国際決済銀行（Bank of International Settlements: BIS）　100, 105
コストの最適化　52
固定効果モデル　231

コモディティ化　44

サ

サーチマッチングモデル　206
財産権　10, 14
──（所有権）アプローチ　10
財産権の配分　19, 30
最小二乗法（OLS）　229
最尤法　167, 169
産業革新機構　80, 83
資金制約（Cash Constraint）　11, 30, 31
資源獲得型直接投資　185
市場開放度　207
実質実効為替レート（Real Effective Exchange Rate: REER）　99, 100, 102, 105, 106, 110
自動車産業　122, 123, 125
社外取締役　76, 90
ジャパン・ディスプレイ　80
従業員数　78, 87
自由貿易協定（FTA）　168, 181
小国開放経済モデル（SOEモデル）　205
情報の共有化　40
所有権　10, 14
──の移転　11, 12, 32
所有構造　10, 22, 26
人員削減　75, 91
新興アジア諸国間　139
人材の多機能化　40
慎重効果（caution effect）　102, 103, 104, 111, 116
人的資本　167, 172
垂直的（型）直接投資　57, 58, 68, 185
垂直統合　74

水平的(型)直接投資　57, 58, 68, 185
水平分業　74
成長〈growth〉オプション　104, 112, 114
——効果　116, 117
製品アーキテクチャ論　42
絶対優位　167
設備投資　76, 83, 86
先進国効果　148
戦略的効果（strategic effect）　20, 21, 22
操作変数法　232
相対的経済規模　207
ゾンビ企業　75

タ

対外直接投資（Outflow of FDI）　204
退出　73, 75, 90
対内直接投資（Inflow of FDI）　204
単位当たり固定費　48
探索型　62, 63, 65
地域経済協定　140
地域効果　148
地域貿易協定　181
遅延効果（delay effect）　103, 111, 116
中間財価格　128
中間財の市場化　45
中間投入財　128
直接的効果（direct effect）　20, 21, 22
直接投資（FDI）　203, 229, 233, 235
通貨エクスポージャー　106, 108, 111, 112
ディカップリング　141
デザイン・イン　40
撤退　75, 88
テレビ　78
電子デバイス　83, 87, 88
動学的確率的一般均衡（DSGE）　205
統合（integration）　11, 23, 26
——レジーム　23
投資計画　208
投資の限界効率性　11, 12, 29, 30
独占的企業　128

ナ

内生性バイアス　231
中インテグラル・外インテグラル　46
中インテグラル・外モジュラー　47
中モジュラー・外インテグラル　48
中モジュラー・外モジュラー　48
ナッシュ均衡　18
ナッシュ交渉解　15, 16
２カ国モデル　206
ネットワーク型直接投資　185
能力資産　13, 14, 19, 20
——の蓄積　11, 15, 30

ハ

パススルー　121
——弾力性　132
パソコン　91
バトンタッチ方式　40
販売拠点型直接投資　185
比較優位　169, 171
非統合（Non-integration）　11, 16, 26
——レジーム　16
100%残余請求者　15, 23, 24, 28
不完備契約　17
——モデル　13, 22
——理論　10, 29, 30
複合型直接投資　57, 68

負債比率　77, 86
プラザ合意　124
分権的取引　206, 208
分析型　62, 63, 65
ベルマン方程式　210, 212
防衛型　62, 63, 65
貿易制限措置　123
貿易の自由化　149
貿易摩擦回避型直接投資　185
包絡線定理　210, 212
ホールドアップ問題　17
本社機能　60, 65, 69
――集約度　61

モジュラー型　42

ヤ

輸出価格　132
輸出競争力　163
輸出拠点（基地）型直接投資　59, 185
輸出自主規制　123

ラ

ラグビー方式の製品開発　40
リアル・オプション　103, 116
リカップリング　141
利潤最大化　129
リスクシェアリング条件　214
流動性資本　208
量産効果　48
連動性　140
ロバスト回帰推計　174

マ

マークアップ率　129
マイルズ・スノー戦略タイプ　60, 62, 65
マッチング関数　208
目標原価　39

執筆者紹介

田村　晶子（編者）——————————————————（序章・第3章・第8章）
　　　　　　　　　　　奥付参照

以下、章別順

鈴木　豊　すずき ゆたか ——————————————————————（第1章）
法政大学経済学部教授
主著：『完全理解 ゲーム理論・契約理論』勁草書房、2016年／"A Comparative Theory of Non-Integration, Integration, and the Decentralized Firm," *Journal of International Economic Studies*, Vol.25:. 3-28（2011）．／『ガバナンスの比較セクター分析：ゲーム理論・契約理論を用いた学際的アプローチ』（鈴木豊編）法政大学比較経済研究所研究シリーズ25、法政大学出版局、2010年

清水　信匡　しみず のぶまさ ————————————————————（第2章）
早稲田大学商学学術院教授
主著：「日本企業の投資評価技法の多様性——原価比較法と損益分岐点法を中心として」『メルコ管理会計研究』8号Ⅱ：3-16、2016年／「事業戦略に適合する資本予算プロセスの研究」（大浦啓輔と共同執筆）『原価計算研究』38(1): 34-47、2014年3月／"TRANSITION OF BUYER-SUPPLIER RELATIONSHIPS IN JAPAN:EMPIRICAL EVIDENCE FROM MANUFACTURING COMPANIES,"（with T. Kawai and J. Sakaguchi）*Journal of Accounting & Organizational Change*, 9(4): 427-447（2013）．

猿山　純夫　さるやま すみお ————————————————————（第4章）
日本経済研究センター首席研究員・法政大学大学院経済学研究科博士後期課程
著書・報告書：「ADR（裁判外紛争解決手続）による私的債務整理」（共著）宮島英昭編著『企業統治改革と日本企業の成長』東洋経済新報社（近刊）／「生き残る地域の条件 サービス産業の『引力』がカギに」（監修）日本経済研究センター、2016年／『人口回復 出生率1.8を実現する戦略シナリオ』（分担執筆）日本経済新聞出版社、2014年

胥　鵬　しょほう（Xu, Peng）――――――――――――――（第4章・第8章）
法政大学経済学部教授
主著："Trading activities of short-sellers around index deletions: Evidence from the Nikkei225,"（with H. Takahashi）*Journal of Financial Markets*, vol.27（2016）.／「買収防衛策イン・ザ・シャドー・オブ株式持合い」『商事法務』1874号、2009年／『社債市場の育成と発展――日本の経験とアジアの現状』（編著）法政大学比較経済研究所研究シリーズ22、法政大学出版局、2007年

伊藤　恵子　いとう　けいこ ――――――――――――――――（第5章）
専修大学経済学部教授
主著："Overseas Market Information and Firms' Export Decisions,"（with T. Inui and D. Miyakawa）*Economic Inquiry*, 53(3): 1671-1688（2015）.／"Global fixed capital investment by multinational firms,"（with R. Belderbos, K. Fukao and W. Letterie）*Economica*, 80(318): 274-299（2013）.／「外資系企業の参入と国内企業の生産性成長――『企業活動基本調査』個票データを利用した実証分析」『経済分析』186号：1-29、2013年

羽田　尚子　はねだ　しょうこ ――――――――――――――――（第5章）
中央大学商学部准教授
主著：「研究開発活動における組織・人事マネジメントがイノベーションに与える影響」（伊藤恵子と共同執筆）文部科学省科学技術・学術政策研究所ディスカッションペーパー、文部科学省科学技術・学術政策研究所 No.137、2016年／"Modes of International Activities and the Innovativeness of Firms: An Empirical Analysis Based on the Japanese National Innovation Survey for 2009,"（with K. Ito）*Economics of Innovation and New Technology*, 23(8): 1-22（2014）.

佐々木　百合　ささき　ゆり ――――――――――――――――（第6章）
明治学院大学経済学部教授
主著：「ユーロにおける金融規制とユーロ圏危機の影響」小川英治編『ユーロ圏危機と世界経済――信認回復のための方策とアジアへの影響』東京大学出版会、2015年、45-68頁／"Automobile Exports: Export Price and Retail Price,"（with Yushi Yoshida）Discussion Papers15-E-024, Research Institute of Economy, Trade and Industry（RIETI）, 2015.／"The Disclosure of Non-Performing Loan Prevented Banks' Evergreening Policy?: Lessons from Japanese Banks' Experiences"『経済研究』（明治学院大学）147号、2014年

平田 英明　ひらた ひであき ──────────────────── (第7章)
法政大学経営学部教授
主著:"Accounting for the Economic Relationship between Japan and the Asian Tigers," *Journal of the Japanese and International Economies*, 41: 57-68（Sep 2016）./ "Strategy Switching in the Japanese Stock Market," *Journal of Economic Dynamics & Control*, 37 (10): 2010-2022（Oct 2013）./ "Global House Price Fluctuations: Synchronization and Determinants," *NBER International Seminar on Macroeconomics 2012*: 119-166, University of Chicago Press（Aug 2013）.（すべて共著）

中岡 真紀　なかおか まき ──────────────────── (第9章)
法政大学大学院経済学研究科博士後期課程
主著:「多国間地域貿易協定の経済効果――日ASEAN包括的経済連携協定の考察」『経済学年誌』法政大学大学院経済学研究科経済学専攻委員会、50号、2017年／「地域貿易協定における原産地規則の影響」国際経済学会発表、2015年／「地域貿易協定における経済効果（ASEAN、日ASEAN、東アジアにおける地域貿易協定の考察）」法政大学大学院修士論文、2010年

松村 隆　まつむら たかし ──────────────────── (第10章)
法政大学大学院経済学研究科博士後期課程
主著:「VaR・自己資本比率制約下での金融機関行動を内生化したDSGEモデルに関する研究」日本経済学会発表、2016年／「金融市場の変動が国内投資信託への資金流入に及ぼす影響――構造VARモデルを用いた実証分析」法政大学大学院紀要、75号：105-120、2015年／「資本市場の不完全性を考慮した二カ国DSGEモデルによる財政・金融政策の波及効果」法政大学大学院修士論文、2014年

宮﨑 憲治　みやざき けんじ ──────────────────── (第10章)
法政大学経済学部教授
主著:"On recursive utility and the superneutrality of money," *Economic Modeling*, 32 (2013)./ "Estimate of average marginal tax rates on factor incomes in Japan,"（with H. Gunji）*Journal of the Japanese and International Economies*, 25（2011）. / "On the intergenerational and intertemporal sharing of cohort-specific permanent shocks on permanent income,"（with M. Saito and T. Yamada）*Macroeconomic Dynamics*, 14 (2010).

桧野 智子　ひの ともこ ──────────────────── (第11章)
法政大学経済学部兼任講師
主著:「リアルビジネスサイクルのコスト」法政大学大学院紀要、76号、2016年／"Growth Effects of International Economic Integration," *Journal of International Economic Studies*, No.25: 129-148（2011）.

編者紹介

田村　晶子（たむら　あきこ）

法政大学経済学部教授
1965年長野県生まれ
法政大学卒、修士（一橋大学大学院）、Ph.D.（Boston University）
主著
「日本のビザ政策と旅行収支」（胥鵬と共著）武智一貴編『市場取引の多様性と制度の応用経済分析』法政大学比較経済研究所研究シリーズ、日本評論社、183-198頁、2013年
「日本企業における設備投資マネジメント（全4回）」（清水信匡と共著）『企業会計』62（8・9・10・11）、2010年
「研究開発と内生的成長における政府の役割」野口悠紀雄編『公共政策の新たな展開——転換期の財政運営を考える』東京大学出版会、109-134頁、2005年
"Bilateralism and Regionalism in Japanese and U.S. Trade and Direct Foreign Investment Patterns," (with Jonathan Eaton), *Journal of the Japanese and International Economies*, 8, pp. 478-510, 1994.

法政大学比較経済研究所　研究シリーズ31

国際競争力を高める企業の直接投資戦略と貿易

2017年3月25日／第1版第1刷発行

編　者　法政大学比較経済研究所／田村　晶子
発行者　串崎　浩
発行所　株式会社日本評論社
〒170-8474　東京都豊島区南大塚3-12-4
　　　　電話　03-3987-8621（販売）
　　　　　　　03-3987-8601（編集）
https://www.nippyo.co.jp/
印刷所　精文堂印刷株式会社
製本所　株式会社松岳社
装　幀　菊地　幸子

©2017　Institute of Comparative Economic Studies, HOSEI University　検印省略
Printed in Japan
ISBN 978-4-535-55876-2

[JCOPY]〈（社）出版者著作権管理機構　委託出版物〉

本書の無断複写は著作権法上での例外を除き禁じられています。複写される場合は、そのつど事前に、（社）出版者著作権管理機構（電話03-3513-6969 FAX03-3513-6979 email: info@jcopy.or.jp）の許諾を得てください。
また、本書を代行業者等の第三者に依頼してスキャニング等の行為によりデジタル化することは、個人の家庭内の利用であっても、一切認められておりません。